高等教育政策与管理研究丛书

主编:陈学飞　副主编:李春萍

四　编

第 **1** 册

大众高等教育时代的精英培养
——基于北京大学的个案研究

丁洁琼 著

花木兰文化事业有限公司

国家图书馆出版品预行编目资料

大众高等教育时代的精英培养——基于北京大学的个案研究
／丁洁琼 著 -- 初版 -- 花木兰文化事业有限公司，2022〔民
111〕
目 4+226 面；19×26 公分
（高等教育政策与管理研究丛书 四编 第 1 册）
ISBN 978-986-518-935-8（精装）
1.CST：高等教育 2.CST：教育政策
526.08 111009780

ISBN-978-986-518-935-8

9 789865 189358

高等教育政策与管理研究丛书
四编 第一册 ISBN：978-986-518-935-8

大众高等教育时代的精英培养
——基于北京大学的个案研究

作　　者 丁洁琼
主　　编 陈学飞
副 主 编 李春萍
总 编 辑 杜洁祥
副总编辑 杨嘉乐
编辑主任 许郁翎
编　　辑 张雅淋、潘玟静、刘子瑄　美术编辑 陈逸婷
出　　版 花木兰文化事业有限公司
发 行 人 高小娟
联络地址 台湾 235 新北市中和区中安街七二号十三楼
　　　　 电话：02-2923-1455／传真：02-2923-1452
网　　址 http://www.huamulan.tw 信箱 service@huamulans.com
印　　刷 普罗文化出版广告事业
初　　版 2022 年 9 月
定　　价 四编 5 册（精装）新台币 10,000 元

大众高等教育时代的精英培养
——基于北京大学的个案研究

丁洁琼　著

作者简介

丁洁琼，湖南隆回人。北京大学法学、哲学双学士，教育学博士。现任中国政法大学法学教育研究与评估中心师资博士后。主要研究方向为高等教育学、教育社会学。

提　　要

1999 年扩招至今，短短 20 年的时间里，中国高等教育系统完成了从"精英"到"大众"到"普及"的扩张发展。当作为整体的高等教育系统已经转变为大众形态时，这个系统如何继续履行其精英部分的职能？

本文以 1999 至 2019 年间的北京大学及其本科生作为研究对象，围绕以下两条线索进行探究：其一，是基于个体自我的成长叙事，从前大学时代的教育经历到本科阶段的自我发展，个体及由其构成的群体经历了怎么样的成长和蜕变；其二，是基于精英大学的教育叙事，从入学前的选拔到入学后的培养，精英大学提供了怎样的支持和引导。

研究发现，大学生整体的精英身份随着高校扩招日益从基于文凭学历的"先赋性标签"转向依赖后天努力的"后致性成就"；在高等教育场域中处于优势地位的精英大学，其本科教育理念仍然坚守了一贯培养精英的精神传统和历史使命，旨在履行与其优势地位相符合的教育职能——为国家和民族培养引领未来的人；就具体的培养过程而言，"制度育人"逐渐取代"人影响人"成为精英培养的核心手段。精英培养的理念不仅鲜活地体现为人对人、导师对弟子的要求和榜样，而且被隐秘地包裹在制度设计中，以更为包容和弹性的面貌呈现。此外，家庭作为重要主体，深度地参与到这一培养过程中。

序　言

　　这是一套比较特殊的丛书，主要选择在高等教育领域年轻作者的著作。这不仅是因为青年是我们的未来，也是因为未来的大师可能会从他们之中生成。丛书的主题所以确定为高等教育政策与管理，是因为政策与管理对高等教育的正向或负向发展具有重要、甚至是决定性的意义。公共政策是执政党、政府系统有目的的产出，是对教育领域社会价值的权威性分配。中国不仅是高等教育大国，更是独特的教育政策大国和强国，执政党和政府年复一年，持续不断的以条列、规章、通知、意见、讲话、决议等等形式来规范高等院校的行为。高等教育管理很大程度上则是政治系统产出政策的执行。包括宏观的管理系统，如党的教育工作委员会及各级政府的教育行政部门；微观管理系统，如高等学校内部的各党政管理机构及其作为。

　　这些政策和管理行为，不仅影响到公众对高等教育的权利和选择，影响到教师、学生的表现和前途，以及学科、学校的发展变化，从长远来看，还关乎国家和民族的兴盛或衰败。

　　尽管高等教育政策和管理现象自从有了大学即已产生，但将其作为对象的学术研究却到 19 世纪和 20 世纪中叶才在美国率先出现。中国的现代大学产生于 19 世纪后半叶，但对高等教育政策和管理的研究迟至 20 世纪 80 年代才发端。虽然近些年学术研究已有不少进展，但研究队伍还狭小分散，应然性研究、解释性研究较多，真实的高等教育政策和管理状况的研究偏少，理论也大多搬用国外的著述。恰如美国学者柯伯斯在回顾美国教育政策研究的状况时所言："问题是与政策相关的基础研究太少。最为主要的是对教育政策进行更多的基础研究……如果不深化我们对政策过程的认识，提高和改进教育效果是无捷径可走的。仅仅对政策过程的认识程度不深这一弱点，就使我们远远缺乏那种可以对新政策一些变化做出英明预见的能力，缺乏那种自信地对某个建议付诸实施将会有何种成果做出预料的能力，缺乏对政策过程进行及时调整修正的能力"。（斯图亚特.S.纳格尔.政策研究百科全书，北京：科学技术文献出版社，1990:458）这里所言的基础研究，主要是指对于高等教育政策和管理实然状态的研究，探究其发生、发展、变化的过程、结果、原因、机理等等。

编辑本丛书的一个期望就是，凡是入选的著作，都能够在探索高等教育政策和管理的事实真相方面有新的发现，在探究方法方面较为严格规范，在理论分析和建构方面在前人的基础上有所创新。尽管这些著作大都聚焦于政策和管理过程中的某个问题，研究的结果可能只具有"局部"的、"片面"的深刻性，但只要方向正确，持续努力，总可以"积跬步以至千里,积小流以成江海"，逐步建构、丰富本领域的科学理论，为认识、理解、改善政策和管理过程提供有价值的视角和工具，成为相关领域学者、政策制定者、教育管理人员的良师和益友。

主编 陈学飞

目

次

第一章 绪 论

"教育的转型始终是社会转型的结果与征候，要从社会转型的角度入手来说明教育的转型。"

——《教育思想的演进》，上海人民出版社 2003 年版，第 231 页。

1.1 问题缘起

2000 年创立的"未名 BBS"是北京大学唯一的官方 BBS（Bulletin Board System）论坛，号称"北大人的网上精神家园"，是网络时代北大师生共享信息资讯、日常沟通交流的重要平台。我的研究就从 2016 年毕业季 BBS 上两封曾经登顶"全站十大"（热门话题）的帖子讲起。

1.1.1 惶惑的"好孩子"

第一封帖子发表在"匿名版"[1]（Secret Garden）上，作者是来自北大某基础理科专业一名即将毕业的博士生（自称为"砖院苦逼博士"），内容是作者受近期理科毕业生就业发展话题讨论所感，对自己与好友过往 20 年求学、生活经历进行反思后写下自述，帖子的标题是"凭什么我辛苦二十年，现在却比别人差那么多"[2]，原文摘录如下：

---

1 版面官方名称为"别问我是谁"（Secret Garden），俗称匿名版，在该版面发帖、回帖均可选择匿名，即不公开作者账号，统一显示为 Anonymous。

2 原贴现已不可访问，笔者于 2016 年 12 月 7 日最后登录摘录相关信息，原贴网址：http://bbs.pku.edu.cn/bbs/bbstcon.php?board=Job&threadid=15747007&from=timeline&isappinstalled=0。转载可见北京师范大学校内 BBS（蛋蛋网）："凭什么我辛苦

LZ（楼主，即作者自称[3]）在单位大院里长大，有一位好友，也是父母同事的儿子，和 LZ 从小玩到大，关系非常好，暂且叫他小 Y 吧。我们一起读的子弟小学，子弟初中。我从小成绩非常优异，每次考试都是班级第一，小 Y 的话，由于比较贪玩，有时候放学后去网吧耍，成绩稍微差一点点，但应付中考已经足够了。

2004 年，我和小 Y 同时考入了市里最好的高中的理科实验班。进入高中以后，我们都参加了化学竞赛。LZ 为了化学竞赛，起早贪黑，所有的周末、假期全部搭进去了，每天熬夜学竞赛学到凌晨一两点。小 Y 也参加竞赛学习，但是还是不改贪玩的本性，有的时候上课的时候玩玩 PSP，下课的时候去撩一下文科班的妹子。后来 LZ 顺利地拿到了化学竞赛的金牌，保送到 P 大化院。小 Y 竞赛失利，被迫回去高考，最终考入了北京邮电大学，在表哥的建议下，选择学计算机。

那些年，LZ 是父母的骄傲，老师口中的榜样，小 Y 只是反面教材。

2007 年，我们一起进入大学了。我和小 Y 虽然不在一所学校，但也是一起来了北京。来北京的火车，小 Y 的父母看着我，满脸羡慕，我的父母更是非常骄傲。北大化院强手如林，LZ 不敢懈怠。大学四年，LZ 几乎把所有的时间用在了学习上，图书馆、实验室、教学楼，没有谈一场恋爱，也没有参加什么课外活动。小 Y 在北邮的学习相对轻松，经常在他 QQ 空间看见他出去玩儿的照片，恋爱拍拖，让我好羡慕。有时小 Y 也约我出去玩，但是我都没有时间。打电话给家里诉苦，爸爸和我说："不要像小 Y 那样，那个孩子荒废时间，没有出息"。**我谨记在心，对呀，吃尽苦中苦，方为人上人。**

那些年，LZ 依然是父母的骄傲，老师口中的榜样，小 Y 依然只是反面教材。

2011 年，我们大学毕业了。我选择了保研，顺利地保研在本院

二十年，现在却比别人差那么多（转自北大未名）"、知乎等网站，网络地址：https://www.oiegg.com/viewthread.php?tid=2009414。

3 LZ 为"楼主"二字首字母缩写，为 BBS 类论坛发帖人惯用自称，下同，不重复注释。

读直博，跟着某知名教授。小 Y 成绩不够保研，但又不愿意吃苦考研，于是决定工作。计算机的专业，学生会某部长的身份，暑期实习，让小 Y 顺利地拿到了百度的 offer。但是我的家人仍然以我为傲，他们认为，我是北京大学的博士，天之骄子；小 Y 是民营企业的打工仔，没有什么出息。

那些年，LZ 依然是父母的骄傲，老师口中的榜样，小 Y 依然只是反面教材。

今年，我也要博士毕业了，感谢老板，虽然非常 push，但是没有在毕业上为难我。我准备找工作。研究的方向比较冷门，没有一家化工企业有这样的需求；简历上，除了几篇论文以外，再也没有任何闪光点。没有实习经历，转金融和计算机都不具备条件；没有学工（即学生工作）经历，假期全部用在了实验室搬砖。想去学而思，但是他们要求老师能够绘声绘色地讲解题目，可是多年的 phD 已经把我变成了木讷的理工科学生，表述能力直线下降；想考公务员，但化学专业本来需要的就少，考试又考不赢文科生，除了是党员以外没有其它优势。谈过一次恋爱，很快就分了，女友说我没有时间陪她。

前几天在同学聚会上见到小 Y，他已经跳槽了，工资也从 11 年的 8k 变成了现在的 38k，在北四环买了一套自己的房子，上个月刚刚摇到号准备买车。而且，他和女友也准备谈婚论嫁了。

现如今，小 Y 才是父母的骄傲，老师口中的榜样，LZ 是反面教材。

同样的背景，不同的人生。现在回想起来，"努力就一定有回报"这种话完全是狗屁，完全是没有用的心灵鸡汤，**有的时候，你再努力，再有效率，也比不过方向上的失误。** 我曾经天真地认为，我比小 Y 努力用功，我一定能比他更有成就，但是事实相反。或许，在升入大学选择专业时，就已经注定了今天的命运吧。但是，我想起自己寒窗苦读的经历，想起在小 Y 快乐地玩耍时，自己高中时挑灯夜战、大学时专心学业、读博时埋头科研的辛苦，还是想质问：凭什么我辛苦二十年，现在却比别人差那么多！

帖子通篇为作者的主观叙述，言辞激烈、但情感不可谓不真挚，在这段真诚的回忆与痛彻地发问中，诸多复杂而深刻的问题得以集中呈现：

首先，我们清楚地看到，以父母、师长、同侪为代表的"他人评价"（毁誉）构成了作者判断并主导个体行为的核心依据，这是里斯曼笔下典型的"顺应者"形象[4]。相较建国初期"国家"、"单位"在下一代教养中发挥的作用，诞生于改革开放后的 80、90 一代可谓是真正"家庭的孩子"、"学校的孩子"。社会环境对其"顺应性"的塑造集中表现为父母、老师作为权威人物将相对稳定的"社会要求"（往往是优异的学业成绩、体面的行业工作）内化于孩子心中，通过从童年时期就开始的明示训诫、暗示熏陶，形成主导个体行为的内置"回转仪"，"引导孩子走向一个普遍的却是无法逃脱的命运"[5]。这类顺应者往往具有"极强的忍耐性和进取心"，在家庭和学校的纪律约束形成的习惯下，朝着明确目标稳步迈进。正如作者叙述中一步步从子弟小学、到重点中学、到精英大学本科、研究生的"求学路"，一路走来坚定且艰苦，虽然不乏外界的纷繁诱惑（打游戏、谈恋爱等），但这些偏移既定轨道的行为会让作者由衷地产生"罪恶感"（认为是反面教材、坏孩子、没出息），从而进行有效的自我约束。另一方面，随着年岁的增长、角色和环境的变化，优秀的"同龄人"日益成为引导个体行为的鲜活"榜样"——他们较早地选择了热门行业、有较高的经济收入、稳定的亲密关系，有的长于社交、有的工作清闲、有的前景光明……单一且坚定的"内在导向"不再，逐渐叠合多元且易变的"他人导向"。个体的眼中看到了无边的"大众"，虽然不拘泥与在外在细节上与所有人保持一致，但"雷达"般敏锐的心理探测机制使他能够敏锐地识别出人群里的最亮的"发光体"，依赖这些"最好的人"确立更新标准、指导自己

4　大卫·理斯曼认为顺应（Adjustment）是与自主（Autonomy）相对应的构成个体性格特征的重要成分。顺应性表现为社会环境对人的塑造、人对社会要求的反映，而自主性则是人对社会环境的选择和超越。社会环境决定社会性格，但复杂的社会结构可以容纳个人不同的顺应方式。依据占主导地位的因素可从理念上划分出人群中三种普遍的心理类型：顺应者（the adjusted）、自暴自弃者（the anomic）和自主者（the autonmous），其中自暴自弃者是顺应不良的情况，不能被约束或不想被约束，而自主者可以良好顺应，但更能够在顺应社会规范与不顺应社会规范之间进行自由选择。参见 David Riesman, Nathan Glazer, Reuel Denney, Todd. The Lonely Crowd A Study of the Changing American Character. Yale University Press,2001:239-254. 中文译本参见［美］大卫·理斯曼等，孤独的人群［M］，沈阳：辽宁人民出版社，1988：250-275。

5　［美］大卫·理斯曼等，孤独的人群［M］，沈阳：辽宁人民出版社，1988：16。

的行为。[6]

其次，就 80、90 一代的成长过程而言，"学业的成就"与"世俗的成功"之间关系复杂。在"前大学"的漫长教育阶段，二者是高度重合的——父辈师长亲身总结并传递的经验是追求"更好的成绩、更高的学历"、是"吃尽苦中苦，方为人上人"。只有学习是这个年龄段的孩子最应当做的事、最应该吃的苦，三心二意就是不务正业、成绩不好肯定是功夫不够，只有一心学习、成绩优异的孩子才是人人称羡的"别人家孩子"，是"父母的骄傲，老师口中的榜样"。生于 60、70 年代、长于精英高等教育阶段、亲历改革开放初期经济社会迅速发展、各类资源空间高度膨胀时期的父辈师长们坚信，"更好的成绩、更高的学历"与"更高的社会地位、更成功的人生"之间是可以等价兑换的，"只要努力，就会有收获"。问题的关键在于，当这一代青少年走进大学、步入社会时，情况已然发生了变化。学历随着高校的扩招而贬值，经济的分层逐渐取代政治的分层[7]，知识精英在文化方面的优势不必然能够等价转化为经济资本与社会地位，而社会发展渐缓，各领域资源与机会的分配并不均衡，所以选择可能比努力更重要，学业的成就与世俗的成功也可以分道扬镳。

最后，从中学到大学，不同的选拔和发展路径实则培育并拣选着不同的性情，竞赛还是高考？自招还是统招？基础学科还是应用专业？学术研究还是经济实务？——各自肯定的价值秩序存在着根本的差异。正如竞赛保送看的是学科兴趣和专长，"定点捕捞"，重在生源的质量和选拔的效率；而高考统招关注均衡的能力发展，"统一撒网"，重在选拔的公平公正。又如学术生活以认知欲望的满足为要，追求的是无限且不朽的精神世界，是"以有涯逐无涯"的献身和皈依；而衣食住行本于感官身体的需求，依托于精彩但速朽的物质世界，追求的是即时地变现与满足。[8]选择是否真的如此关键？核心在于——当不同路径的制度体系日益细密完善，岔路的端口"为何而选、因何而选"——这一"端点"问题的重要性被无尽冗长的"过程"所遮蔽。学竞赛、高考是为了进入好大学，进入好大学是为了找一个好工作，那找一个好工作又是为了什么呢？"好孩子"们忙于在不同的道路上升级打怪、在环绕

6　［美］大卫·理斯曼等，孤独的人群［M］，沈阳：辽宁人民出版社，1988：20-22。
7　李强，当代中国社会分层［M］，上海：三联书店，2019：98。
8　参见［法］涂尔干，人的二重性及其社会条件［A］涂尔干文集之六：乱伦禁忌及其起源［M］，上海人民出版社，2006。

的竞争对手中突围、为下一程的锦标赛[9]赢得一个有利的出场位次，却放弃了对人生意义问题的深层追问和探索。"我为什么而活？我应当如何度过我的一生？"这一问题的困难之处在于——"它本质上是个人性的"，对这个问题的回答并不像我们在大学之前所经历的无数次标准化考试那样，总存在一个客观的、正确的答案，重要的是"我"找到了"我的答案"[10]。即使无数人都说"赚很多钱的生活是值得过的"，只要我不这样认为，我的答案便不如此，学术生活亦然。然而，更深层的困难在于，当我们面临人生道路关键抉择时，既往的经验和反思能否支撑起对这个问题的讨论与行动？在社会环境的浸染形塑下、在传统、权威与重要他人的影响下，"顺应"的另一面是否存在所谓个体的"自主性"，又如何能确立、是否有必要确立这种自主性？古典时期，这历来被认为是"自由教育"、是"大学"所应当教授与回应的问题。

1.1.2 维权的"消费者"

如果说上一封帖子反映的是个体成长过程中"自我"与"社会"之间的永恒纠结，接下来的这一封则更多地聚焦本科阶段的受教育者及教育制度，直面当下的"大学"角色与"学生"身份问题。帖子的标题叫"法理学，为何如此任性"。[11]

"法理学"是北京大学法学院开设的一门四学分的专业必修课程，兼社科学部大类平台选修课程，2016春季学期该课程评分出现了普遍偏低的情况，约84%的选课同学成绩低于80分，引发了大规模的不满和质疑（约90%的学生对成绩存在疑问），学生自主发起问卷调查[12]，联系授课教师、教务人员要

---

9 罗森保姆（Rosenbaum J E）在传统的竞争型流动模式和庇护性流动模式基础上，提出淘汰赛流动（tournament mobility），又称锦标赛式流动，在锦标赛只有每一阶段的胜利者才能进入下一场、参与更高层级的竞争，而失败者降级、逐渐被剥夺下一轮的参赛机会，参见侯利明，地位下降回避还是学历下降回避——教育不平等生成机制再探讨（1978-2006）[J]，社会学研究，2015（2）：192-213。

10 ［美］安索尼·克龙曼，教育的终结：大学何以放弃了对人生意义的追求 [M]，北京：北京大学出版社，2013：5-6。

11 帖子标题为："法理学，为何如此任性"，2018年7月22日最后访问，网址见https://bbs.pku.edu.cn/v2/post-read.php?bid=22&threadid=15813645

12 调查由选课学生自行发起，仅包含两道题的简易问卷，在课程群里面向正式选课同学发布，调查结论即上述84%和90%两个统计数据，当时以截图形式在课程群中予以公布，后多位同学的抗议帖子中引用了该数据。笔者几经周折联系到了当时发起调查的同学，获得并核实了数据的真实性。

求调分，并撰写邮件、申请书呈交学校相关部门，引发全校热议。校园 BBS 课程版面"法理学，为何如此任性"一文一度长踞校园十大热点之首。发帖学生言辞激烈，认为 61 分的成绩评定严重伤害了自己的尊严、并对个人的未来规划和发展产生了严重影响，并将这一"群体性"的事件定性为"课程给分不公"、"不负责、不作为"、"侵害学生利益的严重问题"，要求校方给出解释和回应：

您好！今天，我要向您反映北大法学院大类平台课法理学给分不公与侵害学生利益的严重问题。我希望，我们学生能获得公平公正的结果。

我的成绩并不突出，在学院处于中游水平，希望能够保研本校的研究生，并且我相信，以我的能力和水平，只要认真和努力，就可以获得应有的机会。这个学期，我本希望能够提高自己的成绩，接近目标，却万万没想到，被自己喜爱的法理学打破了希望。

这个学期的法理学是一门由法学院 XX 老师开办的 4 学分的大类平台课，课上非法学院的学生有很多。我的法理学只得了 61 分，绩点 1.15。大家会想，是不是多为我自己的原因？请大家了解以下的情况：

法理学没有固定的答案与标准，老师上课以及考试说明时都强调，说是有自己的理解，言之有理即可。

我承认，作为一个外来院系的同学，在学习法理学之前没有任何的法律基础，也根本无法与那些法学院大四选课的同学相提并论。当初选课法理学，是因为对法学的兴趣和扩宽视野和知识面的考虑，也并不知道会有这种结果。法理学上我付出了很多，借来了上几届同学的笔记和资料，并通读了课程要求的教材与教师的著书好好复习，虽然大家说，"法理学不用背，自己写就好"。

本次法理学是开卷考试，我想说的是，尽管自己能力有限，但我真的付出了很多，我的考试难道真的如此逻辑混乱，不知所云吗？我不这么认为。

61 分是什么概念？一般来说，只有那些平时不上课，也不学习的学生，考前随便一看，考试乱写，然后老师给个"同情"的不挂科的最低分。无论怎么说，我不应至此，这不仅是对我利益的侵犯，

<u>也是对我的侮辱</u>。我带着兴趣走进课堂，最后，却只能收获伤害和侮辱，对不起，我不能接受。

我能理解教学中出现分数偏离的情况，"一次考试没什么"的说法我也比较认可，未来还长。但是，这次法理学的给分实为过低，已经突破了我的底线。几次给分偏差不应苛求，但这并不能成为课程不负责、不作为与侵害学生的借口。我请求学校告诉我，我的表现为什么只值 61 分，如果不是，请给我公平的答复。我们平时开玩笑是自己是"学渣"，但是，"学渣"也有尊严，也有追求梦想的权力。更何况，我们大部分并不是学渣。我了解到，法学院的一些课程确实给分不高，但作为外来院系的学生，我们为兴趣爱好付出了努力，却在宽慰我们宽松、"不死板"和自我理解的课程上遭遇这种待遇，这不能接受。

实际上，这并不是我一个人的遭遇。根据对课上 200 多人的统计，88% 的同学对期末成绩存在疑问，期望公开成绩分布与评定方式，八成以上的人只有 70 几分或者更低。我的问题也是我们几百名学生的问题，请问，这是否可以构成一个"事故"，我们能否得到自己应得的成果？

对事不对人，我们无意攻击老师与相关的同学，但问题依旧需要解决。我们爱这个园子，但这件事让我们很失望。我们希望，校方能够正视同学们的正当利益，从实际情况出发，给我们以公正、公平的结果。谢谢！

通篇的"利益"与"侵害"、"付出"与"回报"——我们清楚地看到，在高等教育大众化的当下，学生与学校的关系已然发生了变化。大学生不再是学校与教师权威统摄下"低姿态"的"弟子"形象，而是高等教育中的进行投资消费、付出时间精力和金钱并要求合理回报的"平等主体"。十九世纪英国法律史大师梅因以"从身份到契约"的转向总括古典到现代的社会进步运动[13]，这一描述同样适用于新中国 70 年来高等教育从"精英"到"大众"、从"计划"走向"市场"的转型——前 50 年的精英高等教育阶段（包括中国扩招前的 80、90 年代），人们通过高等教育选拔、建构后天的精英身份。而随着大众化的进程，市场逻辑进驻、经济精英强势崛起，打破文化精英与政治

---

13 ［英］梅因，古代法［M］，北京：商务印书馆，1959，97。

精英复合共谋一家独大的局面，高等教育由区隔的手段逐渐下落为契约的公共权益，"上大学"不再是国家严格筛选，赋予"被选中者"以光荣使命和严格培养的锻造过程；大学的履历、文凭的符号不再是一种"身份"，甚至不再是一种"资格"，而是普通个体购买投资、以"标识"自身、兑换经济与社会资本的"位置性商品"——大学生日多，商品价值日贬。高等教育从"奢侈品"变为"必需品"，上大学从个体实现阶层跃升的"积极性投资"逐渐"降格"为防止身份下滑的"防御性消费"。[14]

聚焦"要分"事件本身，学生们不仅觉得自己有"立场"、有"权利"提出异议和诉求，实则更有"动力"这么去做。正如作者所担忧的，一门课程的得分不仅关乎这门课程本身，更以平均学分绩点（GPA）的方式计入学期、学年乃至整个本科四年的学业考评中，直接影响到毕业年级的保送研究生资格。从选专业到选课、选导师，今天的本科生与前辈相比的确拥有了更多的自主空间，但从另一个角度看，个体行为同时隐秘地被一套环环相扣的制度所规训和裹挟，不仅有事先确立的指导性培养计划，更有事后进行的细密考评体系——以课程考评、学年综合测评、奖励奖学金评选、升学推荐免试为具体环节，以分数、荣誉与资格身份为外显表彰的一整套的符号权力机制。课业成绩是整套评价体系中的最为基础的环节，牵一发而动全身，正如帖子下方的留言所述，"对于说学生成绩不重要，就像对准备在北京留下来的人说，房子不重要一样，鸡汤而残酷"。有考过 73 分的同学感同身受，"哭了 3 小时，觉得人生要完了"，也有同样考了 61 分的同学表示"保研估计是再也不可能了，索性放弃保研的打算……也好，省的一直被套在成绩上。"

考核评价的筛选功能遮蔽了实然的教育价值，"学有所得、历事练心"的内在收获被"优胜劣汰、简历书写"的外在表现所取代——教学的目的价值和手段价值分裂，考评手段本身成为目的，这一表浅目的的实现又赋予其他手段以正当性，如趋易避难、层出不穷的选课与刷分策略。时隔两个月后的新学期开学，该门课程的成绩并没有得到事后的"补救调整"[15]，我以研究者

---

14 参见刘云杉，大众高等教育再认识：农家子弟还能从中获得什么？[J]，中国农业大学学报（社会科学版），2015，32（01）：119-130。

15 授课教师表示核准分数计算确无错漏，但由于判分标准较严导致原始卷面总分较低、对同学们产生了影响，提出了修改系统中已录入的成绩、整体加 5 分的"调分策略"，但这一事后的补救方案被教务老师以不符既有程度规定为由拒绝。

身份在课程微信群中对经历了这一事件的所有选课同学做了一个小型的问卷调查与追访。调查发现，尽管学生对该门课程的教学质量给出了平均 8 分（满分为 10 分）的较高评价，仍然有绝大部分同学（80%）表示如果提前知晓偏低的给分情况，是绝对不会选修该课程的。

表 1.1　课程考评情况对选课行为的影响

学生类别	考评情况与选课行为	会	不会
非法学专业	如果早知道这课最后的给分情况，你还会选这门课么？	21%	79%
法学专业	如果不是必修，早知道这课最后给分情况你还会选这门课么？	20%	80%

帖子的主人公是大众高等教育时期中国新一代的大学生，而帖子关涉的一系列现实问题都直面当下我国精英大学人才选拔和培养的现实境况，对这些问题的回答不可避免地需要回到近 20 年我国高等教育大众化的历史进程中，对近 20 年、近 40 年乃至新中国整体的高等教育发展史进行回顾，对我国高等教育发展的整体趋势有所把握，这是本文的"前台"与"背景"。

1.2　研究背景

新中国成立 70 年来，我国高等教育实现了从精英到大众的跨越式发展，大学生总体数量大幅增长的同时，其角色内涵也打上了鲜明的时代烙印。以 1985 年中共中央《关于教育体制改革的决定》为界，70 年的高等教育发展史可大致划分为建国前 30 年与改革开放后 40 年两大阶段。前 30 年的变革伴随新中国的成长与探索，围绕"苏联模式"的模仿、中断、恢复与调整进行，以国家为中心，以培养专家为己任，直指明确的就业岗位。后 40 年的高等教育发展随着我国改革开放与社会主义现代化事业的推进，引入竞争机制，尊重个性选择，逐渐由发展数量向提高质量转型。

1.2.1　教育规模：从"精英的"到"大众的"

1949 年我国仅有 205 所普通高等学校，在学人数 11.7 万人，毛入学率仅 0.26%。1999 年，党中央、国务院于做出了进一步扩大高等教育规模的重大决策，中国高等教育进入快速发展阶段。2002 年，提前 8 年实现了《面向 21 世纪教育振兴行动计划》中高等教育适龄人口毛入学率达 15%的战略计划[16]，我国高等教育进入国际公认的大众化发展阶段（Mass Higher Education）。2019 年，教育部最新发布的《全国教育事业发展统计公报》显示，我国已建成世界上规模最大的高等教育体系，拥有普通高等学校 2663 所，全国各类高等教育在学总规模 3833 万人，毛入学率达到 48.1%，[17]即将迈入普及化（Universal Higher Education）发展阶段。

图 1.1　高等教育在学人数与毛入学率（1949-2018）

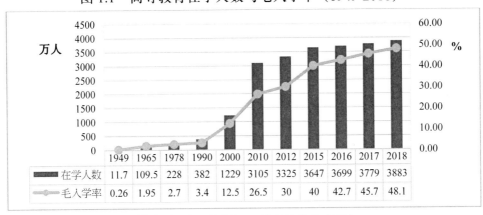

	1949	1965	1978	1990	2000	2010	2012	2015	2016	2017	2018
在学人数	11.7	109.5	228	382	1229	3105	3325	3647	3699	3779	3883
毛入学率	0.26	1.95	2.7	3.4	12.5	26.5	30	40	42.7	45.7	48.1

（数据来源：教育部、国家统计局官网）

今天的高等教育已不再是面向少数精英的稀缺资源，而是大多数适龄受教育者可以享有的机会和权利，"大学生"也由建国初期凤毛麟角的特殊群体，逐渐成为当代中国受教育者的普通身份标识。2018 年我国普通高校本专科招生 790.99 万人，招生规模首次超过本年度普通高中毕业生人数总和（779 万人），这意味着按照最理想的计算标准，高中升学率已经可达 100%[18]。考虑实际的升学情况（含一定比例的复读、放弃升学和非适龄人口），2018 年高考报名总人数为 975 万，以普通本专科招生 790.99 万人计，实际录取率高达

16　教育部，面向 21 世纪教育振兴行动计划［EB/OL］，（1998-12-24）［2020-01-22］，http://www.moe.gov.cn/jyb_sjzl/moe_177/tnull_2487.html。

17　全国各类高等教育在学总规模包括研究生、普通本专科、成人本专科、网络本专科、高等教育自学考试本专科等各种形式的高等教育在学人数。参见教育部，2018 年全国教育事业发展统计公报［EB/OL］，（2019-07-24）［2020-01-22］，http://www.moe.gov.cn/jyb_sjzl/sjzl_fztjgb/201907/t20190724_392041.html。

18　理想模式下的高中升学率为普通高校招生数（含电大普通班）与普通高中毕业生数之比。

81.13%，河北、江苏等省份近年来更是连续突破 90%，[19]而这一录取率的数值在恢复高考的 1977 年仅为 4.79%——成为大学生的道路再不复当年"千军万马过独木桥"的艰险。

表 1.2　高中毕业、升学与录取的相关数据（1977-2018）

年　份	普通高中毕业生数（万人）	高考报名人数（万人）	普通本专科招生数（万人）	高考录取率
1977	585.8	570	27.3	4.79%
1985	196.6	176	61.9	35.17%
1990	233	283	60.9	21.52%
1995	201.6	253	92.6	36.60%
2000	301.5	375	220.6	58.83%
2005	661.6	877	504.5	57.53%
2010	794.4	946	661.8	69.96%
2015	797.7	942	737.8	78.32%
2018	779.24	975	790.99	81.13%

图 1.2　高考录取率（1977-2018）

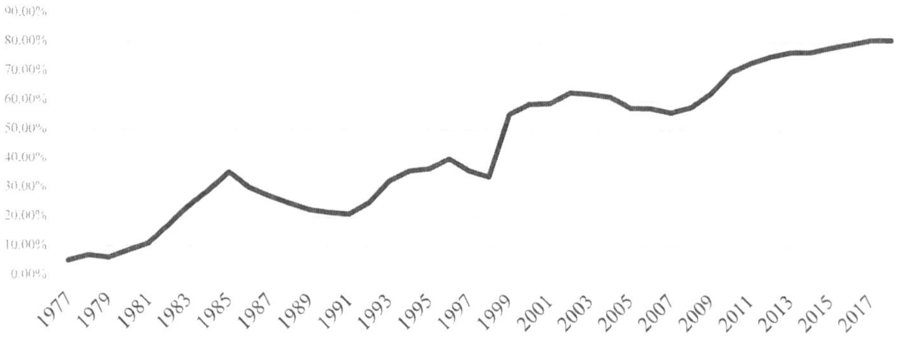

（数据来源：教育部、国家统计局官网。高考录取率根据本年度普通本专科招生人数与高考报名总人数的比例计算得到。）

19　参见中国教育在线，2019 高招调查报告［EB/OL］，（2019-06-08）［2020-01-20］，http://www.eol.cn/e_html/gk/report/2019/content.shtml#112。

1.2.2 院校结构：从"千校一面"到"分级、分层、分类"

伴随高等教育规模扩张的是其内部不断分化的层级与类别。

（1）学历的分级

1949 年我国在校研究生 629 人，1977 年仅 226 人，1987 年我国研究生在校人数首度突破 10 万，2018 年已经达到 273 万人。研究生占高等教育在学总人数的比例已从改革开放初期的 1.26%增长至 2018 年的 8.80%。随着研究生规模的扩张，本科不再是高等教育的"终点"，而成为一道"旋转门"：既可直接导向工作岗位，也可通往更高层级的教育体系。也正是在这个意义上，本科从培养"专家"到培养"专家的毛坯"[20]，本科生不直接成为高级专门人才，而是"我国未来建设事业高级专门人才的基本来源"。

图 1.3 学生结构：普通本专科及研究生在校人数占比（1978-2018）

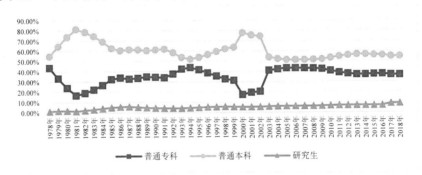

图 1.4 研究生在校学生数及其占比（1978-2018）

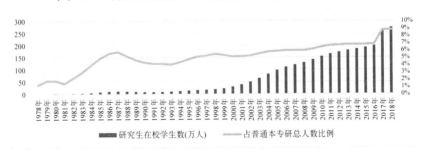

（数据来源：教育部、国家统计局。其中高等教育在学总人数计普通本专科在校学生数与研究生在校学生数的总和）

---

20 北京大学在 1986 年版的本科教学计划及相关讨论文件中提出，详见邹儒楠，北京大学本科教育"加强基础"的内涵演变：1980-2000［J］，教育学术月刊，2017（06）：32-38。

（2）学校的分层

随着高等教育大众化程度的加深，高等学校数量激增、办学质量良莠不齐。"大学"作为一个整体的"精英感"逐渐丧失，而笼统的学历划分（本科生、研究生）已无法准确标志个体所接受高等教育的质量，于是转而寻求群体内部更为精细可靠的划分标准，学校的层级逐渐被重视。划分层级、给予不同学校不同档位的资源配置是政府办学的常见措施。新中国成立后曾于1954年、1959年和1978年三次设置重点高校，世纪之交更是启动了"211"与"985工程"，选拔数量有限的一批高等学校和学科由国家财政重点支持、重点投入、重点建设。自此，高等学校场域内部被精细地划分出"三本-二本-普通重点-211大学-985大学"的金字塔结构，并随着政策演变进行动态的调整修订，如近期开展的大学与学科"双一流"的评估。

图1.5　中国内地高校的层级结构

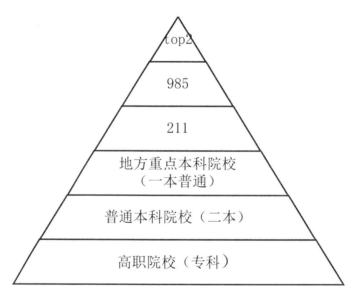

（3）培养的分类

在高等学校内部，"学术型"与"应用型"人才分类培养的路径逐渐明确。世纪之交，教育部出台《关于深化教学改革，培养适应21世纪需要的高质量人才的意见》、《面向21世纪教育振兴行动计划》等系列文件，明确我国高等专科教育旨在培养面向基层的技术应用、技术管理和服务的"各类应用型人才"，而"培养高级专门人才"的任务则逐渐由"本科"向"研究生"转移。

于此同时，研究生内部也逐渐明确了"学术型"与"应用型"的分类，前者重在提高学生的知识水平与创新能力，通过打造优秀科研团队、鼓励学术交流等方式提高研究生尤其是博士生研究生的培养质量，旨在培育"高层次创造性人才"；后者则通过发展专业学位体系，直面特定职业领域的需求，培养大批"高层次应用性人才"[21]。

1.2.3 学生身份：从"国家干部"到"市场人才"

高等教育外部环境与内在结构的历史演变形塑了不同时期大学生的角色定位与身份认同。

（1）统包统分，到祖国需要的地方去

建国初期的 30 年，我国高等教育遵循统一计划、集中管理的模式，高等学校承担整个人才培养体系中的"高端部分"。大学生作为高级专门人才，内在需要具有高层级的思想觉悟、知识水平与技术能力，向外则彰显为更具有精英色彩的"国家干部"身份。

"进了大学门，就是国家人"——这一时期的大学生具有显著区隔于其他群体的"精英"标识。学生考入大学即意味着成为"准国家干部"，不仅无须交纳学费、学杂费和住宿费，还能获取国家统一发放的人民助学金补贴，享有公费医疗等优惠待遇，以保障在读期间的日常学习和生活需要。[22]国家财政全额承担高等教育支出（即"统包"）的对价是大学生在毕业后的统一分配（即"统分"）。大学生一毕业即由政府统一分配派遣进入各级各类单位工作，档案归属人事局统一管理，从而在某种程度上脱离原生家庭，获得不同于"工人"、"农民"，更具有精英色彩的"干部"身份。北京大学《一九五一年教学大纲》明言"教学目的是为我们的国家培养出大批才德兼备、体魄健全、具有高度共产主义觉悟水平的优良干部"。[23]

---

21 参见教育部，关于深化教学改革，培养适应 21 世纪需要的高质量人才的意见 [EB/OL]，（1998-04-10）[2020-01-22]，http://www.moe.gov.cn/srcsite/A08/s7056/199804/t19980410_162625.html；教育部，面向 21 世纪教育振兴行动计划 [EB/OL]，（1998-12-24）[2020-01-22]，http://www.moe.gov.cn/jyb_sjzl/moe_177/tnull_2487.html。

22 参见 1952 年教育部《关于调整各类学校教职员工工资及学生人民助学金的原则、标准、办法》，1977 年教育部、财政部《关于普通高等学校、中等专业学校和技工学校学生实行人民助学金制度的办法》。

23 杜勤，睢行严，北京大学学制沿革 1949-1998 [M]，北京：北京大学出版社，2000：5。

　　这一时期的大学生从招生入学到毕业分配，均由国家统一包办[24]。招生的专业计划服务于国家建设紧缺需要，而在毕业分配方面，1952 年至 1956 年期间政务院（国务院）陆续发布关于全国高等学校毕业生统筹分配工作的指示，确立形成了"国家需要、集中使用、重点配备和一般照顾"的分配方针和"学用一致"的分配原则[25]。"祖国要我们到哪里就到哪里"，毕业生"在考虑个人的前途时，应该首先从祖国的需要出发，不应该首先从自己的个人问题出发"，"因为国家的前途是和个人的前途结合着的，只有在人民祖国获得广阔发展的条件下才能有个人的光明前途"[26]——服从统一分配、为祖国建设事业献身的信念深刻影响数代大学生。1958 年入学、1963 年毕业于北京大学历史系考古学专业的樊锦诗，回忆自己的大学生活时写道"那是一个激情燃烧的年代，刻苦学习，努力使自己成为国家需要的人才，是当时北大学子共同的梦想"，毕业时她被分配到没有电力和卫生设备、物资匮乏交通闭塞的敦煌石窟，一呆就是 40 多年，"'国家的需要，就是我们的志愿'是我们这一代北大学子的共同志向，我们要用学到的知识，报效祖国、建设祖国。"[27]

（2）自费自主，到市场需要的地方去

　　随着改革开放的推进，大学招生规模不断扩大，学生接受高等教育人数不断增长，继续由政府统包成本、统一分配不仅给国家财政和教育行政部门带来巨大压力，更限制了高校发展的主动性和个人参与的主动性。1985 年的教育体制改革标志着我国高校的招生就业制度正式从"计划"走向"市场"。

　　从"入口"方面看，1998 年《高等教育法》规定"高等学校的学生应当按照国家规定缴纳学费"，正式以法律形式确立个人作为高等教育成本的分担主体地位。大学生从被动接受国家安排，以期未来在工作岗位上发挥作用的"生产者"，变成了主动参与交换、以时间精力和金钱购买兑换大学的知识、

---

24 1950 年 10 月 1 日，政务院《关于改革学制的决定》："高等学校毕业生之工作由政府分配。"

25 1956 年 7 月 31 日，国务院《关于 1956 年暑期高等学校毕业生统筹分配工作的指示》："分配计划尽先照顾了科学研究、高等学校的师资、工业部门特别是国外设计项目的需要；对其它部门在迫切需要的情况下也给予了适当的照顾；对各省、自治区、直辖市的需要，也作了适当的配备。

26 参见《毕业同学们，服从统一分配，参加国家建设！》，1951 年 7 月 11 日，《人民日报》第 1 版社论。

27 北京大学，"敦煌女儿"樊锦诗写给北大新生的亲笔信［EB/OL］，（2019-08-15）［2020-01-20］，https://www.thepaper.cn/newsDetail_forward_4168437。

文凭和其它服务的"消费者"。进入大学的选拔标准也从"单一的客观考试成绩"发展为依据学生综合素质进行的"多元选拔"和"综合评价"。考试的内容有了更大的选择的空间,评价的方式也加入主观的个性化面试,尚在进行中的新一轮考试招生制度改革赋予了学习者更多的选择机会。

从"出口"方面看,改革前的"统一分配、包当干部",到改革初期的"供需见面、双向选择"再到大众教育时代完全的"自主择业",政府逐步卸重担,仅在必要时候鼓励和引导就业。大学生逐渐告别"铁饭碗",进入就业市场,依靠自身实力竞聘、竞争上岗。

表1.3 高校招生政策与就业政策演变(1949-2019)

时 间	招生政策	就业政策
1949-1984	统一国家计划招生:免费+补贴	统包统分、包当干部
1985-1997	双轨制:国家计划免费+其它收费	供需见面、双向选择
1998-	并轨制:收费	自主择业、鼓励引导就业

可以看到,近20年我国高等教育大众化的发展,是大学与大学生作为群体的"优越感"不断丧失的过程,其中,精英大学与精英大学本科生对此尤为敏感,他们在当下教育分层体系中仍然享有较高的地位,但这种"优越"不再是因先天身份自然享有的,而需要通过后天的不断努力小心维持。这一转型过程中的微妙变化极大挑战了传统的精英培养模式,引发了本文的关注。值得注意的是,这并非一时一地的个例问题,高等教育大众化不仅是当下中国的教育现状,更是一个世界范围内的发展趋势,广为学界关注和讨论。

1.3 文献述评

1.3.1 高等教育:从"精英的"到"大众的"

美国高等教育学者马丁·特罗通过研究二战后美和欧洲高等教育发展规律,以高等教育在校生人数与适龄青年的比例(即高等教育毛入学率)为标准,将高等教育的发展分为精英化(Elite)、大众化(Mass)、普及化(Universal)三阶段,为国际社会广泛认可和接受[28]。

---

28 Martin T. Twentieth-Century Higher Education: Elite to Mass to Universal. Baltimore: Johns Hoplins University Press.2010.

表 1.4　马丁·特罗关于精英、大众及普及高等教育的特征对比[29]

	精英阶段（15%以下）	大众阶段（15%-50%）	普及阶段（50%以上）
入学态度	少数世袭精英或才智者的特权	一定资格者的权利	中上阶层的社会义务
高等教育功能	塑造统治阶级的心智和个性；为精英的作用做准备	传授技术；培养技术与经济专家	培养适应快速的社会和经济变革的能力
课程与教学形式	侧重学术与专业，课程高度结构化和专门化	灵活的模块化课程	课程之间，学些与生活之间的界限被打破
学生生涯	高中毕业即入校，学习不间断	越来越多学生推迟入学，或中途辍学	大量延迟入学，时学时辍显现，教育与生活之间界限模糊
院校特征	拥有共同高标准的同质机构；小的寄宿制社区；学校与社会界限清晰	类型多样化；大学成为"智力城"；学校与社会间的界限模糊	多样至没有共同的标准；学生数无限制，有些学生很少甚至不住校；学校与社会间的界限逐渐消失
权利和决策中心	少数拥有共同价值观的精英群体	利益集团及党派工作的常规程序	公众介入
学术标准	共同的高标准	变量；不同高校采取多样化标准	"价值增值"成了标准
入学与选拔	标准是基于中学表现的才智水平	精英标准加上为促进平等而引入的'必修计划'	'开放'，强调不同阶层、种族的平等成就
院校行政管理的形式	学术人员兼任行政职务；任期期限有限	部分学术人员变为全职管理者，官僚层膨胀	更多全职管理专家，从外部引入管理技术
内部管理	高级教授控制	初级工作人员和学生参与	决策权落入外部政治权力手中

　　作为高等教育的早期形态，自由教育（liberal education）的传统可以上溯至古希腊罗马时期，是少数享有闲暇的自由人所接受的教育，具有典型的精英色彩。亚里士多德认为这种自由民的教育区别于实用的技艺训练，旨在培养能够进行理性沉思的智者，以知识本身（真理）为最高的追求，"处处寻求

---

29 马丁·特罗，徐丹，连进军，从精英到大众再到普及高等教育的反思：二战后现代社会高等教育的形态与阶段［J］，大学教育科学，2009（03）：5-24。

实用，则不可能造就自由而高贵的灵魂"[30]。17、18 世纪的英国，自由教育更明确地指向"绅士"的培养，洛克主张把贵族子弟培养成为"有德行、有能耐而有具有礼貌与良好教养"的人[31]，通过自然哲学的学习、阅读写作等文化活动以改善个体的心智。19 世纪的纽曼是自由教育（博雅教育）理念的集大成者，随着专业分工的精细，越来越多与专业技艺相关的内容进入大学，与"自由七艺"共同构成大学的修习科目，对此纽曼认为，由于个体精力的有限性，必要的领域划分对知识掌握而言是有益的，但对个体的培养同样不应局限于一种职业或学科，而要通过多领域的知识来磨砺和陶冶心智，从而为未来从事任何职业做好准备。[32]

相较精英时期，大众化阶段的高等教育入学人数占到了适龄人口的 15%-50%，高等教育从统治阶层或少数才智卓越者的"特权"下降为更多人享有的"权利"；课程与教学形式从高度稳定的结构化模式趋向灵活的模块组合，作为模块化课程中可以交换的单位——"学分"的认定与推行为跨领域、跨校的选课提供了极大的便利；在入学选拔标准、内部管理决策等方面，大众阶段的高等教育更多地体现自由与民主平等的特征：入学资格相较精英大学放宽，促进少数族裔与弱势阶层入学的补偿性计划得以推行，科层制的行政人员与学生逐渐参与到大学的自治管理当中，遵循更加多元的治理标准与民主化的治理程序；就外显的机构边界而言，大众高等教育打破精英大学相对封闭、隔绝的"象牙塔"式结构，与社会的边界开始模糊，集住宿、教学和公共生活为一体的综合性"大学城"是其显著的标志。[33]

亲历教育大众化阶段的西方学者对其反思与批评主要集中在以下两个方面：

其一，是"多"与"一"的问题，自由如何不分裂？多元如何达整合？

其二，是"高"和"低"的问题，平等如何不平庸？自由如何不堕落？

自由如何避免分裂、多元如何实现整合，这是大众高等教育无法回避的问题。20 世纪后半叶美国轰轰烈烈的通识教育改革直接起源于自由社会中共

30　[古希腊]亚里士多德，形而上学 [M]，苗力田译，北京：中国人民大学出版社，1993：31。

31　[英]洛克，教育漫话 [M]，傅任敢译，北京：教育科学出版社，2014：59。

32　[英]纽曼，大学的理念 [M]，高师宁等译，贵州：贵州教育出版社，2008。

33　Martin T. Problems in the Transition from Elite to Mass Higher Education. Educational Problems, 1974: 57.

同标准、共同目标丧失所导致的混乱。尊重个性、倡导平等的民主风尚加速了教育系统的扩张，多元文化在校园中盛行、从中学到大学各类课程成倍增加。灵活的学分制加剧了知识的分化，学分把系列课程切割为一个个相对独立的模块单元，旨在最大程度上满足学生的不同类型的天赋、兴趣及其产生的教育需求。然而，"学分制之后每类课程都合法化了，且被赋予了相同的地位"，学校对教学的监督从内容的监督、质量的监督转向以毕业总学分核算为代表的"学习量"监督，课程与课程之间的连贯性丧失，学生修习的所有课程可能因为"没有任何统一的目的"而沦为"零碎的部分的集合"[34]；更深层的危险在于，自由的选修规则使得学生个体与个体之间的培养计划迥异——"他们在思想和观念上出现了分化"，不同的知识背景与学习经历使得思想与思想的共识万分艰难。因而，新一轮的通识教育改革兴起，被寄予在"知识"与"道德"两个层面进行贯穿整合的厚望[35]。改革以 1945 年《自由社会中的通识教育》（俗称《哈佛通识教育红皮书》）为旗帜，明确将通识教育（general education）与专业教育（special education）并举为教育的两大组成部分。其中，通识教育以人作为类的整全为目的，"旨在培养学生成为一个负责任的人和公民"，其在心智上要求有共通的"有效思考能力、交流能力、做出恰当判断的能力、辨别价值的能力"，而专业教育则面向分化的个体需求，"旨在培养学生将来从事某种职业所需要的能力[36]。尽管在培养理念上进行了里程碑式的反思与纠偏，以哈佛、哥伦比亚为代表的美国精英大学纷纷在本科实行了以"核心课程"、"巨著课程"、"公共选修"、"分布必修"为代表的限缩性改革举措，然而，就什么是"核心"、培育什么样的"公共性"、限缩的尺度和边界在哪里——大学与大学之间、大学内部系科之间莫衷一是，开始了扩日持久的论争，一轮又一轮的本科教育改革持续至今。

"多与一"的困难必然暗含"高和低"的分野，后者是前者另一维度的展开。

亲历美国高等教育大众化的布鲁姆教授直指当下高等教育对学生心智的

---

34 哈佛委员会，哈佛通识教育红皮书［M］，李曼丽译，北京：北京大学出版社，2010.9。

35 哈佛委员会，哈佛通识教育红皮书［M］，李曼丽译，北京：北京大学出版社，2010.10-31。

36 ［美］哈佛委员会，哈佛通识教育红皮书［M］，李曼丽译，北京：北京大学出版社，2010.39-40。

败坏。自启蒙以降，无人不有、无所不能的理性为"自由"扫清了最后外界障碍，将民主与平等发扬到极致的现代美国大学从一个整合的场所（university 中"uni-"的应有之意）逐渐沦为一个多元的领地（multiversity）[37]。在这样的"巨型大学"里，持续细密的专业与学科分化使人文社会学科逐渐丧失了知识的统一性，为万物立法、直指自然真理的鲜活人格沦为"经典著作储藏室里的木乃伊"，取而代之的是日益兴隆的经济学和商科。大学已不能或不愿提供超越性的问题诉求，失去"哲意"的学科丧失了收拾整合人心的号召力，空余形式的齐全。就个体的大学学习而言，对永恒问题的思考让位于实用技能的掌握，模糊的意义感召被明确规划前景的专业生涯取代——侍奉真理的勇敢、坚定与伟大不再，大学生内心充斥着孤独和无意义感。布鲁姆认为，现代社会"民主平等"与"文化多元"的理念下大行其道的所谓"多样性"，实则助长了心灵的闭塞与生活风格的单一，"人人为自己做决定"，最大的危险是"沦为舆论的奴仆"[38]，当将人导向精神高处的"自由教育"沦为教师与学生、方向与内容全面"自由的"教育，大学便在那宛如白板的 18 岁少年面前，彻底放弃了本应担当的引导之责。

布鲁姆指出，现代大学的这一变化与其所处的民主社会环境息息相关，托克维尔对此早有生动的描述。在《论美国的民主》第二卷中，托克维尔详细体味了民主制度对美国人民的情感与心理活动的影响。托克维尔观察到，民主制度下的美国人民幸福但同时"心神不安"，这种不安和焦虑源于对物质生活享乐的爱好。民主制下的平等限制了力量，却刺激了欲望，人人都觉得自己命中注定要干一番大事业，平等使人广泛产生了追求享乐的欲念，却没有向人提供满足欲念的方法，故而，人越是平等，平等的愿望就越是难以满足。另一方面，平等的观念深入导致升级的规则日益细密严苛，以至于限制了人民的行动，同时也束缚了思想——人们忙于致富的努力，耽于平凡琐碎的日常事物，故而"多怀奋进之心而少有大志"，久处民主社会而在精神上日趋平庸，缺乏激情与昂扬的精神。[39]

与布鲁姆的观点类似，曾任哈佛学院前院长的刘易斯以"失去灵魂的卓越"指称哈佛对自身教育宗旨的背弃，它忽视了培养学生成人——了解自我、

37　［美］艾伦·布鲁姆：巨人与侏儒［M］，北京：华夏出版社，2011：369。

38　［美］艾伦·布卢姆，美国精神的封闭［M］，南京：译林出版社，2011：202。

39　［法］托克维尔，论美国的民主（下）［M］，北京：商务印书馆，1997：780-792。

发现生活意义、探索远大目标、培养社会责任感——这本应是哈佛本科教育基本任务。[40]缺乏了必要的指引，精英大学的本科生在日益激烈的竞争环境中追逐眼前的分数和成功而忘记了更远大的方向与目标。学生从"被教导的对象"变成了校园中"消费的主人"，自由散漫、贪欢享乐，缺少了必要的纪律意识与对他人、对国家社会的责任感。《优秀的绵羊》则将论述的重心直指精英大学学生的心理现状。在细密完整的竞争系统下，美国的青少年使出十八般武艺辛苦"爬藤"，进入精英大学后又开始新一轮在既定轨迹中集体向前的"打卡成功"，执教常青藤超 30 年的作者坦言，当前系统下培养出来的学生"大都聪明、富有天分，而斗志昂扬，但同时又充满焦虑、胆小怕事，对未来一片茫然，又极度缺乏好奇心和目标感"。[41]

1.3.2　精英培养：从"显性区隔"到"隐性庇护"

精英是如何被培养出来的？个体如何成长为精英？在精英高等教育时代，这个问题绝大部分被严苛的学历晋升与文凭授予回答了，而在大众高等教育时代，情况变得非常复杂。

尽管高等教育系统从精英到大众、从大众到普及的发展是一个容量不断扩张的连续过程，但这并不意味着在前形态的完全消失或转型——"在大众系统中，精英机构可能不仅存活而且更加繁荣"，他们享有彼此迥异的原则和目标，以各自的形态继续存在，但问题的关键在于，"当一个系统的重点已经转变为大众高等教育的形态和职能时，这个系统该怎样成功地、通过什么样的机构和机制来继续履行其精英的职能？"[42]一定程度的混淆与干扰是可以预见的，而来自"新势力"对"旧传统"的猛烈冲击同样是无法避免的。

对此，马丁·特罗指出，与扩张之前相比，大众高等教育阶段的"精英教育"：第一，不再直接指向特定领域的社会领导者角色，如传统上欧陆大学主要培养公务人员和政治领袖、英国大学培养神职人员；第二，不再苛求一种普遍道德与文化观念的灌输，只重心智情感、态度品德的教养传递而轻视

40　[美]哈瑞·刘易斯，失去灵魂的卓越[M]，侯定凯译，上海：华东师范大学出版社，2007。

41　[美]威廉·德雷谢维奇，优秀的绵羊，[M]，林杰译，北京：九州出版社，2016：03。

42　马丁·特罗，徐丹，连进军，从精英到大众再到普及高等教育的反思：二战后现代社会高等教育的形态与阶段[J]，大学教育科学，2009（03）：5-24。

或排斥专业知识与技能的教学（如韦伯所区分的有教养的人和专家）。马丁·特罗认为，从精英时代走到大众时代，精英高等教育一以贯之的、从未丢弃的使命和特征是——"激励抱负及为实现抱负提供社会支持及智力资源"[43]。一方面，是"对抱负的激励"，这是精英高等教育的首要显著特征。尽管学习的内容与教学组织形式存在差别，但各种精英高等教育毫无例外地向学生传递这样一种观念："他们可以完成世界上的重大事情，可以有重大发现，可以领导大型机构，可以对他们国家的法律及政府施加影响，以及对知识的增长有所作为"。[44]另一方面，是"对抱负的支持"，精英大学聚集了优秀的同侪群体、卓越的师资力量与优厚的资源设备，通过人与人之间更为密切的交流、人与资源之间更深度的接触——从而利用优势不断再生产优势。

相比之下，"大众高等教育主要在更为简洁和人格无涉的师生关系中传授技能与知识，是学生未相对合适的社会角色做准备"，尽管这些社会角色中也不乏学术职业、政府职员、工商管理等具有较高社会地位的职业，马丁·特罗概括认为这是"精英"与"大众"这两种高等教育形态的交叉、融合之处。[45]对此，本文持相当保守的态度，这绝不是简单的交叉、融合或者在部分功能上的替代，虽然这种"混同"作为事实真切地发生在当下全球的高等教育体系中、发生在每个有着本科生院的世界一流大学里（诚如上文所述），但恰恰是这种随着大学的扩张发展不得不产生的"混同"，对精英大学的整个培养目标与培养体系构成了极大的挑战，这正是本文关注的核心问题。

在传统的精英培养过程中，"区隔"是重要的手段，而学校是重要的"区隔"场所。

布迪厄在《国家精英》中生动呈现了法国学生经由高等教育成为国家精英的"魔法"或者说"神化之路"，"划分"与"区隔"是神化过程中最为核心的步骤。划分就是"做标记"，按照一定标准，将本身有着不同的特性、习性的人群分离开来。区隔是这种分离活动的结果，绝对边界的设立意在不同群体之间宛如天堑或是高墙般的隔断（往往也伴随真实的围墙），昭示着精英群

---

43 马丁·特罗，徐丹，连进军，从精英到大众再到普及高等教育的反思：二战后现代社会高等教育的形态与阶段［J］，大学教育科学，2009（03）：5-24。

44 马丁·特罗，徐丹，连进军，从精英到大众再到普及高等教育的反思：二战后现代社会高等教育的形态与阶段［J］，大学教育科学，2009（03）：5-24。

45 马丁·特罗，徐丹，连进军，从精英到大众再到普及高等教育的反思：二战后现代社会高等教育的形态与阶段［J］，大学教育科学，2009（03）：5-24。

体象征性的封闭。法国以会考为代表的客观性选拔考试即设立了严格的人数限制，在连续的分数段中生硬而决绝地建立起一条边界——建立不连续性——区分入选者和淘汰者。这种"在成就的连续性中将两类彼此分离的人群区分开来的划分程序，就是生活中的神化行动"[46]其意义是建立起对社会世界的一种合法划分方式，确立新的秩序。问题的关键在于——这种划分标准的合法性何以确立？何以自然而稳固地为被分类对象所认同、甚至信仰？这是布迪厄认为学位授予类似圣职授予仪式得以获得"神化"功能的关键。用通俗的话说，在乌龟和兔子的竞赛中，你如何让乌龟和兔子都相信比速度是唯一的标准和规则。布迪厄分析认为，这种学业分类的基础实质上是一种象征性的暴力（符号权力）——"将社会关系上霸权者所具有的社会品行当做杰出的品行，并且神化他们的存在方式和他们的身份"，经由"教育"这架仿佛永不停息的认知、分类和转化机器，实现学业等级和社会等级之间的转化。[47]

采用申请制而非纯标准化考试的确定精英大学入学资格的美国，情况与法国略有不同。近年来不少学者对这一问题投入了极大的关注，涌现了一系列模糊社会学和人类学研究策略边界的优秀教育民族志。从《特权：圣保罗中学精英教育的幕后》[48]（中学），到《被选中的：哈佛、耶鲁和普林斯顿的入学标准秘史》[49]（大学入学），到《出身：不平等的选拔与精英的自我复制》[50]（毕业求职）、到《清算——华尔街的日常生活》（精英职业），我们可以清楚地看到当代美国社会精英的成长路径，从继承头衔、继承财产到传承文化、涵养品格，精英的标识不断向内收敛，其培养的过程也变得日趋隐秘。

正如《特权》里所描述的，先天身份所产生的区隔被打破，但看似自由开放的场域却依旧不平等——精英的标准从"你是谁"到"你做了什么"，英才教育的理念下，个人的"后天努力"与"成就"替代了"先赋资本"（头衔和财富）成为被首要拣选和评价的标准。学生靠努力勤奋把成功包装成"自

46 ［法］布迪厄，国家精英［M］，杨亚平译，北京：商务印书馆，2018：172。
47 ［法］布迪厄，国家精英［M］，杨亚平译，北京：商务印书馆，2018：92。
48 ［印度］西莫斯·可汗，特权：圣保罗中学精英教育的幕后［M］，蔡寒韫译，上海：华东师范大学出版社，2016。
49 ［美］杰罗姆·卡拉贝尔，被选中的哈佛、耶鲁和普林斯顿的入学标准秘史［M］，中国人民大学出版社，2014。
50 ［美］劳伦·A，里韦拉，出身：不平等的选拔与精英的自我复制［M］，江涛、李敏译，理想国丨广西师范大学出版社，2019。

己赢得的"而非"被授予的"。学生在模仿社会阶层秩序的学校位置中,学会处理与他人之间的关系,制度的设计使得学生通过"寻找一席之地"领会到爬梯的上升是自然而然的事情。精英学校教会他们尊重等级制度,但不是敬畏,而是亲密、是在等级制度中淡定自如的表现。

不同于布迪厄所强调的不同阶层具有差异化的文化趣味,在互联网信息化发展的今天,知识已不足以成为阶层的壁垒,重要的不是知识本身,而是认知的方式,不是细节,而是思维的方式,是"往大里思考"的意识、信心和习惯。对"新精英"而言,学习《贝奥武夫》还是《大白鲨》,听古典音乐还是流行音乐、"雅"还是"俗"……都只是一种选择,重要的是在这种文化杂食表象下,淡定的内在特征。"新精英"有勇气去选择学习的内容和学习的目标,培养把自己和万事万物建立勾连的整体视野和思维习惯,建立起对自身天赋和才能的确信。

这种"淡定"与"勇气",毫无疑问是大量资源"富养"下的结果。圣保罗作为精英中学得以实施如此"大胆"而"适切"的培养模式、常青藤学校之所以能成为"更高职位"胜任者的"跳板",背后正是远超其他学校的各类资源支持。强大的资源投入,完全拓展了个性化的竞争的场域,让50%的人都能成为"the 5%"。当乌龟和兔子都意识到不只有"比跑步"这一种规则时,精英的围墙看似消失了,实则隐没在了个体身上——谁最早掌控甚至超脱比赛规则——谁就能够更自如地拥抱无限可能。

1.4 问题提出

1999年扩招至今,短短20年的时间里,中国高等教育系统完成了从"精英"到"大众"到"普及"的扩张发展。本文聚焦大众高等教育阶段的精英培养问题,试图探究:在高等教育大众化的时代背景下,中国的精英大学如何履行其培养精英的具体职能?

研究问题可以进一步分解为以下几个子问题:

1. 在高等教育大众化时代,中国的精英大学招收了哪些学生?他们为什么能够进入精英大学?在"高分"的表象之下,他们有哪些共同的心智特点与行为惯习?相比前代大学生,他们有着怎样的群体特征?

2. 精英大学如何培养这些学生?社会转型的时代背景及其影响下的教

育转型对精英大学的培养机制产生了什么样的影响？"大众"的精神如何渗入精英大学？精英大学又如何传承和保有其"精英"的气质并涵育于学生个体身上？

3. 精英大学是否当下精英培养的核心主体？家庭及其后的社会在这一培养体系中处于怎样的位置、发挥怎样的作用？

1.5 理论视角

本文的理论视角主要来源于三个方面：以布迪厄关于社会结构与心智结构之间的动态关系为基本分析视角，并通过曼海姆关于"代问题"的社会学理论和中国传统社会思想中关于"差序"格局与"社会自我主义"的讨论，从"（历史）时间"和"（组织）空间"两个维度展开对"结构"的认知和理解。

1.5.1 布迪厄：社会结构与心智结构

20 世纪 80 年代，以吉登斯、哈贝马斯和布迪厄为代表的思想家从不同角度尝试破除传统社会学理论中身心、主客、个体与社会、宏观与微观的二元对立。其中，布迪厄基于大量的经验研究提出了以"场域"和"资本"为前景、以"惯习"与"性情"为核心纽带、贯通"社会结构"与"心智结构"的解释体系。

布迪厄区分了社会结构和心智结构，社会结构是社会世界的客观划分，不同场域中存在支配者与被支配者。心智结构是行动者主观划分社会世界的关注原则与划分原则。布迪厄认为，社会结构与心智结构之间、客观世界的划分与主观世界的划分之间存在对应关系。不同于单纯的结构主义（侧重客观环境对主体的影响）和建构主义（强调由主体参与下的），布迪厄认为个体的行动、选择即"偏爱体系"取决于人在客观社会结构中的位置（即社会关系）。[51]

（1）社会结构：场域（field）与资本（capital）

布迪厄不把社会视为一个统一的世界，而是将其拆解视为由大大小小的各级各类场域组成。场域是"这个差异化了的社会中所特有的社会小宇宙"，本质上是为了分析的便利"提纯"后的小空间结构。考察单一场域时，其内

---

51 ［法］布迪厄，国家精英［M］，杨亚平译，北京：商务印书馆，2018: 1-5。

部成员都在这一场域的性质中存在，占据不同的位置，场域内部成员之间仿佛"属于同一个引力场的天体"具有由此及彼的相互作用，即场域效应。场域的边界可以根据场域效应确定，效应停止、边界停止——类似于水滴入湖，引发共变、共振，涟漪停止的地方就是水域的边界。所有的大学构成一个高等教育场域，场域有自己的内部结构，每个大学根据自己在场域中的位置采取适应策略。[52]

对资本概念的使用则突破了传统的经济领域，将其划分为三种不同类别：经济资本、文化资本、社会关系资本。每一类资本在表现形式上又有不同的三种：（1）客观化的，以物质存在的形式表现自身；（2）具身化的（embodied），体现为身体不自觉的姿态、偏爱、喜好；（3）制度化的，介于客观的和具身化的形态之间，脱离个体层面（身体）走向社会公认。个体所具有的文化资本在客观上表现为书籍、书画、艺术品等物品，在制度形态上表现为各类通过公共机构资格认定的文凭或资格证书，在身体形态上则表现为个体的修养、眼界、思维方式等精神层面的内容。[53]

（2）心智结构：惯习（habitus）与性情（disposition）

惯习是布迪厄社会学理论中最有魅力的一个概念，它的提出使得社会与个人、主观性与客观性、结构与行动者——一系列的二分法得以克服。惯习，是"社会关系上结构化了的生物学个性特征"[54]，它在"结构主义"和"个人主义"之间建立起桥梁——个体的真实存在是历史的、鲜活的，既不可能完全溶解于结构、化身为"国家意识形态机器"中的螺丝钉，也不可能完全脱离结构、成为"纯意愿"的原子式个人。惯习是"主观性的社会化"和"社会性的具体化"，是结构的内在化、由客观创造的主观性。社会秩序通过行动者的行为活动进行再生产和变革，诸如审美力和判断力，布迪厄认为都不是意志的理智活动，而是惯习的实践活动——人的所有行动都是在结构的制约下完成的，共同的经历养成相似的惯习。[55]

---

52 ［法］布迪厄，国家精英［M］，杨亚平译，北京：商务印书馆，2018：226-230。

53 参见 Bourdieu, P. The Forms of Capital, 2006；华康德：解读布迪厄的"资本"概念［A］，苏国勋，刘小枫，二十世纪西方社会理论文选［M］，上海三联书店，2005.

54 ［法］布迪厄，国家精英［M］，杨亚平译，北京：商务印书馆，2018：93。

55 参见［英］迈克尔·格伦菲尔编，布迪厄：关键概念［M］，林云柯译，重庆：重庆大学出版社，2014：60-80。

性情则是惯习、社会行动在个体认识层面的表征。行动者通过行动参与了社会现实的建构，而行动本身"总是带着自己的观点和利益"、带着他们自己的关注原则，而所有的这些观点、利益和关注原则又是由他们在这个他们企图改变或者维护的世界中所处的位置决定的。布迪厄认为客观结构和认知结构之间，存在着对应的关系，在社会关系上建立的偏爱体系是人们进行选择最根本的同意原则，既表现为不同的审美"眼光"、趣味判断和生活风格，也落地为选择学校、学科、体育运动、艺术作品时具体的行为表现[56]。

1.5.2 曼海姆：代的社会学理论

德国社会学家卡尔·曼海姆提出从"社会学"而非单纯"历史学"或"生物学"的视角来研究"代群问题"。

（1）代位置

曼海姆认为"代"并不像家庭、教派一样是"社群意义上的实存群体"（concrete social group），它是一种与"阶级位置"有一定的相似性的"社会位置"（social location）。阶级位置存在于社会结构中（特定社会的经济和权力结构），而"代位置"存在于时间的脉络中。同一代的个体往往以出生、死亡的"生物节奏"作为划分的基础，但"纯粹时间上的共时性并不足以带来代位置的一致性"，故而"只有同时代人以作为一个整合的群体参与到某些特定的共同经验中去时"，才是社会学意义上"共同的代位置"。"代"是现实存在于共同"历史-社会"过程中"年龄群体"一种特殊的位置身份。[57]

就代位置现实存在的原因而言，曼海姆诉诸个体生命与社会化历程。个体的成长过程中既有从他人那里习得的专门记忆（appropriates memories）也有从个人发展经历中获得的个人习得记忆（personally acquired memories），历史和环境的塑造力量不断改变着每代人的个体习得记忆，但任何一代成员都只能参与有限的历史过程，代际的更替造成了生物学意义上不同年龄群体与文化的"全新接触"，先前的参与者从文化过程中不断退出，而相同"代位置"的个体间相似的习得记忆形塑了同代人相似的经验、思想、情感和行为模式，

56 ［法］布迪厄，区分：判断力的社会批判［M］，刘晖译，北京：商务印书馆，2015：4-11。

57 Mannheim K. The Problem of Generations, Essays on The Sociology of Knowledge. London: Routledge, 1997: 276-322, 中文翻译参见：［德］卡尔·曼海姆，代问题［A］，卡尔·曼海姆精粹［M］，徐彬译，南京：南京大学出版社，2002：75-89。

形成了相似的"层化的"意识。尤其当这种经验被个体体验为"一种决定性的童年经验",形成"早期印象"（即早期经验层）和"自然世界观"是——会对个体长远的意识发展产生决定性的影响，这种在早期童年阶段"无意识"的潜移默化（而非"有意识"的理性反思）中积累的"浓缩的"、"隐含的"和"实际的"经验以更为隐秘而深层的方式影响着我们的精神生活，主导着人们在日常生活中常常见到的"无意识的选择"。58

（2）现实代与代单位

曼海姆指出，共同代位置的确立有几个层级的因素，其中宽泛的标准是对同一历史阶段的共同参与，而狭义的标准要求受到共同事件的影响。"现实代"（generation as actuality）即是采用最狭义的标准，指代的成员之间的实际联系，同一年代的农村与城市青年只是具有相同的代位置，并不一定是同一现实代的成员，"当具有相似位置的同代人参与到共同命运和于此息息相关的思想和概念中去时，就形成了现实代。"而代单位（generation-unit）是比现实代更具体的联系。"经历同一具体历史问题的青年可以被视为处于同一现实代；而同一现实代中的不同群体以不同的方式利用共同的经验，因此构成了不同的代单位"，代单位成员意识具有高度相似性——是分享共同精神材料的成员组成的一个群体，是共同社会化作用下的结果。59

曼海姆认为，"代际更替是一个连续的过程"并不像大多数代问题研究者那样以 30 年为间隔的唯一决定因素，"纯粹时间上的共时性并不足以带来代位置的一致性"60"一种新的代类型（generation style）是否会在每一年、每三十年或一百年出现，或者是否已固定的节奏出现，这完全是由社会和文化过程引发的"，置于谁引发了后者，是另一个层面的问题。

1.5.3 社会自我主义："差序格局"中的自我建构

（1）差序格局与家庭本位

儒家宗法伦常关系中对"人"的理解同样超越了个体视角，但并非如大多

---

58 ［德］卡尔·曼海姆，代问题［A］，卡尔·曼海姆精粹［M］，徐彬译，南京：南京大学出版社，2002：82-86。

59 ［德］卡尔·曼海姆，代问题［A］，卡尔·曼海姆精粹［M］，徐彬译，南京：南京大学出版社，2002：89-90。

60 ［德］卡尔·曼海姆，代问题［A］，卡尔·曼海姆精粹［M］，徐彬译，南京：南京大学出版社，2002：91。

西方政治思想家一般从"权利"的角度。个体从出生到死亡，必然处于一个基于血缘关系构建的社会网络中。家族伦理关系是内在于我的，即"我"的存在不是——"我和我的伦理关系"而是"我（包括伦理关系）"的存在。如果说前苏格拉底时代的西方哲学是"在天上"的，那么儒家的传统社会思想就是彻底"在地的"。儒者无法想象一个脱离于家、国而独立存在的个体，如伊壁鸠鲁、霍布斯意义上"原子式"的个人、"人对人是狼"的自然状态。人天生就是社会性的存在，是家庭的、政治的"动物"——这就是人的"自然"，无须发现，更不能背离。因而，梁漱溟先生一针见血地指出，中国传统社会乃伦理社会，"伦理因情而有义，中国法律一切基于义务观念而立，不基于权利观念。"[61]

图 1.6 差序格局示意

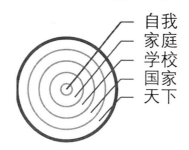

自我
家庭
学校
国家
天下

儒家以"亲亲、尊尊"的自然情感为基点有序构建起整个社会的制度框架，仁义为体，礼乐为用，以对父母的爱与敬推而广之，及于亲戚、朋友、他人。费孝通先生用"差序格局"来阐释这一社会机构的内在机理：以"己"为中心结成专属于个体的社会关系网络，宛如石子丢入水面产生的波纹，一圈圈推出去，愈推愈远，也愈推愈薄。血缘亲属（"家庭"）是这个同心圆波纹中最核心的一环，是"我们社会关系中最重要的"[62]。费孝通指出，西方的"团体格局"建立在独立平等的个人基础上，而中国人的身份认同建立在以自我为核心的亲疏远近之差序上，本质上是"自我主义"而非"个体主义"的——"一切价值以'己'作为中心的主义"，而这个"己"本身又是被层层社会关系包裹之下的，其外延是极富弹性的。由内推外，是个体不断认识、建构世界、从修身以至于平天下的功夫路径，而由外而内，是层层解剖、逼近和理解个体的分析路径。

西方汉学人类学家王斯福用"社会自我主义"（social egoism）来指称"差序格局"下的中国人的自我定位，提出随着新的社会环境下经济关系的迅速

61 梁漱溟，中国文化要义 [M]，上海：学林出版社，1987：82。
62 费孝通，乡土中国 [M]，北京：商务印书馆，2011：27-28。

发展，"新的差序格局已演变为包括邻里、朋友与家庭之间的信任以及对公共利益的追求，同时也扩展成为进行生意往来和形成政治联盟的方式"[63]——亲疏远近奠定差序关系的逻辑不变，而对"亲疏"的理解极大意义上拓展了"血缘"的边界。正如费孝通所言"稳定社会关系的力量，不是感情，而是了解。所谓了解，是指接受着同一的意义体系。同样的刺激会引起同样的反应"[64]乡土社会依靠亲密的家族关系、稳定的共同生活建立群体内部高度一致的趣味，与外群隐秘地区隔开来。而在现代社会，这一"趣味"即"意义体系"的建构途径与建构主体更为多元。

（2）"小我"与"大我"的时代变迁

阎云翔延用王斯福的说法，进而以"小我"和"大我"区分"社会自我主义"这个差序同心圆的"内圈"与"外圈"——"小我"以个体的"欲望和利益为中心"，"大我"是"关系集体（家庭、亲族和国家）利益"——"在传统中国，这个大我就是祖先；而在毛泽东时代，祖先被社会主义国家所取代；到了今天，'大我'主要体现在第三代身上"，当冲突发生时，"小我"必须服从"大我"。[65]

阎云翔从中国现代化同时也是社会个体化的历史视角对改革开放以来"家庭"在这一差序格局中的地位变化进行阐述[66]。20世纪80年代以来，对个人权利、欲望的张扬使得"小我"迅速膨胀，"家长权威的衰落、子女权力的增长"——子女违背父母意愿、追逐个体自由的行为屡见不鲜，但随着改革开放的深入，这群被放纵和溺爱的子女成年成家后，与父母的关系逐渐改善，"家庭"的地位重新上升，但家庭的重心却进一步下移：从面向传统——"祖先的光荣"，到面向未来——"儿女的幸福"。究其根源，"计划"到"市场"的迅速变革将个体从原本庇护其的集体（农村）、单位（城市）中剥离后，新的嵌入机构严重缺乏。个人与个人、个人与团体之间原本先赋、稳定的"身份关系"变更为依托利益维系、流动的"契约关系"，风险增加、社会信任迅速下降——"孤立的个体在国家和市场的强大力量之间独立存在，家庭则成

---

63 王斯福，龚浩群，杨青青，社会自我主义与个体主义——一位西方的汉学人类学家阅读费孝通"中西对立"观念的惊讶与问题 [J]，开放时代，2009（03）：67-82。

64 费孝通，乡土中国 [M]，北京：商务印书馆，2011：47。

65 阎云翔，杨雯琦，社会自我主义：中国式亲密关系——中国北方农村的代际亲密关系与下行式家庭主义 [J]，探索与争鸣，2017（07）：4-15+1。

66 参见阎云翔，中国社会的个体化 [M]，上海：上海译文出版社，2012：326-344。

为个体获取保护、归属感和生命意义的唯一源头"[67]——他们不得不依靠父母的帮助来"应对竞争愈发激烈的社会中的种种挑战",尤其是对第三代的教养。独生子女作为"唯一的希望"持续加剧了这种代际间的依赖。

1.6 研究设计

1.6.1 研究对象

本文选取北京大学作为研究个案主要基于以下两方面的考虑:

其一,基于典型性。作为当下中国高等学校内部分层中金字塔顶尖的存在,北京大学在生源质量、师资力量、财政投入等各个方面都堪称当代中国精英大学的典范。而作为中国第一所国立综合性大学,北京大学历来秉承精英教育的传统,重视人才的培养,积极推动教育教学改革工作,1977 至 2016 年形成了前后八版具有带变形的本科教学计划,近四十年的本科教育变革可谓中国本科教育发展史的缩影。

其二,基于可行性。笔者从 2011 年进入北京大学就读,至今已有 8 年时间,对北京大学本科教育既有作为学生的切身体验,也有作为研究者的深度反思。2016 至 2019 年期间,依托"北京大学本科教育质量调查"课题[68],笔者得以研究者的身份进行调研。获取关键指标的整体量化数据以勾勒群体面貌,通过切实的访谈、观察接触本科生、毕业生,了解个体真实的处境和想法。档案资料方面,北京大学同样保存丰富、全面且便于笔者获取。

1.6.2 研究方法

研究采用质性与量化相结合的混合式研究方法。依托"北京大学本科教育质量研究课题(2016-2019)",本文的资料得以在"面"和"量"上都有较为丰富的积累。必须要指出的是,这并非我一个人的付出,各类数据采集获得了学校教务部等职能部门的大力支持,问卷的设计、发放、回收与分析,访谈的组织、主持及后续的录音整理是课题组全体师生共同努力的成果。

---

67 阎云翔,杨雯琦,社会自我主义:中国式亲密关系——中国北方农村的代际亲密关系与下行式家庭主义 [J],探索与争鸣,2017(07):4-15+1。

68 课题为北京大学教学改革长期研究项目,从 2016 年立项至今已经进行了四个年度的调查研究,笔者深度参与了四个年度课题从申请立项到问卷设计、访谈组织、数据分析和年度的内部报告撰写全过程。

主要的资料收集方式包括深度访谈、问卷调查、档案资料和参与观察四种：

（1）深度访谈

深度访谈采用半结构式的访谈模式，同时具有"开放"和"深度"两方面特征。整体访谈是访谈者和访谈对象共建的产物，需要深入事实内部、获取更多的细节，探究表面行为的深层动机，从而熟悉和进入被访者的日常生活世界和思维习惯。

服务于研究的目标与定位，在具有代表性的教师、行政管理人员与研究生访谈之外，本文将主要的深度访谈对象聚焦应届本科毕业生群体主要考虑以下原因：

其一，应届毕业生历经了完整的本科教育体系，直接承载着学校本科教育成果。

其二，应届毕业生具有丰富的校园学习生活体验，对学校各项培养制度有全面而深度的体验。

其三，应届毕业生面临着重要的人生选择境况，本科教育的价值与意义得以凸显，临别期间，重新回溯和反思自己的本科经历是一件非常自然且重要的事情。

其四，应届毕业生课程较少，空闲时间较多，便于深度访谈的联络组织。

有丰富田野经验的学者将深度访谈的沟通技巧总结为四个方面：其一，从被访者的日常生活入手进行生平阐释；其二，被访者的个人生活史往往是访谈最佳的切入点；其三，要注意悬置预判，避免成见；其四，要进行言语内外全方位的观察，尤其保持对异常事件的敏感度。[69]

基于上述理论技巧与实际调查中的经验教训，笔者制定、修改形成了较为稳定的半结构式访谈提纲，见附录。访谈完成情况见下表。

表1.5 访谈完成情况（2016-2019）

年 度	2016	2017	2018	2019
课题组总计完成访谈	32人	47人	46人	110人
本人独立完成或参与	26人	29人	21人	18人

---

69 杨善华，孙飞宇，作为意义探究的深度访谈［J］，社会学研究，2005（05）：53-68+244。

表 1.6　访谈分类与编码情况（2016-2019）

年　度	2016	2017	2018	2019
学生个人访谈	16S01-11	17S01-08	18S01-46	19S01-110
学生焦点团体	16G01-06	17G01-11		
教师个人访谈	16T01-05	17T01-01		

（2）问卷调查

定量研究，旨在通过数据与指标可以直观反映本科教育质量各方面的整体情况，进而通过数据的分析处理，比较不同学部、不同院系、不同学生群体之间教育质量的差异，凸显问题，同时为后续的针对性访谈、和理论研究提供基础。相对标准化试卷对本科毕业生能力的直接考察，问卷测量虽然是间接测量方式，但其内容可以更为丰富，且填写回收便捷，成本效率更高。

从研究的性质看，既有国外本科教育质量调查主要分为直接测量和间接测量两类。直接测量采用"试卷"等标准化的测试工具，如美国教育资助委员会（Council for Aid to Education，CAE）的"大学学习评估"（Collegiate Learning Assessment，CLA），测试试卷全部采用主观题型，题目包括"分析型写作"和"执行型任务"两部分，或要求学生选择性地运用问卷提供的相关资料分析现实问题，提出解决方案，并进行合理的论证。或让学生评价某个观点、陈述对某件事情的看法，如赞成还是反对"政府财政是否应该用在预防犯罪而不是事后惩罚罪犯上"。

间接调查则以规范性的"问卷"为测量工具，问卷主体内容通常包括学生对其本科教育经历的"过程"和"结果"两方面的反馈。以影响广泛的美国"全国大学生学习性投入调查"（National Survey of Student Engagement，NSSE）为例，"过程性"的测评问题主要关注本科教育经历本身，内容最为丰富，包括课程学习经历、实习实践经历、高端体验经历等，共同构成每位学生完整的本科教育过程。如其中最为主体的"课程学习"，测量指标又同时涵盖了课程目的、课程要求的客观维度和个体学习态度、学习投入的主观维度。而结果性"的测评问题则主要指向本科教育的产出（output），即每位学生通过大学教育所获得的知识、能力、道德修养各方面的提升，同样包括学业成绩等客观指标和对自身各方面发展的自我测评。

2016 年本人所在北京大学本科教育质量调查课题团队参考美国"全国大学生学习性投入调查"（NSSE）、英国"全国大学生满意度调查"（NSS）等国内外高校多项调查研究，并结合北京大学本科教育培养过程和教学改革的实际情况，设计"北京大学本科教育质量调查毕业生问卷（2016）"，形成了以专业选择、学业经历、教育经历、人际交往、教学辅助资源五大维度，2017、2018、2019 年调研期间结合实际情况进行调整，2018 版调查对问卷篇幅、内容进行了精简凝练，设计增加了"成长反思"模块，形成了四部分、七大模块的问卷结构。问卷回收情况与稳定结构框架如下：

表 1.7　北京大学本科教育质量调查应届毕业生问卷回收情况（2016-2019）

	2016	2017	2018	2019
回收总量	1048	1417	1103	1222
有效回收率	39%	46%	36%	38%

图 1.7　北京大学本科教育质量调查应届毕业生问卷结构图

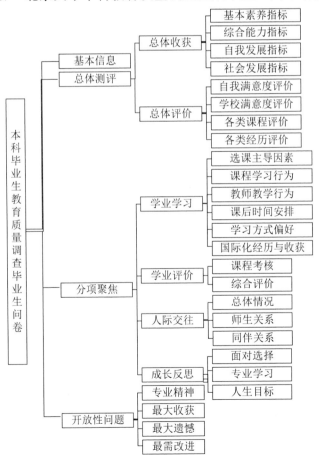

（3）档案整理

研究查询整理的档案资料主要包括于以下四方面：

其一，1977-2019 年间北京大学本科教学计划相关档案资料，主要查询整理 1982、1986、1990、1996、2003、2009、2014、2016 八版具有代表性的本科教学计划。

其二，官方校史年鉴，主要包括《北京大学纪事》当代部分，《今日北大》1987、1988-1992、1993-1997 共三卷，《北京大学年鉴》1999-2011 年度共 12 卷（此后年鉴并未出版新册）。

其三，北京大学各职能部门公开发布的官方报告，主要包括《北京大学招生工作》资料汇编、北京大学就业质量报告、北京大学人力资源发展报告等。

其四，北京大学教务部协调获取关于 2017、2018 两届本科应届毕业生官方数据统计，含基本信息、辅修双学位情况、入学方式、在校成绩、本研情况、就业去向。

（4）参与观察

参与观察的内容主要包括本科开学典礼、毕业典礼、129 歌咏比赛、北京大学年度人物评选、奖学金颁奖典礼等校方组织本科生参与的重大官方活动；十佳歌手大赛、剧星风采大赛决赛、提案调研大赛等学生组织或社团主办、在全校范围具有广泛影响力和学生高参与度的校内品牌活动。

此外，在资料分析方面，使用 SPSS 数据分析软件对问卷调查数据、基本信息数据展开分析，探究学生群体特征及其内部差异。使用 NVIVO 质性分析软件对访谈记录、档案资料、观察笔记等内容进行编码，包括对所有质性资料进行按主题的分类编码，对每场深度访谈记录撰写摘要单、对重点访谈资料进行编码、归纳核心概念并撰写案例评议。

在案例写作方面，采用"合成照片式"的方法对具有典型性的人物类型进行"理念型"的叠合、浓缩和加工处理，模糊关涉个体隐私的人口学信息，重铸"血肉"以期能更好地"描其骨"、"绘其神"。必须要指出的是，凡正文中直接引自访谈的内容均随附标记不具名的访谈编号以示出处，而所有"具名"出场的学生人物均为拟制建构的"理念型"，每处个人经历和每句话语表达均以现实人物和访谈记录为基础，但并非完全来自某一人或某一处访谈中的连贯表达，而是笔者进行多人、多次叠合后的拼接与重述，故不再标记访谈出处。

1.6.3　**论述结构**

在详细阐释本文的论述结构前，有必要对研究的问题和方法论进行简要的回顾和探讨。本文以 1999 年至 2019 年间的北京大学为例，叩问的是大众高等教育时代的精英培养问题。精英大学是本文选择切入这一问题的核心主体，但它绝不是致力于培养精英的唯一主体，家庭、国家、社会都在精英培养过程中发挥着作用。在只有少数人有资格接受高等教育的"精英时代"，所有大学都是"精英的"，高等教育本身是精英身份的重要标识，也是精英培养过程中最为关键的环节。但在大众高等教育的今天，只有分层体系中最顶尖的少数大学仍然秉承培养精英的历史使命，尽管它们在当下精英培养过程是否起到一如既往的关键作用尚需讨论[70]，但必须肯定的是，高等教育的本科教育阶段，仍然是个体自我成长最为迅速的时间段，同时也是是家庭及其背后的社会主体集中登场、发挥力量共同参与精英培养的密集时段，而精英大学仍然是上述过程发生发展、上述主体交互交手的中心场域——这也是本文最终选择精英大学作为研究个案，从精英大学的本科培养入手切入问题讨论的原因所在。

更为关键的是，在以大学、家庭、社会为代表的主体以"执教者"身份参与到当下的精英培养过程中时，作为"受教者"的学生是整个培养的"对象"，是另一维度的核心主体。"精英的成长"是与"精英的培养"密不可分、相辅相成的另一面叙事——培养的全部措施需要加诸在个体身上，而培养的效果和结果必须依赖个体的所思所行得以彰显。受教者是否如执教者所愿成为了精英？这既是一个学生通过教育实现个体社会化的"顺应"过程，同时也是个体自我形塑和觉醒的"自主"过程，与"执教者"培养精英的愿望相对应的是"受教者"是否成长为精英的观念和行为。

与研究问题中"执教者"与"受教者"双重主体密切相关的是"我"作为研究者在整个研究的推进、写作过程中的身份和立场。作为在大众高等教育时代的北京大学接受了近九年高等教育的大学生，本文的研究问题直接起源于我对自身成长和受教育经历的反思，然而随着身份的转变，我既是整个教育过程的亲历者，又直接参与到学校教育改革的研究和推动过程中，我既是本文的"研究者"、也是本文的"被研究对象"——在"局内人"与"局外人"

---

70 这也正是本文所关注的核心问题之一。

身份之间的反复穿梭构成了本研究最大的困难，同时也是本文作为局内人的"自我群像书写"最宝贵的研究价值所在。

正如各类社会科学方法论的经典研究中所讨论的，社会科学的研究者往往以自身为工具参与到研究过程中，如何摆正自身的位置、处理好个体主观性与研究客观性之间的关系是每一位研究者都无法回避的问题。作为现代社会学科两大奠基人，涂尔干主张实证主义的思路，主张把社会事实视为物、视为一种客观实在（reality）进行研究，通过细致的观察、归纳和反复比较对社会事实进行系统的分类（classification），通过"平均类型"之间的比较，在因素之间的"共变"关联中发现事实背后的隐藏逻辑，从而得出一般性的认识和规律。[71]而韦伯遵循解释主义的立场，认为社会科学的研究对象是承载着价值和意义的、可理解的社会行动（social action），通过建构"理想类型"（idea type），研究得以将行动者、将社会行动置于特定历史背景和文化处境中加以考察和理解。[72]涂尔干赞许的社会科学研究者是一个悬置（suspension）个体的感知和经验预判、冷静睿智的"探索者"和"发现者"形象，而在韦伯看来一个合格的研究者或许更像是热情专注的"体验者"，在经由个体行动理解社会的思路中既不卷入、为历史的洪流所淹没，也不是完全抽离、唯剩学者莽撞的个人意志。理解就是一种重新体验，重新体验他的生活、代入式的理解，寻找研究者自身和研究对象、不同研究对象之间所共通的地方，这一理解过程本身也是对自己生活经验和知识的一种克服和教育。

本文在理论视角部分曾对研究采纳的主要立场有所交代，遵循20世纪80年代后以布迪厄为代表的弥合个体与社会、结构主义与解释主义二元的思路——谨守强调社会科学研究中"事实"与"价值"。

在具体的经验研究中，以最大程度有利于研究问题的分析和阐释为标准：

一方面，在研究方法上兼采质性研究与量化研究之所长——既作为"局外"研究者通过客观指标的大规模量化数据以勾勒群体面貌，又作为"局内"的参与者调动自身的情感和经验、通过切实的访谈、观察"感同身受"地去体验和理解精英大学学生个体真实的处境和想法。

---

71 参见迪尔凯姆，狄玉明，社会学方法的准则［M］，北京：商务印书馆，1995；迪尔凯姆，冯韵文，自杀论：社会学研究［M］，北京：商务印书馆，1996。

72 参见韦伯，李秋零，社会科学方法论［M］，北京：中国人民大学出版社，1999，韦伯，林荣远，经济与社会［M］，北京：商务印书馆，1997。

另一方面，在文章主体内容的写作方面，同样采用"混合"的视角和写作风格，主体的三章内容试图围绕以下两条线索进行探究：其一，是基于"受教者"——个体自我视角的成长叙事，从前大学时代的教育经历到本科阶段的自我发展，个体及由其构成的群体经历了怎么样的成长和蜕变，如何受到来自学校、家庭等"执教"主体的影响；其二，是基于"执教者"——以精英大学为核心场域的培养视角，从入学前的选拔到入学后的培养，精英大学提供了怎样的支持和引导，家庭及其背后的社会主体在这一培养过程中发挥着怎么样的作用。论文核心部分的论述结构如下两图所示。

图1.8　论文主体部分的论述结构·时间维度呈现

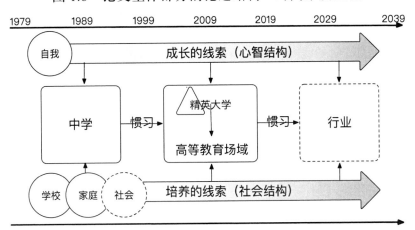

图1.9　论文主体部分的论述结构·空间维度呈现

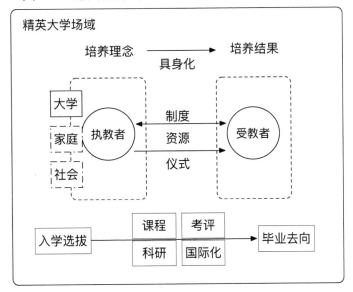

其中，第二章"来路与远方：迈入大学的 18 岁少年"主要关照第一重视角，是基于个体自我的成长叙事，聚焦学生从"前大学"时代的惯习养成和来到"精英大学"后的变化与成长，采用深描的方式对典型人物的典型故事进行叙述。

第三章"自由与竞争：精英大学的变革"与第四章"区隔与庇护：精英大学的坚守"严格遵循第二重视角，聚焦精英大学场域中的学校主体，细致考察大众高等教育阶段精英大学选拔与培养学生是的变革与坚守，从制度、资源和仪式三方面展开具体内容的分析，使用不同类型的图表对核心数据指标及变化趋势进行直观展现。

第五章"爱与望：家庭的孩子"回归第一重视角，实写个体及其构成的同代群体对来自家庭（及背后的社会）"爱与望"的感受和行动，虚写家庭等主体的具象的精英培养行为，兼采典型人物的深描的方式和群体数据面貌的呈现。

尽管落笔的视角和写作的风格不同，但从时间线索来看三章内容讲述的均为精英大学本科生从入学到毕业的成长故事，然不同章节出场的核心主体确有不同——第二章是携前大学时代惯习而来的"自我"，第三章是本科阶段的核心执教者"大学"，第三章是贯穿个体成长过程作为其与生俱来的自然背景的"家庭"和"社会"——从"自我"到"大学"到"家庭"及其背后的"社会"，这是风格不一、但都具有重要影响力的主体不断加入讨论、层层堆叠、不断丰富或者说复杂化精英培养的推演过程。从量化研究科学标准的分析建模思路来看，这是一个首先控所有自变量，观察描述特定阶段单一的"自我"（因变量）的发展情况，然后不断放松控制的程度，加入与自我发展密切相关的自变量（如学校、家庭等）进行影响程度的分析和讨论，不断更新讨论的模型的过程。从艺术性的叙事角度来看，我试图写的是一个"三重奏"甚至"四重奏"式的复调故事，钢琴先出场，然后依次是弦乐、打击乐器，从一个声部到多个声部……试图通过这种从单线到复线的模式有序剖析精英成长或者说培养过程的复杂结构。

最后，在结语部分，回归研究问题，就基本的研究发现、更为深入的矛盾冲突以及贯穿全文始终的两种"精英"的理念型进行着重探讨，点出"教育学的想象力"作为研究的尾声。

第二章　来路与远方：迈入大学的 18 岁少年

> "知人者智，自知者明。胜人者有力，自胜者强。知足者富，强行者有志。不失其所者久，死而不亡者寿。"
>
> ——《老子》，中华书局 2006 年版，第 83 页。

《大学》开篇讲"大学之道，在明明德、在新民、在止于至善"，什么是个体所当止的地方、什么是人生的极好至善处？这是中国古典教育认为大学在德性和知识之外最应当教会学生的地方。只有清楚了这个"定锚"之所在，才能获得内心的宁静平和、才能清晰地思考规划未来的每一步、最终有所收获，所谓"知止而后有定，定而后能安，安而后能虑，虑而后能得"。

对今天的大学生来说，这并不是一件简单事情。正如布鲁姆所言，"多数人来学校是准备学会这样那样的专长，而余下的生活就被放任自流了……只有少数人来带学校是为了培养一种对'意义'模糊的渴求。"[1]北京大学 2017 年 9 月的新生调查显示，56.3%的学生刚入学时对自己未来的生活没有清晰的目标[2]，2019 年 6 月的毕业生调查进一步发现，超过 80%的学生是在大二以后才陆续明白自己本科阶段的任务和目标，70%的人在大三以后才确定自己毕业后的去向，而就长远的人生规划和目标方向而言——有高达 26%的人直

1　［美］艾伦·布鲁姆：巨人与侏儒［M］，北京：华夏出版社，2011：371。

2　北京大学教育研究中心，北京大学 2017 级新生基线调研分析报告［R］，（未公开），2017。

到本科毕业都没有明确。[3]

图 2.1　什么时候知道本科期间我要做什么

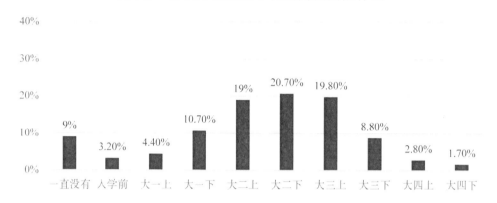

图 2.2　什么时候知道本科毕业后要去哪里

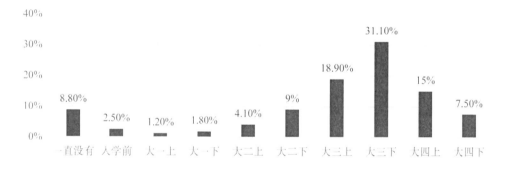

图 2.3　什么时候找到了自己长远的目标和方向

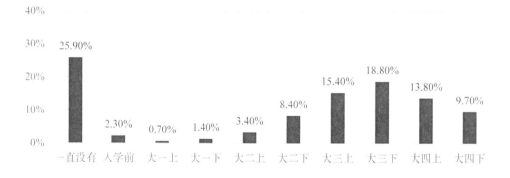

3　北京大学本科教育质量调查课题组，北京大学 2019 届本科毕业生问卷报告［R］，（未公开），2019。

英国诗人托马斯·艾略特在其代表作《空心人》（The Hollow Men）[4]中描述了这样一种现代人的精神状态："有形而无式，有影而无色，有臂而无力，有势而无为"[5]，哈佛学院前院长哈瑞·刘易斯摘引此句作为《失去灵魂的卓越》一书题记，用以指称哈佛等美国知名研究型大学在追求知识生产和经济卓越的过程中忘却了教育最根本的职责，即"教育学生如何做人"[6]。中国古代历来讲究"成才"与"成人"的区分，所谓"君子不器"，"一切智识与学问之背后，必须有一如人类生命活的存在"[7]，因而教书的第一要务是"育人"而非"制器"，只教"成才"的知识与能力而不教"成人"的品德与志趣，是毁人以为学，以人为机械器物，泯灭人道之余更添世道之忧。

无论是"精致的利己主义者"还是时下热议的"好孩子的空心病"，其症结皆在于此："我不知道自己要成为什么样的人"[8]，当我们试图回应当下精英大学本科生关于人生问题的迷惘与困惑时，必须重新审视教育的目标与方式——"前大学"时代无疑是非常重要的环节。

2.1　以"高考"为前景的素质养成

北京大学本科生是通过高考、保送、自招等多种方式全面"掐尖"的结果，而高考是所有选拔方式中历史最为悠久、参与人数最多、效力最有保障的一种。所谓考核评价，考核是为了评价，而"评"的背后意味着一整套"价"值秩序。作为一场影响深远的考试，高考在卷面的知识内容之上到底考出了什么？传统高考以"统一招考"为前景的筛选机制背后究竟肯定着怎样的价值体系？自主招生又有哪些改进和突破？……近来学界对上述问题的回答多围绕"改革"的主线，聚焦制度设计与政策的演变肌理，对统一高考制度的

4　Eliot TS. Poems, 1909-1925. London: Faber & Gwyer; 1925.

5　诗句原文为："Shape without form,shade without colour, paralysed force, gesture without motion"，中文翻译参见：哈瑞·刘易斯，侯定凯，失去灵魂的卓越［M］，上海：华东师范大学出版社，2007：1。

6　哈瑞·刘易斯，侯定凯，失去灵魂的卓越［M］，上海：华东师范大学出版社，2007：5。

7　钱穆，钱宾四先生全集：第三册［M］，台北：台湾联经出版事业公司，1998：3-4。

8　徐凯文，时代"空心病"解读［J］，陕西教育：综合版，2016（11）：58-60。

必要性、有效性、局限性以及未来发展等问题进行讨论[9]。本章尝试转换思路，采用质性研究的方法，将制度的价值意涵置于鲜活的个体生命中加以考察——作为一场选拔性考试，其选拔的依据和标准是什么？从另一角度我们可以将问题转换为——什么样的人能够中这场考试中脱颖而出、迈进中国的精英大学？这是本节关注的核心内容。

2.1.1 "宝剑锋从磨砺出"

> 高考这件事情它不只是一个考试，而是你进入高一一开始的一整套围绕高考而来的教育训练……你要在应试的模式下努力去训练自己，但你得到的成果，绝对不是考试成绩。你训练出来的是什么？是你自己。（18S20）

长期以来，人们对高考的反思和批判集中在"反应试教育"的旗帜下。作为一场重要的客观性选拔考试，高考在中学教育乃至整个基础教育阶段占据了重要的位置，这一整套围绕高考所进行的教育训练被指"单纯争取高分、片面追求升学率"而"脱离人的发展和社会发展的实际需要"、"违背教育规律"[10]，故而要"向素质教育转轨"，关注人的全面发展和个性特征。问题在于，什么是教育的当然规律？指向高考的教育过程除了作为结果的分数真没

---

9 如钟秉林、周光礼等基于40年高考招生政策文本，探讨我国高考改革的价值取向与动力机制；刘海峰、郑若玲等回溯历代科举制度，对考试与社会的关系、高考改革中的公平与效率原则等问题进行探究；任长松、苗学杰等从比较的视域分析了美英等国考试的制度设计与内容。参见钟秉林，王新凤，我国高考改革的价值取向变迁与理性选择——基于40年高考招生政策文本分析的视角[J]，教育研究，2017，38（10）：12-20；周光礼，姜尚峰，高考改革40年：意义建构与制度变迁[J]，复旦教育论坛，2017，15（06）：5-12；刘海峰，刘亮，恢复高考40年的发展与变化[J]，高等教育研究，2017，38（10）：1-9；刘海峰，中国高考向何处去？[J]，北京大学教育评论，2010，8（02）：2-13+187；郑若玲，大规模考试录取公平诉求的历史考察与启思[J]，教育与考试，2009（06）：5-9；郑若玲，高考改革的困境与突破[J]，厦门大学学报（哲学社会科学版），2017（03）：1-10；戴家干，高考改革与教育公平公正[J]，中国高等教育，2006（12）：7-9，任长松，美国大学入学考试SAT与ACT对我国高考的启示——对我国高考的近期与远期改革建议[J]，教育理论与实践，2008（07）：27-30；苗学杰，英国"高考"科目自选的制度设计、现实难点与警戒意义[J]，比较教育研究，2018，40（09）：26-34；姜尚峰，高考研究20年：话题演进与前沿探讨——基于知识图谱的可视化分析[J]，中国高教研究，2018（11）：91-95+108。
10 "素质教育的概念、内涵及相关理论"课题组，素质教育的概念、内涵及相关理论[J]，教育研究，2006（02）：3-10。

有给学生留下能力素质上的有益提升？答案显然是否定的。王策三先生较早对这种"由应试教育向素质教育转轨"的说服提出质疑：素质教育并不是"考试得分高、学业成绩好、有知识（特别是书本知识）"的反面，它指向个人的发展，是"与教育同一的、最上位的概念"。就个体成长而言，"没有什么非素质的教育"，素质教育同样包含了"应试"的筛选要求，而"应试教育也培养、提高了青年一代一些方面的素质"。[11]毕业于衡水中学的高考状元直言："我正是在应试教育中锻炼出了专注力、执行力、逻辑分析能力、总结归纳能力、分配规划能力，还有心理能力，这些难道不是素质？"[12]——这些当然是非常宝贵的素质。

如果把从高一开始一整套以"考大学"为前景的教育活动比作一场多人参与的"大型竞技类游戏"，那么它表面的获胜规则，也就是游戏的"终点"其实是非常明确的——我们需要在高三那年夏日持续两到三天不等的几场考试中尽可能取得更高的分数、从而获得精英大学的入场券——这一目标相当明确，且对所有人而言都是如此。然而，每位玩家入场时的"游戏基础"和"原始装备"与不同，"起点"不一致，通往目标的路径规划及其完成度也不一样。与分布广泛的县中相比，省会城市、地级城市的中学是精英大学学生的主要来源[13]，这些重点中学、超级中学里富集了一省、一市主要的优质教育资源。经验丰富的教师、往届优胜的学长学姐们共同组成了强大的"辅助团队"，可以给刚入学的"新手玩家"们提供详尽周全的"升级攻略"、更为稀缺的"学习资源"。

要想在这场游戏中取得胜利，玩家首先需要"自知"——对个人的学习能力、学习基础及其与目标学校之间的距离有着清醒的判断。其次，他需要"知人"，需要对外界的资源分布（包括可以获取的学习资料、可以求助的师长等）了然于心，有出色的资源统筹能力。知道了自己现在的位置，知道了目的地与限定时间，也明确了自身的体力、可以借助的工具设备——至此，玩家能给自己量身定制一份"笔直"通往目的地的"完美通关计划"：小到每一天、每个科目的学习安排，大到每学期、每学年应该完成的进度，并然有

11 王策三，认真对待"轻视知识"的教育思潮-再评由"应试教育"向素质教育转轨提法的讨论 [J]，北京大学教育评论，2004，2（3）：5-23。

12 "对不起，我不素质"，https://www.sohu.com/a/281852434_762885。

13 郭丛斌、王家齐，我国精英大学的生源究竟在何方——以 A 大学和 B 大学 2013级生源为例 [J]，教育研究，2018，39（12）：99-108。

序。颇为遗憾的是，在当下的教育现实中，上述过程很多时候是由老师、父母——这些优秀的"领路人"、尽责的"经纪人"[14]完成的。

图 2.4 应试的"素质"

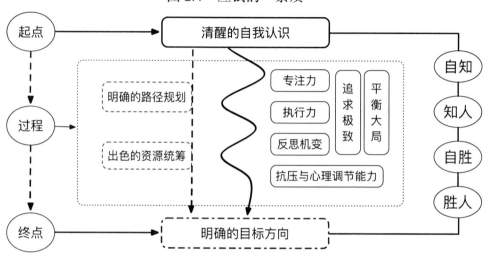

光有"知"是不够的，还必须要落实到"行"。这毕竟是一条漫长而艰难的道路，以书本知识和能力训练为主要内容的学习过程并不总是有趣的，相反，它常常是枯燥且乏味的——尤其是以考试的方式加以检阅的时候："一张卷子，给你一百个小时做出所有的题，和给你两个小时，考察的内容是完全不一样的"（18S39）"——后者不仅考察知识储备，更考验熟悉度与反应能力，最隐而可贵的是，在这种熟悉与反应的养成过程中——一遍遍打磨自己的坚韧和坚持。

> 好胜且认死理，我觉得这是个优点，我没有在说一个贬义词，
> 有一种我非得做到如此，不如此不行的信念，不疯魔不成活。
（18S01）

"高考考到最后，其实就是考意志品质"，在先天的智力都差不多、题目难度梯度也不是很大的情况下，"谁更管得住自己，谁就能更有效地利用时间、做得更好"（18S36）。从"会做"，到"做好"，到能在最短的时间内完美无瑕地完成；从看完一本书，到翻烂一本书——"把一件事情做到极致就是一种境界"。"（考卷上的图）我甚至都能回忆起它出现在课本哪一章哪一页的哪个

---

14 参见杨可，母职的经纪人化——教育市场化背景下的母职变迁［J］，妇女研究论丛，2018（02）：79-90。

位置"（16S07），高考肯定并鼓励着这种"致极的精神"，"它不是一个只需要通过就行的考试，它希望你尽可能地表现得好，但好这个事情本身不是由卷面来限制的，取决于你自己"（18S20）。足够的专注、恒久的坚持，"强行者有力"，而"用至于力之久，一旦豁然贯通焉，则众物之表里精粗无不到，而吾心之全体大用无不明矣"[15]

那是一种基于"有限"、基于"熟稔"自然生发的"满足"和"安定"，进而是在考试中"一击即中"的"豪情"与"意气"。有一则坊间广为流传的段子描述这种感觉："人生最有成就感的一段时间就是高考前的那几个月，那时你上知天体运行原理，下知有机无机反应，前有椭圆双曲线加勾股，后有杂交遗传生物圈，外可说流利英语，内可诵飘逸古诗词，求得了数列，说得了马哲，溯源中华上下五千年，延推赤道陆海百千万……"[16]

"大学前都是那种恰同学少年、书生意气，特别风发的感觉，但是大学四年完了之后，反而慢慢没有了当年的豪情。"这是非常自然的变化，在以"高考"为前景的中学教育阶段，衡量智力与能力的标准——是明确且稳定、客观且有限的——考试的答案是客观的，考核的范围是有限的。"考大学"是学校和家庭一起为孩子确立生活的目标，"这一目标对所有人来说都是明确的，并为孩子们的生活提供方向和意义"，而"学业的明确标准给予孩子一种安全感，即使那些学业失败者也内化了这一标准"[17]。相比之下，大学是一个不断打破认知边界的过程，从有限的课本、考纲到无限的知识领域，所知越多，越不敢自以为知。

从另一个角度看，段子里五花八门的罗列实则也点出了中学教育另一个关键的特征，它是多学科齐头并进的，而大学经由高考的选拔录取看得是各学科的总成绩。因而，要想在高考中取得好成绩，"一定是每一门都不能差的，需要很稳定……不能有一门很垃圾拖后腿的。然后在都不差的基础上还得有一两科特别拔尖，能往上拉分的。"（19S002）这就需要极佳的心态与综合平衡的大局观。有文科生回忆起当年死磕数学的经历"把整个晚修精力最为集中的三个小时都用来做最搞不定的数学，坚持了一年。当时想着，它就是坨屎也得一点点咽下去，毕竟得数学者得文科天下呀"（16S07）。优良的心理素

15 朱熹撰，四书章句集注［M］，北京：中华书局，2011：8。
16 https://www.sohu.com/a/146723225_426743
17 大卫·理斯曼等著，孤独的人群［M］，辽宁人民出版社，1988：59。

质不仅能帮助学生自由游走在各个学科之间，拿捏好时间投入的分寸与火候，更有助于在激烈的竞争压力下发挥出真实水平。这种心理素质一方面来源于日常有素的训练和积累，"手中有粮，心中不慌"，另一方面则取决于对高考的认识。

就如何对待高考这件事情上，精英大学的本科生可以大致分为两种不同的类型：

一种是"晚熟的天真派"，他们从来不觉得这是一个需要思考的问题，高考、上大学只不过是书念到了这个阶段应该做的事情而已，就像人要吃饭喝水一样自然，只不过这场考试比平时的更关键些，所以需要更郑重地对待、全力地准备。他们大多出身于平顺安乐的家庭、与父母关系融洽，打小就是乖小孩、有良好的家庭教养和行为习惯[18]，北京大学 2017 级新生基线调查结果显示，66.6%的新生从小接受"情感温暖型"的家庭教养方式，大部分学生家庭教养方式为情感温暖型教养方式和过度保护型教养方式，而非拒绝型教养方式。按部就班地上学、升学，做着大家觉得应该做的事，成为群众喜闻乐见的"别人家孩子"，他们牢记父母师长的叮咛，专注学习、纯粹的学习，简单、自律、心无旁骛，充分发扬"优秀是一种习惯"的精神，经久积累、水到渠成，一路平顺地划过了高考这道坎，来到了中国的精英大学，他们不觉得自己的天赋才智有多优越，用以评价自己最多的词是踏实、专注——清华大学面向 2014 级全体国内新生开展的调查，3400 多名新生中，有近半数的人认为自己最大的特点是"踏实"（含务实、稳重、专注细心、靠谱、勤奋、有责任心等意义相近的自我评价），比例远高于聪明绝顶、有创造性、才华横溢、有领导力等。[19]

一种是"早慧的老成派"，他们较早地开始反思自身行为的意义，叩问自己真正的兴趣与欲望。他们很知道自己为什么要备考，为什么要上大学，不仅因为这是大家都在做、父母师长都说值得的事，更因为这能帮助他们获得真正想要的东西。现在的付出将来可以兑现更多的价值，经过这条路，可以通往更为广阔的地方。他们很重视高考，在工具意义上，重视高考的价值和

---

18 与 2016 级的调查结果基本一致，展现了学生群体的稳定性。参见北京大学教育研究中心，北京大学 2017 级新生基线调研分析报告［R］，（未公开），2017。

19 参见文雯，罗燕，董华星，马迪，精英的特质与选拔——"清华大学本科新生入学调查"报告［J］，清华大学教育研究，2015，36（04）：62-70。

作用、重视精英大学的分量；他们也不太把高考当回事，在终极意义上，"它不过是人生中的一件事情而已"，此处努力过，若确然失败了，也不过尔尔，还有后面的日子呢。这类学生的成长故事往往比前一种更为曲折精彩，一旦想透了、转过弯了，瞄准目标后会非常有冲劲，一个学期成绩提升好几百名不是问题。

在这里必须要补充指出的是，无论是国家主持、统一进行的"高考"，还是高校出题、自主组织的"选拔"，对高中生而言，无非都是"考试"，尽管不同的筛选标准天然地会契合不同的人群，但就作为制度的"筛选意义"和学生"面对考试"的态度而言，二者并无实质上的差别。只不过高考是基础、而自招考试的规则更为复杂、难度更胜一筹而已。在这个意义上，"学竞赛、走保送"如果也仅仅只是被当做一种可以绕过高考、进入精英大学的特殊路径而言的话，情况与上两者也并无不同，无非是学习内容和培养过程的差异，同样会存在上文所述两种不同心态的问题。

第一类人毫无疑问在数量占比上要远高于第二类，当他们用各自不同的方式度过"前大学时代"、跨过"高考""竞赛"等入学选拔的门槛，当他们告别中学、离开家庭、"遭遇"精英大学，并在精英大学里"相互遭遇"的时候，情况会非常有趣。

先来看他们跨过门槛后与精英大学相遇的故事。

2.1.2 "拔剑四顾心茫然"

高中毕业典礼的时候，老师上去讲话："同学们，高考不是你人生的结束，而是真正的开始，请大家放下所有包袱。"问题的关键在于，如此彻底的"放下"与"告别"之后，该如何妥当地"开始"？

> 像我这种，从小学到高中，从高中到大学，我自己考大学之前从来没有幻想过、从来没有打算过，我进入大学之后怎么生活，大学完了之后要怎么样，因为我觉得好像北大仿佛就是终点，就像死亡那种终点，这后边的事我从来都没想过，这就是我所有想象力的边界了。（19S10）

> 我大一一进来的时候，我完全不知道我要做什么……很多人就给我灌输，当时我很不理解他们为什么这样讲，现在我处于这个阶段我也会这样跟学弟妹说——大学你有很多成功的可能性。可是，

> 当时你会觉得很懵，那么多成功的选择，哪一个才是适合我的？我
> 该怎么选？有什么样衡量标准，来帮助我去做这样的选择？
> （19S11）

"拔剑四顾心茫然"——作为一种常态，普遍存在于步入大学的新生当中：十几年的苦读、勤勤恳恳打磨自己，仿佛终于到可以让宝剑出鞘、放开手脚干一番大事业的时候了——举剑四顾，却根本不知道要干什么？要从哪里干起？

如果死亡是一个必然的终点，我应该如何度过我的一生？对绝大多数中国孩子来说，这个问题可以改写为——如果高考是一个必然的终点，我将如何度过我的"前高考"时代？"死亡是不是一个必然降临在某时某刻的节日我不知道，但我确切地知道高考会降临在我 18 岁那年的夏天"。经历过的人把高考视为生命中的一个点（是否最关键的转折点我们暂且不论），没经历过的人把高考视为一座山，沉沉重重地挡在路上、压在眼前。

"鱼跃龙门"、"蟾宫折桂"是过去的想象，"考过高富帅，战胜官二代"、"多考一分，干掉千人"是现实的宣言，在这样一场兼具"客观性"与"选拔性"的考试面前，被"糊"住的不止有考生的姓名、性别、家庭与出身，更有作为鲜活个体对具象生活的感知和想象。走过高考的人时常怀念备考的日子，"人生再也没有哪段时光会如此的简单纯粹，可以心无旁骛只做一件事"。

> 中学的目标就是为了考上一个好大学，无论是什么大学，你只
> 要是一个好的大学你考上了，就可以。（19S11）

> 我们不需要去思考，究竟这个目标是不是适合我，我们只需要
> 忙起来。（19S08）

> 高中的教育没有教会我们做选择的能力，因为高中就是要升学
> 的，就是在上大学之前，升学的道路就只有那一条，你就在上面一
> 直往前疯狂的跑就好了。（19S12）

所谓"一叶障目，不见泰山"，我们坚决肯定"高考"作为一场全国范围的客观性考试之于人才选拔的重要价值，但足够引起关注的是，当考大学这件事在学生的视域中被放大到如此"近迫"且"重大"的位置时——"山"的那边——对"未来人生"的想象被遮蔽了；当学生全身心投入"考大学"这场竞赛中，真实生活的痛痒感受被阻隔了；老师着重教导、学生着重发育能在

这场竞争中突围的智力与能力，"游戏规则"之外的内容被忽视了。这种"智能训练使孩子们相信，成事在于个人的学业和知识，而不在于媚人的微笑和良好的合作态度"[20]，事实上，"我们所教的许多学生都只是通过模仿我们的语言，死记硬背我们的术语，单纯来适应我们"，现代教育过度专注于"抽象概念和符号的传授"而忽视"第一人称的参与、反思和自我发现"，缺乏对"学生具体生活经验、知觉的唤醒"[21]。

图2.6 以考大学为前景的素质养成

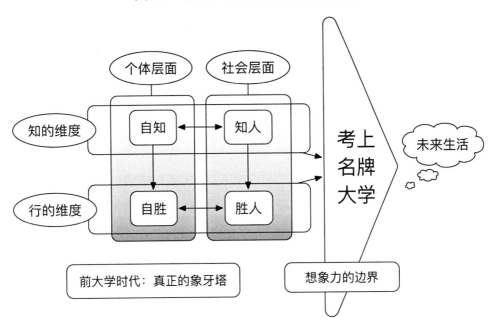

这套制度拣选的是知识和文化的继承人，而不是接续具体生活的孩子。他们背井离乡，如逐水草而居的游牧民族一般追逐优质的教育资源成长，从重点小学，到超级中学，到名牌大学。其背后是以科举为代表的选拔性客观考试的在千年传统中印刻的轨迹，"朝为田舍郎，暮登天子堂"，人们颂扬"一举成名天下知"的神奇，憧憬"春风得意马蹄疾，一日看尽长安花"的喜悦，并愿为此忍受无人问的十年寒窗、不足夸的昔日龌龊……甘之如饴。这既是个体的目标，更是整个家庭的执念，"再穷不能穷教育，再苦不能苦孩子"，

20 大卫·理斯曼等著，孤独的人群［M］，辽宁人民出版社，1988：58。
21 玛克辛·格林，郭芳，释放想象：教育、艺术与社会变革［M］，北京师范大学出版社，2017：73。

中产阶级的父母以经理人的角色规划孩子从择校到辅导班的每一步,劳动阶层的父母亦以"服侍"的姿态将孩子从日常的劳动生活中切割出去。在这场仿佛"命运攸关"的考试面前,绝大多数受教育者以孤零零的才智和被选中的品行"在场",脱离了对具体生活的痛痒感受,也没有对未来人生的具体想象。

也正是在这个意义上,广泛实行寄宿制、半军事化管理的"超级中学"或许是比"与社区边界日趋模糊"的"大学"更接近象牙塔的存在;而相比为未来工作和薪水担忧、日子充满"人间烟火"气息的大学生而言,今天"两耳不闻窗外事、一心只读圣贤书"的高中生看起来也更接近那种专注学习、磨练技艺"致极"的状态,只不过这个"极"并不指向无尽的认知边界,而是面对有限的教材和考纲。

"上了大学就解放了"、"现在吃点苦,以后想干嘛干嘛"——是中学老师们挂在嘴边的话,"拼一年春夏秋冬,博一生无怨无悔"、"十年一战孤注一掷,一朝风云问鼎乾坤"是挂在墙上的誓言,高中生们习惯于"考上大学就能……"、"考上大学才能……"的句式,并以此安排自己的生活,正是以"可行性"遮蔽了"可能性",丧失了对未来生活的想象力。恰如托克维尔所观察到的,民主社会中的人们打破了固化约束,常怀改变现状的"奋进之心"却少有志于伟大事业的"凌云壮志"。因为随着平等原则在制度与民情中的深入,"升级的办法规定得越来越死,而升级的速度也就越来越慢"——"所有的人不管能力如何,都不得不在同一个筛子上过来过去,统统经过许许多多预备性的小小实习或训练,从而浪费了自己的青春,使自己的想象力消失。因此,他们不再认为自己有能力充分享用他们有望得到的好处,而在他们终于有能力做一番大事业时,则已失去了兴致。"[22]

艾略特治下自由选修制的哈佛信奉民主的精髓就在于:"学生应该被当做自由的个体来对待,大学训练应该与军事或工业训练相反……学生一旦入学,就有完全的自由做自己喜欢的事"[23],但什么是自己喜欢做的事情?——没有外界的强制,也没有内在的方向,大家往往基于惯习作出下意识的判断和反应。诚如布迪厄所言"判断力不是意识的理智活动,而是惯习的

---

22 托克维尔:论美国的民主(下)[M],商务印书馆 1997:792。

23 维赛,美国现代大学的崛起 [M],北京大学出版社,2011:96。

实践活动"[24]——这些"考试精英"们熟悉的是"学习"，习惯于抓在手里的是"名次"和"成绩"，渴望的是"在各种考评中获得优胜"的"安全感"与"满足感"。

于是，仿佛游戏解锁了下一个"新地图"，相似的筹谋与征战即将再次打响。正如前文所述，在上一轮激烈选拔中获胜的他们普遍有着惊人的自律精神、顽强的战斗作风和卓越的统筹技艺，秉承"优秀是一种习惯"的优良传统，有一部分人毫不意外地成长为了大学阶段的"正五边形战士"[25]。

2.2 "正五边形战士"

只要把选项都经历过了就不需要选择了（16S01）

当你不知道自己要什么的时候，就抓紧所有你已经握在手里的、使劲踮起脚能抓到的、大家觉得好的东西。（16S08）

许如英是不折不扣的正五边形战士。本科四年，她的专业绩点一直保持在年级前十，在本专业的课程之外，她修了经双、当过助教、实习做了三份、科研拿过校挑战杯一等奖、学工做到院学生会主席、社团玩到乐队主唱……她没有漏掉本科生活中任何一个主流领域，并在每个领域都做到了"优秀"。她点满了全方位的技能、也获得了各方面的奖励荣誉，她是老师称赞的"标本式"好学生、朋友口中的"对自己特别狠的人"、学弟学妹们眼中的"大佬"。大四毕业，她成功保送本院最热门、竞争人数最多的研究生专业，毫无悬念地被选为北京大学优秀毕业生，并成为院里唯二两个北京市优秀毕业生之一和唯一一个北京大学优秀党员。

---

24 布迪厄，国家精英［M］，杨亚平译，北京：商务印书馆，2018：5。

25 "正N边形战士"为竞技体育解说（或媒体）介绍顶尖选手时的常用标签，用以指称并赞美其在各个技术领域的全面和强悍，通常辅之各技能点的雷达图一同展示。日本东京电视台在转播2016年吉隆坡世乒赛时，为双方球员制作了显示力量、速度、技巧、发球、防守和经验实力技能的六维雷达图，每项均为5分，镜头转向马龙选手时，由于雷达图各项均给出满分评价，因而屏幕下方出现了一个"正六边形"，盛赞马龙为"正六边形战士"。本文仿照这一结构，就精英大学生在本科阶段最主要的5类经历绘制雷达图，并加入大一到大四的时间维度，通过四年努力，在"学业表现、学术科研、学生组织、社团活动、实习实践"五项均达到满分的学生是不折不扣的"正五边形战士"。

表 2.1 "正五边形战士"本科经历概要

	大 一	大 二	大 三	大 四
学业表现	主攻专业课 英语四级	修双学位 英语六级	准备保研学术硕士 托福	优秀毕业论文
学术科研		挑战杯三等奖	挑战杯一等奖	助教
学生组织	院团委-干事 院学生会-干事	院学生会部长	院学生会主席	院团委副书记
社团活动	提琴社 羽毛球协会 阿卡贝拉清唱社	清唱社分乐队 核心成员	乐队主唱	乐队主唱
实习实践	社会实践项目	第一份实习	第二份实习	第三份实习
荣誉／奖励	综合成绩 GPA3.7 学习优秀奖	国家奖学金	社会工作奖	校优秀毕业生 保研本院

图 2.7 "正五边形战士"本科经历雷达图

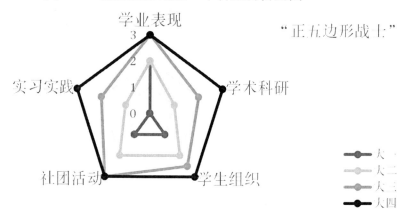

2.2.1 "忙碌"、"竞争"与"安全感"

和如英的访谈约在了她毕业论文答辩的后一天，这是她要求的，必须等答辩完才有时间。她淡妆披发悠然而来，显得十分轻松。我率先问起答辩的情况，她长舒一口气："终于结束了！"是啊，终于结束了，她这无比忙碌的四年。

大三上学期末，是她回忆中最忙的一段。院里有举行大型新年晚会的传统，在百周年大礼堂、面向全校师生开放，这是她作为学生会主席这一年最重头的活动。考虑到节目的多样性、也为了鼓励大家积极报名，她自己先拉着乐队贡献了一个。临近元旦，她既要登台排演节目，下场后还要统筹协调当幕后总导演。此外，她这学期选修的 6 门本专业、3 门经济学双学位课程也面临"期中"连着"期末"的论文和考试，"那一个半月简直忙得跟陀螺一样，一件事赶着另一件事，就从来没有歇下过"。精密的时间安排、强大的精神意志，是她得以从那"疯狂一月"中存活的基础。电脑、手机从不离身，课间几分钟她都能抓紧过一遍节目的策划，顺带回复群里"小朋友"们的问题，然后上课铃响、迅速切换回专业领域。她宛如一台高速运转的电脑，多线程地跑着几套程序，在"学生"、"主席"、"导演"和"学姐"的多种角色间无缝切换。

"忙碌且充实"是她回顾自己这四年的经历后给出的评价，她说自己其实并没有什么清晰的规划，我非常惊诧，"你没有清晰的规划但你做了这么多选择！"她笑着说，"其实只要把选项都经历过了就不需要选择了。"我恍然大悟，是了，如英她看似选择了很多，实际上她并没有"遗弃"任何本科生可以参与的主流领域，甚至每一个领域一开始接触得都不止一个，比如社团、学生组织，大一她每样都尝试了好几个，因为"同类型的可以选出来的，但是不同的时候就很难选了，因为选择总会失去的，我一般都会体验一下。"此后，大二和大三陆续开始的实习、科研，都是本科生在相应发展阶段的通常行为，只不过，她以超强的意志力和超高的自我要求把每一项做到了极致。

> 洁琼："其实你刚刚的这段描述就是给我的感觉就是，本科要做的各种事情涌到你的面前，然后你抓住了。"
>
> 如英："做完、做好就可以了。"
>
> 洁琼："是那种事情自己涌过来的感觉吗？"
>
> 如英："对，是冲过来的，我（我被动地）一个一个地消化完了

就可以了，不见得是多潇洒，就是应该做的做好了就可以了。

如英的行为准则可以概括为简单的两句话，第一，"做应该做的事"；第二，"把它做好"。前者展现了她的"顺应性"，后者则体现了她的"竞争精神"。

在缺乏内在兴趣标导向的情况下，她压根"没有想"也"不用想"喜欢什么"，她习惯性地接受了外在的权威指导，在中学时代，是好好学习、考一个好大学，在大学阶段，是"本科生四年必须体验的经历一二三四……"。师长、学长口耳相传的经验总结，培养计划和考评规则一入学就发到了手里、每学期每学年实时反馈监测数据——马不停蹄"打卡"一项项成就清单，她

的大学四年"被安排得明明白白"。这样的"清单"每个本科生手里都有一份，很多人也像如英这样去做了，但不是所有人都能做得向她这么好，"追求卓越的精神"与"强大的行动力"共同为她"加冕"。

洁琼：到手的每一件事情你都会尽力做好吗？

如英：是这样的，到我手上了，再困难也要尽全力做到自己的最好，如果原本可以更好但我没有做到，就会有一点沮丧。

头衔、奖励与荣誉就仿佛每段旅行后的"照片"，记录着她努力与付出，书写着她的大学履历。稳定的发展路径和成熟细密的考评规则给了如英极大的安全感。"我就喜欢选那种考试而不是交论文的课，因为这样我更有把握，从哪得了分从哪失了分我是心里有数的，哪里做得不够就可以去改进"，就课程评分体系而言，她就更倾向于百分制一对一转换、精确到小数点后两位的GPA，而不是粗略的等级评价。法学的专业教育大多数时间能够给她一种稳定的感觉，这也是她当初选择法学院的原因。"这个专业还是非常'硬核'的，算个技术工种，有稳定对接的岗位，我们院大部分人本科毕业的都是继续读研、然后毕业后去律所、去公司做法务或者当公务员，整个从入学到毕业后的发展路径是很清晰"。她遵循培养计划，按部就班地走，她会仔细地研读院系发下来的综合测评规则，"我知道哪些活动是可以加分的，比如科研，比如在学生组织中担任职务"，在安排自己的行为时，她会有意识地往这些方向靠拢。"我大一的时候不仅当班长，还同时在校团委和学生会干，但这三个的加分是不能叠加的，实际上我当了一个就够了。到大二事情越来越多，我就只留了学生会，把团委和班长的职务辞了。"如英所在院系每学年的奖励奖学金评选和推荐免试研究生选拔只看专业必修课的成绩，她自然而然地把绝大部分学习精力放在了专业必修课，她非常"同情"其他学院的同学，"他们评奖和保研都要看所有课程成绩，所以每一门课都得好好考，连军事理论考差了都可能拉分，太惨了。"

在成熟的规则体系下，如英更多的"安全感"来自于持续地"努力"和"付出"。"我想得到某样东西，我是希望通过我自己的努力，或者在不完全取决于我自己的努力的情况下，至少部分是通过我自己的努力去得到。天上是不会掉馅饼的，反正我是要付出了，我才觉得自己能得到这个东西，才踏实，不然总觉得是贪了便宜，有天会更多地还回去的。"朋友们都说她是一个"闲不住"的人，如英自己也这么觉得，她很"享受"忙碌的过程："忙的时候我会比较有安全感，会觉得挺充实的，一闲下来就觉得不行，会很焦虑"。

　　一个目标完成了还有下一个目标，如英觉得自己好像总在朝前走，实现一个阶段性目标就像翻过一座山头，会有成就感，但"前面总有一个理想的光辉形象，你怎么翻也翻不过去，就是不断地冲不断地往前走就可以了"。如英坦言这样有时候会很累，"因为评价终归是别人来做的"，"你要考虑周围人很多感受，你的老师、你的父母、你的小伙伴、上下级……方方面面的人是否满意，先考虑这些再考虑自己，自己的感受也不太重要、不太照顾得到了。"这是典型的"他人导向型性格"，这类人敏感、宽容、善于从他人的角度思考问题、为他人着想，所追求的目标会因为外部环境中他人的引导而改变，但"只有追求过程本身和密切注意他人态度的过程在一生中保持不变。"[26]生命不息、奋斗不止，他们时刻保持饥渴，因为无限风光在顶峰。

2.2.2　"可及的优秀"、"向上模仿"与"合理并线"

　　　　我问如英，"你觉得人生的意义是什么？"

　　　　她想了想说，"向上生长吧，我希望人生有更丰富的体验，能够不断地提升自己、向更优秀的人靠拢"。

　　对他人导向型的人来说，"顺从性的标准是由个人环境中'最优秀'的人提供的"[27]。如英从来不不吝啬于承认别人的优秀，"别人优秀并不影响你也是一个优秀的人"，她勇于发现和承认比自己更优秀的人的存在，并善于"向上模仿"，向更优秀的人学习，但她以之为标杆的模仿对象，从来不会离自己太远。

　　如英身边很是出没着一些"神一样"的人：他们有的天资卓绝，"同样是学数学，有的人不用刷题就能考满分，看一遍书就会了，考试还能自己现场推公式"；有的家学渊源，"我历史系的朋友说他们班有个人入学前通读过二十四史，课上直接能和教授开杠，你来我往地就争议问题展开论辩，教授还觉得他说得很对"……"上了名牌大学之后才知道人和人的差距比人和狗的都大"，她相当认可这句话，"这些人你根本没法和他们比"。

　　老师也不是很好的模仿对象。在精英大学，能够教授本科生课程的教师

26　大卫·理斯曼等著，孤独的人群［M］，辽宁人民出版社，1988：19-20。
27　大卫·理斯曼等著，孤独的人群［M］，辽宁人民出版社，1988：2。

往往是非常资深的，这意味着他们可能在年龄、阅历、成长背景、学术水平各个方面极大地与学生拉开了差距，虽然从理论上来说，"低的不能理解高的，但高的可以理解低的"[28]。但事实上，由于相差实在太大，老师们往往"不能理解学生的困难"——"我们的困难和纠结，对他们来说可能从来都不是问题，或许曾经有过，但时间太久了，他们也忘记了。就比如找工作，老师们常常没法理解我们为什么有这么大的压力，因为在他们那个年代本科生都是稀缺资源，更何况是北大的本科生。但我们现在的竞争激烈多了，必须要读研，一个好工作要提前很久开始各种面试和实习，最后才能留下"。

如英选择的最佳模仿对象，是跟她出身、资质都很相似，在他们的同龄人中非常"耀眼"的学长学姐，"他们活的比我久、上学比我早，他们更优秀只是因为比我更先地起步，或者阅历上的东西比我更多，不是说我做不到。"这是一种"可以触及的优秀"，他们的上升路径，是容易"模仿"和"复制"的，相处起来也因为没有"同级"之间水平的直接竞争关系而显得更加轻松。"面对同级的同学比你优秀的时候，压力是很大的。因为你会很质疑——我跟他上一样的学，一样的时间，一样的老师，一样的课，为什么他比我好。"而向学长学姐的请教和学习是很自然的，"因为你和学长学姐不会竞争同一块资源，他们不会藏着掖着不教你，你的进步对他们并没有什么妨碍，至少短期以内是这样。"相反，上一级的资源经常是可以向下传递的"比如找实习，学长学姐们实习结束后会把信息告诉我们，直接内推，接着他们的岗位去做就可以了，还可以带一带，公司招聘省事儿我们也方便"。

这种"向上模仿"极大程度上是"去同侪压力"，一位亲切的"大佬"在往下数好几届的学弟学妹们中都有着极高的威望和影响力。毫不夸张地说，新生们的意识、偏好、甚至对未来的想象和规划，很大程度上都取决于学长学姐们的"言传身教"。因为"他们是直接的信息来源，也是我们能经常看到和接触到人"，"幼生体"的"小朋友们"怀着崇敬地目光仰望着"完全体"，向他们倾诉自己的困惑，试图获得有效的建议，而学长学姐们刚刚走过这一阶段，不论是经验还是教训都是深切的，他们怀着极大的"同情"与"理解"给新生答疑解惑，甚至对一些懵懂不开悟，眼见着就可能重蹈自己覆辙的"孩子"颇为急切地"耳提面命、谆谆教诲"。

---

28 参见柏拉图《理想国》，哲学家可以"下降"回到洞穴，但洞穴里的人难以"上升"理解外面的世界。

如英回忆，"刚入学的时候，师兄师姐就会给你讲很多，比如哪些老师的课是讲得好有干货的，哪些课是讲得好但是给分不好的，哪些课是最轻松最容易刷分的；比如你大四如果要保研应该怎么办、要出国的话又要注意哪些，每个阶段最重要的事情是什么，要通过什么方式来让你自己最好、最有竞争力。"

如英坦言跟自己关系比较亲密的朋友是上下级的同学，"同级的关系一般不是特别好，但是差不多就行了，我不善于处理跟这个有直接竞争关系同伴的交往。再者可能是年龄的关系，跟我同龄的交流起来不怎么好，我比较喜欢比我年龄大的人交流，比如在学生会、在社团带我的师兄师姐，会成为我很好的小伙伴，现在还会联系，我也会有联系比较多的下一级师弟师妹。要不然是他们从我这里获得什么、要不然是我从他们那里获得什么，上下级之间比较容易亲密。"同级的同学里也有关系好比较熟的，"都是经双课、通选课认识的小伙伴。来自各个院系的，大家都想保研，有共同的目标吧，做事风格也很像，就经常一起组队完成大作业或者 pre，平时刷夜自习之类也会约着一起。小组作业都是一起给分，相当于我们自己搭了一个固定的 team，有擅长数据处理的，有擅长文本分析的，也有擅长做 PPT 的，我一般都是上去负责讲的那个。"

如英非常羡慕元培的宿舍分配，"都是不同专业挺好的，不像我们院都只有一个专业，如果竞争同一个保研名额的话，可能就是你死我活的关系，虽然同一个宿舍一般都会尽量错开，不然低头不见抬头见地，太伤感情。当然也有没法避免的时候，所以你会发现玩得比较好的很多都是别的宿舍、甚至别的院系的同学，一个宿舍四个人关系都非常好的实在不多见。"

"向上学习"之外，在总体的任务数量不变的情况下，巧用自由、在规则允许范围内的合理"并线"——是如英应对杂多"平行事务"的一个"小技巧"。"我每天出门前都会想一遍今天大致的行动路线，教学楼、彩排场地、学生会办公室、甚至午饭晚饭各在哪个食堂吃……尽量不走弯路、不把浪费时间浪费在'转场'上"。在学业方面也是如此，她大方而慷慨地跟我分享她的成功经验，"我们社科院系期中考试一般都是论文或 pre，有的专业选修课和通识课程期末也是交论文，但老师们一般给的选题自由度都很大，只要和课程内容相关就好。有一次我实在来不及了，于是干脆把两门课程选了的相近的题目，分别从各自的学科角度着重写，学科之间还能互为文献，真是太节省时间了！"这次"迫不得已地被动关联"之后，尝到甜头的她开始有意识地"主动出击"，从选课的时候就开始策划，"后来我就会把一些主题相近的课选在一起，比如有一个学期我们专业课有环境法，经双的选修课我就选了环境经济学，通选课选了哲学系开的美国环境思想。效果真的非常好，很多东西都是共通的，尤其历史思想史方面的，从不同学科的角度讲一遍，等于来回搞了三遍，写论文的时候还可以相互启发。"这并不是如英的独门"秘方"，而是"聪明人"之间"心照不宣"的实践技艺。"后来我发现很多人都这么干，尤其是修双学位的，到了本科高年级大家都知道可以这样，大二大三以后课实在是太多了，老师们又都要求很高，论文不好好写真的拿不到高分，但每篇都好好写，还写完全不同的主题根本不可能完成，连书都看不完。"

2.2.3　战士的"堕落"与"转型"

能通过高考来到中国精英大学的学生，在中学阶段大多像如英一样，是"每科都要抓、每手都要硬"、从"能力"到"意志"全面过硬的"正 N 边形战士"，但来到大学之后，并不是所有人都能像如英一样保持这种心态和状态，自由的环境、"无人"管束的生活让相当一部分战士"堕落"了。

慈航是这样"堕落"的一员，他毕业于一所以严格军事化管理风格著称的超级中学，文科重点班，在高三整一年的时间里，他的作息表是这样的：

早上 5：50-6：00　起床，去食堂吃饭

6：10　宿舍封楼，食堂早餐供应到 6：30

6：30　到达教室开始早读，早读内容由老师安排，一天语文一天英语

7：10　开始班级集体看新闻，是老师剪辑的前一天新闻联播和其他时政要点

7：30　进行纸条测试，一道政史地的大题（文综方向）

8：00　开始上课，上午 5 节课，一节课 40 分钟，10 分钟课件，第二节课下课后 20 分钟锻炼，跑操两圈。前 4 节课上课，第 5 节课考试，一节课考一科，学科轮着来。

中午 12：00　下课去吃饭，可回宿舍洗澡，但洗澡就没时间吃

饭了，得找同学带饭

12：30-下午1：30 集体在教室睡午觉，冬天也午睡

1：30 起床，1点50开始中午读书，一天语文一天英语，20分钟到半个小时

2：00-3：40 下午两节课

3：40 操场跑操两圈

4：00-5：30 回教室开始一节90分钟大自习，可能在下课前还考一科

5：30-6：00 吃饭

6：00-7：30 第一节大自习，或者考试，一个半小时经常考数学

7：40-8：40 第二节小自习，一个小时考试两科小的

8：50-10：30 第三节大自习，40-50分钟考一科，剩下最后半个小时自己整理

10：50 熄灯睡觉

周一到周五，高考的六科每天都复习到，每两天轮着小考一遍，周末安排与高考同等时间规格的大考，其余时间可以自主学习。"周日上午可以7点起、每个月半天自由活动，这已经是比较幸福的事情了"，慈航说道，而到了大学，他简直像掉进了蜜罐里："没有人管你了，尤其在大一大二那两年，作息完全变得特别不规律，平常因为也没有人管就经常翘课，然后晚上会熬夜到很晚。"

慈航来北大报到的第一天晚上，来自同一所中学的"直系"学长组织大家一起吃了顿烧烤、刷了个夜，直接玩过了凌晨才回宿舍——"北大宿舍是没有门禁的，随便什么时候回去都可以"，这是慈航在北大上的"第一课"，"没有人管你"是这一课的实质内涵，也就是从这里开始，他对北大的"自由"有了直观的感受。

慈航性格内向，宿舍是他最经常"宅"的地方，他的作息经常是这样的：

上午9：30 起床，没课或者想翘课的时候会睡到中午，早饭通常是睡过去的

10：00-12：00 一门课

12：00-15：00　中午饭、回宿舍休息

下午15：00-17：00　一门课

17：00-18：40　晚饭＋休息

晚上18：30-20：30　一门课，没课的话可能出去玩耍

23：00　宿舍浴室断热水、统一熄灯但不断电

晚上23：00-不确定的凌晨几点，通常是2点之后，打游戏、追番、刷剧

上课是不点名的，老师上完课就走了，office hour 并不强制出席，班主任是一学期一次的班会上才能见到面，连住一个宿舍的同学都因为选课不同、参加的社团组织不同而有完全不一样的时间表……一切都是自由的，仿佛没有任何事情是"强制"和"必须"要去做的，"平常就是自生自灭，没人管你一开始觉得很快乐，后来就真的是处于一种非常孤独的一个状态。"

随着期末周的到来，不断迫近的各种考试让慈航稍微紧张了一些，他减少了打游戏的时间，开始期末"预习"，"政治通选课什么的都是考试前一两天天才开始看教材，两天一门一天一门背完就去考。专业课难一点，一般要提前三天开始背"，尽管最后分数都不高，但慈航就这样通过了大部分的课程考试，除了两门数学，他毫不意外地挂掉了，"真的太难了，三天实在是看不懂多少，和高中数学是完全不一样的概念"。对于成绩，他完全没有了以前那种"非如此不可"的执念，"挂了就再修嘛"。

慈航的心态非常平和，他冷静分析自己是如何从高中时候的"学霸"变成到现在的"学渣"："直接原因肯定是因为没人催着、没人管着了，不像以前那样每个时间都被安排好了要做的事。客观原因是整体实力变强了啊，大家都是各地优中选优来的学霸，不努力竞争不过别人也很正常。"

这并不只是他一个人的感觉，毕业生调查显示，相比刚入学时，本科生在"身体素质与运动习惯"、"自我控制与时间管理能力"和"自信心"三方面提升最小，在涉及"基本素养、综合能力、自我发展、社会发展"四个维度、全部25个测量指标中垫底。其中，21%的学生本科期间"自我控制与时间管理能力"和"自信心"有所下降，而培养计划最为自由、专业方向最为多元的元培学院，"下降"人数比例远高于其它专业学部最高。

图 2.8 相比入学时三项指标增长情况·各类评价人数占比

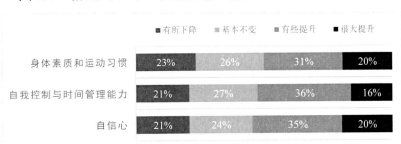

表 2.2 相比入学时三项指标增长情况·持"下降"评价的人数占比

"下降"人数占比	理学部	信工学部	人文学部	社科学部	经管学部	元培学院	总 体
身体素质与运动习惯	23%	26%	22%	20%	22%	31%	23%
自我控制与时间管理能力	22%	22%	21%	22%	16%	24%	21%
自信心	21%	26%	13%	20%	23%	28%	21%

"意义感与进取心的丧失"或许是更为深层次的原因：

> 我发现我来了北大之后，就没有以前那种特别强的上进心了，考差了也没有特别强的颓丧感，感觉已经达成了一个特别高的成就，所有的力量之前都用来登顶这个高峰了，登上来之后就释然了、看淡了，不想再像以前那样忙到死天天和别人比了。

疲乏、冷漠、无力、焦虑、抑郁⋯⋯这种"提不起劲"的感觉是全方位的，不仅表现为学业上的消极，也表现在社交、生活的各个方面的冷淡。[29]有学者用广为流传的"丧"和"佛系"来统称这种"消极、低欲望、反成功学叙事"的心理状态，并将之归类为一种当下盛行于90后群体的青年亚文化，归因于高竞争环境下多次失败而产生的"习得性无助"和"制度性退却"[30]。必

---

29 连榕，杨丽娴，吴兰花，大学生的专业承诺、学习倦怠的关系与量表编制 [J]，心理学报，2005（05）：632-636。

30 参见宋德孝，青年"佛系人生"的存在主义之殇 [J]，中国青年研究，2018（03）：41-45。
董扣艳，"丧文化"现象与青年社会心态透视 [J]，中国青年研究，2017（11）：23-28。
杜骏飞，丧文化：从习得性无助到"自我反讽"[J]，编辑之友，2017（09）：109-112。

须要指出的是，发生在精英大学学生身上的情况殊为不同——他们并不是高竞争下的"失败者"，也不是无力掌控和应对当下局面的"无能者"，相反，他们是整个儿童时代教育和选拔体系中的"成功者"、是具有宝贵素质和坚强意志的"强行者"[31]，就像慈航成绩差并不是因为他没有办法学得更好，而是他根本不愿意这么去做——"非不能也，实不为也"。

> 觉得有点疲惫，小学你得好好学保持在很靠前的位置，到初中到高中，上大学还得往前挤，挤完了你再去，还得往前……有什么意义？就算拿到好成绩也没什么可吸引我的，我已经不在乎这个了，没有动力。

我更愿意把这种情况称之为"压力、兴趣与意义"共同缺乏下的"倦怠"——对"前大学"时代惯性行为模式和价值观念的"倦"，以及因丧失"对未来生活想象、兴致和意义感"从而消极面对当下生活的"怠"。

其中，"压力"反而是最好解决的问题，因为它是最容易有的。正如慈航在学业上的"消极怠工"会随着每学期的其中期末考试、每学年的奖励奖学金评选、以及临近毕业年级保研、就业等去向问题的"重压"而得到有效改善，但这些改善都是暂时的，"过了那一阵就又恢复原样了"。内在兴趣和意义感的缺乏才是最为棘手的地方。管子云"仓廪实而知礼节，衣食足而知荣辱"，马斯诺将人的需要分为"生理-安全-归属-自尊-自我实现"五个层面[32]，当基本的生存需要和物质满足都不再是问题，当"考上精英大学"又极大程度完成了父母的期待、赢得了他人的尊重后，"自我实现"这种更高层面的需求变得如此重要和紧迫，但它天然是困难的，"我们时代的根本疾患是价值的沦丧，这种危险状况比历史上任何时候都严重"。[33]

什么是自我，又该如何实现呢？访谈的最后，我问慈航，"你觉得自己是个什么样的人？""需要目标的人"，他不假思索地回答。

他切实地明白自己的问题，也知道改进的方向，但他并没有动力这么去做，或者是没有勇气。他让我想到了电影《燃烧》，据说非洲卡拉哈里沙漠里有一个布希族，对布希族来说，有两种饥饿的人，"Little hunger"和"Great

---

31 正如前文所述。

32 马斯洛，动机与人格［M］，许金声等译，北京：中国人民大学出版社，2012。

33 关于这种状况存在各种描述，诸如颓废、抑郁、失落、空虚、绝望……参见马斯洛，人类价值新论［M］，胡万福等译，石家庄：河北人民出版社，1988：1-2。

hunger"，"Little hunger"是一般意义上肚子饿的人，"Great hunger"则是为生活意义而饥饿的人，我们为什么活着、人生有何意义——终日探寻这种问题的人，布希族认为这种人才是真正饥饿的人。影片的最后部分，女主角惠美喝了酒、吸了一口大麻叶，醺醺地脱掉上衣、赤身裸体地在黄昏的夕阳里静默起舞，是鸟儿飞翔寻找自由的样子。

有一些鸟儿很早就找到了自己的家园，也有一些在非常努力地在寻找着。

2.3 "眼睛发亮的先觉者"

北大要招什么样的学生？

——"脚踏实地的理想主义者"

——"思维活跃、眼睛要亮的"

——"有好奇心、有探究的激情"

——"知道自己要什么的人"

——2017 年北京大学招生工作总结大会视频内容[34]

亚里士多德在《形而上学》开篇讲"求知是人类的本性"[35]，认识世界能给人带来愉悦，认识自我同样如此，"好奇心"是人类天然的属性。顾思明和程晓晓都是院里老师同学公认的"学术种子"，他们在很早地时候就发觉了自己对所在学科的兴趣。

2.3.1 兴趣的产生："认知导向"和"控制导向"

顾思明觉得，搞哲学的动力有两种：一种是问题导向的，源于焦虑，适合体验式的哲学学习，另一种是审美导向，被某个哲学家或者某种推演问题的逻辑所吸引，适合工程师式的哲学解剖。他自己是毫无疑问的第一种。

我们系有一个师姐，她说她最开始学哲学是因为她非常怕死。

我小时候也想类似的问题，可能比较中二，想一些有的没的问题，

比如人为什么会死，死了之后会去哪里，也有一些时政类的问题，

---

34 2017 年 9 月，北京大学招生办公室在百讲多功能厅召开年度招生工作总结暨表彰大会，作为被表彰的 160 多名招生先进工作者与 200 多名优秀志愿者之一，我获得了出席资格，并积极报名代表所在招生组参会，这是我第三次近距离围观这场一年一度"自己人关起门来讲"的总结会议。

35 亚里士多德，形而上学［M］，吴寿彭译，商务印书馆，1995：1。

比如什么是公正,权力到底应该怎么分派?看到了身边的事、新闻

之类的的就会去追问,去想这些问题,然后慢慢地读书就读到哲学。

赫尔巴特在《普通教育学》中讲"兴趣的多方面性",无论它的来源是如何多方面的,兴趣的产生都必须首先在内与外、对象与我之间建立关联——"兴趣来源于对外界实在的注意"[36],但这种注意不是漫无边际的,不是基于外在事物的广泛刺激觉得"有趣",而是经由专心进入审思活动,是由内向外的筛选——兴趣首先是一种限制。[37]

在对不同学科的书籍阅读中,思明能明显分辨出哪些是"我的问题":"这种感觉是非常直觉性的,你读一个文本读得有没有感觉非常明显。比如我读论语、读老庄,读起来就有那种口齿噙香的感觉,读卢梭或者读霍布斯,我觉得这东西我仔细读下去就能够做出很多的分析,它讨论的政治、权力这些问题多么让人着迷。但我读弗洛伊德,关于梦、关于意识的分析,这有什么好分析的!你不会想继续看下去、不会发散思维去想,你只是得到了他说的一个观点而已,这不是你的问题。"——兴趣是一种深入了解和探究的渴望,你专注于此,保持着绝佳的耐心,而具有耐心的兴趣也绝不可能过分丰富。[38]

"如何能检验出什么是自己真正所爱呢?"思明觉得很简单,就人文学科尤其是哲学来说——"就是看你能不能把它这个领域的书读下去"。那是一种积极的愉悦状态,不是为了应付作业、考试等目标而有的"负担"和"压力"——"我有的时候能看一本书一下午都不动,然后五六点的时候你把书合上,看阳光从窗户外照下来,会感觉特别满足特别舒服,这个就是感兴趣的状态。你不是带着完成任务的心态去干一件事,而是非常主动地去投入进去,那就是真正的感兴趣。"

程晓晓非常赞同这一说法,"研究自己感兴趣的东西,多久都不会腻的",她是一个活泼的妹子,就读于城市与环境学院,专业是环境科学。程晓晓小时候在农村长大,虽然是女孩子,但她特别野,"和小伙伴们一起捞鱼、掏鸟、抓虫子",当赤脚医生的姥爷经常带着他辨认水渠边生长的薄荷、

---

36 赫尔巴特,普通教育学·教育学讲授纲要[M],李其龙译,人民教育出版社,1989:56。

37 参见刘云杉,兴趣的限度:基于杜威困惑的讨论[J],华东师范大学学报(教育科学版),2019,37(02):1-17。

38 参见刘云杉,兴趣的限度:基于杜威困惑的讨论[J],华东师范大学学报(教育科学版),2019,37(02):1-17。

紫苏等植物、讲解中草药材的药用价值。自幼亲近田野的体验，使她对动植物及其生存的自然环境产生了浓厚的兴趣，后来她去了镇上上学，高中又考上了省城的重点中学，大城市的自然环境与乡下十分不同，城市的绿化、空气质量、垃圾污染，都是她中学阶段留心的问题，相比起"是什么"和"为什么"的问题——她的兴趣首先面向的是"怎么办"——"很多环境问题已经发生了，我想知道怎么去解决它。但解决之前肯定先得弄懂，不然怎么解决。"她的科研之路不是源于"认知的欲望"，而是直接指向带有控制色彩的"行动"和"技术"，更确切地说，是基于控制目的对认知的反推。这是非常自然的思路，在自然科学与社会科学领域尤其如此，正如培根所说"知识就是力量"，科学的外显和前台是技术，而技术也因"有用"而获得权威，反过来辉煌科学。

程晓晓最终选择了环境科学方向，她觉得这是一个介于理论和实务之间，非常"接地气"的专业。和纯理论的探究不同，"物质万万千，你要研究哪一种，是现实问题和困难给出的选择，研究到什么程度可以了，也要回应现实的需要。"她半开玩笑说，"因为我们专业都是关注实际问题的提出和解决，比如一个新研发试剂的投放测量是能马上看到实际效果的，所以比较有成就感，不像纯理科的理论研究，我们抑郁的比例少很多。"

2.3.2 从"兴趣"到"志趣"：着眼长远的内在坚定

从单纯的"兴趣"到一直作为终身事业的"志趣"，还有相当长的一段距离，"深入了解"与"上手体验"都是必不可少的环节，光有"喜欢"不行，还得"适合"。学术生活是一段艰苦的旅程，不喜欢没法坚持下去，而不适合会坚持得相当痛苦。

顾思明很明白，作为"哲学问题的困惑者"学习哲学，和作为"哲学研究者"是非常不同的，作为"哲学爱好者"——"你只要找到一个喜欢的思想家、学派，能够较好地回答你的困惑，信就可以了。"而作为"哲学研究者"——"你要面对各种各样的观点，你得再去深入了解他们，能够把它拆开看的时候还至少能够保持出你自己的立场，永远保持住怀疑的态度，才能客观地去看不同的答案。"这是哲学作为学科的科学性、专业性之所在，也是学术研究的精神，它终究不同于宗教信仰。

思明最终选择了西方哲学作为研究生继续研读的方向，尽管他更喜欢读中国古典的文本。他在大一下学期报名入选了人文学部各院系合办、作为文科"拔尖计划"的"古典语文项目"，中国古典方向，项目采取小班教学模式，由资深教授领读一本本古籍。他在中国哲学典籍上下了很大的功夫，但越深入地了解越发现，"中国哲学本身的研究者都还在探索一个成体系东西，整个近代以来科学化的研究传统和研究路径都还没有稳定，还是一个摸索的过程。"顾思明担忧自己博士期间的学习和研究是否能给在这个体系里面生产一些有价值的学术成果，"一步步的路径不是很清晰，反而是西方哲学这一块，对哲学本身的方法训练是更扎实，"思明觉得"不管是中国哲学，西方哲学都是哲学，只不过它只是换了一堆特定的素材而已"，而着眼于自己长远的学术发展道路，他更愿意在现阶段学习西哲相对"有迹可循"的路径方法，积累经验、磨砺水平，"然后可能等老一点的时候再返过来琢磨中国的问题。"

程晓晓坦言，学术生活是一段艰苦的旅程，"有的时候真的很艰难，翻来覆去实验看不到希望那种感觉，但还是因为有一份内在的兴趣，想要做出一些东西的愿望，所以坚持了下来"。

着眼于"实际问题"的研究需要她广泛学习多学科的先进技术方法，从中筛选试验，"如说我课上学了一百种分离物质的方法，老师不可能每样都给你示范，我自己研究这个水可能要用四种方法结合起来，那我就需要自己上手去试，一步一步的试，试一下不强，pass掉，再换一个方法继续。"科研的魅力和难度都在于它的未知和不确定性，在"知"与"行"之间有广泛的探索空间。"课堂教学只保证你知道常规的方法，有的时候还不一定有用，一个实验室的实验技术手段是有限的，当无法解决你的问题的时候，就需要向外探索，去尝试新的东西。我有个浓缩实验最后是用化学的方法解决的，和化院实验室合作，学习他们的各种仪器。就得一直尝试、各种尝试、坚持下去，调动各种资源"。

就学术道路本身而言，"有的时候成果是出得很慢的，考古专业一个还不算大型的墓葬就挖了十五年，整整十五年，老师一直带着队，一茬又一茬的学生继续挖"，这是一个需要坚守的漫长过程，面向不确定的未来，"很可能你试了100次，花了无数心血，就是没有结果"，与世俗领域、物质生活、市场经济所讲究的"即时变现"与"回报率"是截然不同的，"学术生活就是一场疯狂的赌博"，以学术为"志业"是一个艰难的决定，正如韦伯反复拷问的，"您是否确信，年复一年地眼看着一个又一个平庸之辈踩过自己的肩膀，自己还能够忍受，既不怨怼，也不沮丧？"[39]

表 2.3　"学术的种子"本科经历概要

	大　一	大　二	大　三	大　四
学业表现	专业课	专业课 托福	GRE 跨院系选课	出国申请
学术科研	进实验室 / 项目组 / 读书会	进挑战班 / 项目组 本科生科研	挑战杯 国际暑研 / 会议	课题组
学生组织	院学生会学术部	院学生会学术部部长		
社团活动 文体娱乐	院内专业社团 / 跑步协会	社团成员	社团成员	社团成员
实习实践	暑期社会实践			
荣誉 / 奖励	专业成绩 GPA3.8 国家奖学金	国家奖学金	科研奖	本校直博 / 全球 top5 高校 PHD offfer

图 2.9　"学术的种子"本科经历雷达图

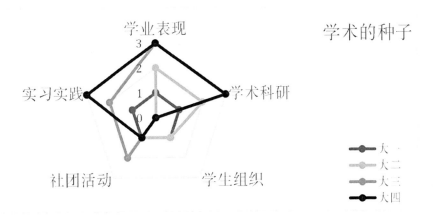

39 李猛编，科学作为天职：韦伯与我们时代的命运［M］，生活·读书·新知三联书店，2018：11。

2.4 "上下求索的试误者"

> 我不是因为看到了什么才停下，是因为我看不到的。那些漫无边际的城市，什么都不缺，就是没有尽头，我看不到东西的尽头、世界的尽头。比如说钢琴，88个键，一个不多一个也不少，琴键是有限的，但你是无限的，在这些琴键上所能创造出来的音乐，那才是无限的。这个我喜欢，也是我愿意做的。但是在舷梯上，摆在我面前的琴键有成千上万，永远也数不完，根本就没有尽头，这个键盘太大，而在这个无限大的键盘上你根本就无法去演奏，这不是为凡人准备的，这是上帝的钢琴！——电影《海上钢琴师》，1994。

钟梓归觉得，"人生最痛苦的事不是求而不得，而是根本不知道自己要什么！"他就读于北京大学元培学院，他选择元培的原因很简单——因为不知道选择什么专业，而元培，可以最大程度包容和延缓这个选择。

尽管他在中学阶段拿了全国的化学竞赛金牌，并以此获得了保送资格，但他清楚地知道，这不是自己真正喜欢的东西，他高中就读于西北某省重点中学的理科实验班，每个人高一的时候都强制要求至少选两门竞赛，看学的情况决定未来的发展路径。"我学竞赛就是为了上北大，而几科竞赛里只有化学学得最好。"

不同于慈航的消极、习惯被动地接受规训与安排，梓归一直是一个积极筹谋、有行动力的人，他的竞赛学得很"吃力"，尽管有着父亲从小带着学奥数的积累，还是非常不容易，"因为学校师资力量有限，全国教竞赛的好老师就那么几个，我所在的省份并不是竞赛的强省，高二比赛之前，我把所有的书都看了，把所有能做的题都做了"，但高二寒假的全国化学竞赛决赛，他仍然只拿了银牌，虽然获得了自招降分的机会，但这并不保险，"这时候再去复习高考也可能来不及了"，他当机立断，抓住在北京参加决赛的机会，结识了一所竞赛名校的随队志愿者，借此联系上了领队老师，高二下学期只身前往几千公里外的他乡，跟随竞赛名校的训练队伍在他省学习了大半年。"那是我竞赛能力的分水岭，去了之后我才知道应该怎么训练，把所有可能疏漏的地方细化"，梓归坦承自己不是一个"天赋型"的选手，但他足够努力，他觉得很多通过竞赛上名校的同学也是如此，"竞赛组里面十个人，有一个会特别特别强，既喜欢化学又有天赋，剩下九个我觉得都是靠努力，只要你足够努力加上好资源，就能够取得成绩"。果然，他在高三寒假的比赛中如愿拿到了金牌。

梓归来到了元培，这是一个可以选择全校所有专业方向的地方，它有着全校范围内最为宽松的培养计划、它的理念是"选我所爱，爱我所选"，那我到底爱什么呢？梓归无法回答这个问题，他开始了漫长的探索和寻找之路，他的方法是朴实而"笨拙"的，一个个去试、一点点排除。他非常有思路，一开始选择了理科和工科的公共领域——数学和计算机的课程，这是当下所有理工科学生都必修的基础课，也是父母期待他从事的职业领域。他和数院的同学一起上专业课，学高等数学 A，"真的太难了，而且讲得特别快，因为数院绝大部分都是学数学竞赛进来的，高数的内容基本都学过一遍，相当于只是巩固，而我是自废武功之后从零开始"，他艰难地坚持了下来，没有挂科。

"我对计算机还是有一定兴趣，我从小就喜欢捣鼓电脑，我父亲给我的电脑设置了密码之后我就给他破解掉，我也喜欢玩"，梓归在大一扎实修了好几门计算机方向的专业课程，成绩还不错，但随着专业学习的深入他更多地感受到的不是快乐而是痛苦，"总是呆在电脑面前，我觉得它使我丧失了和这个世界最为亲近的联系，我感觉不到人的一种兴衰，一种情绪的起伏，它是冷冰冰的"。他没有办法一直过这种"没有温度的机械生活"。大一下学期，他决定转向。一些偶然的机会，他在专门给元培学院单独开设的近代史纲要讨论班上结识了一些政治学、哲学方向的同学，他们在讨论发言中，经常用自己学科的视野来分析，"这是我来元培之后第一次真正认识了的其他专业到底是什么样子，不同专业的人是怎么思考的，我觉得特别有意思，这好像是我想要的有温度的东西。"

大二上学期，他把专业方向改成了 PPE，这本身是一个政治、哲学和经济的跨学科专业，"因为有经济，所以我的父母也同意了"。PPE 集中了他对整个人文学科的"幻想"，来了之后，"确实也学得很爽"。这种"爽"是培养计划有意设计的结果，PPE 的专业必修课，仿佛人文社科院系的"好课集锦"——"仿佛你集齐几门最难的课，集齐各院系的明星教师，最后可以兑换出一个怎样惊人的成就"——学了一年之后，他发现并不能，"这个东西我只能去读，但我写不出来。比如说读韦伯，他用那些个历史材料就能做出那么复杂精妙的分析，但我读了之后我还是做不出来，伟大的经典文本就那么些，我想来找文本之外，别的问题自己进行探索，我发现我没有能力，我没有关于路径方法的学习和实践。"虽然日常听课、阅读很快乐，但他觉得这样下去并不行，"我还是想要去针对性地学点能用的东西，而不是只是看了一些书之后对自己心境的提升，我希望真正能够学点本领。不是跟在思想家身后，致力于读懂他们的思想。我希望自己能够有独立的研究能力去探索自己感兴趣的问题。"

他开始去寻找据说很强调"手上功夫"的历史学系，他向老师们请教，老师建议他从真正的史料先去读，去找问题，一点点上手。他开始学外国语言，读外国史料，尝试自己提问题，摸索模仿着解决问题，在这个训练和成长的过程中，他发现自己"分析问题的思路都是比较哲学的"。他修了一门西方古典哲学的课程，"这个老师的课非常累，让你读相当多的文献和原始材料，但他一方面能够还原当时的思想论证，另一方面有能够用一种现代的方法，用一条条命题呈现分析的思路，帮助你澄清问题"，梓归感受到了由衷的欣喜，"我觉得他的教学思路特别适合我，眼高然后手低，当然是褒义的——眼界会放得比较宽，但从分析问题入手的路径，会讲的比较低。"

梓归选择了延期毕业，跟随这个老师做本研论文，争取保送他的研究生，"竞争非常激烈，不知道能不能保上"。回忆起在元培的这四年，他不是没有后悔过当初的选择的，"可能我当初要是直接去到专业院系就好了，直接去历史、去哲学系都是从头一整套地学，或者去计算机、化学也都行，不会想着转来转去，可能硬着头皮也学下去了"。元培给了学生很多中选择，无数的可能性，它不停叩问你想要什么、想成为什么，但对于原本兴趣就不明朗、态度上学什么都课——高度依赖外界权威指导、可塑性很强的人来说，"选择多了不一定就是好事"。

我问梓归，如果重新来一次，回到入学前填志愿的时候，再给你一次机会，你会选什么呢？

"可能还是会选元培吧"，他笑得憨厚，"虽然磕磕绊绊，但我一直很清楚自己在做什么，而不是懵懵懂懂地被别人牵着往前走，痛并快乐着吧！"

表2.4 "上下求索的试误者"本科经历概要

	大 一	大 二	大 三	大 四
学业表现	数学、计算机	PPE	外语外史	西方哲学
学术科研		挑战杯	本研项目	本研项目
学生组织	院学生会 院青年志愿者协会 学生工作部	青年志愿者协会-部长 学生助理	学生助理-组长	
社团活动	爱心社 朗诵协会	文物爱好者协会 武侠文化研究会	瑜伽社	猫协
实习实践	招生组	招生组	第一份实习	招生组
荣誉／奖励				延期毕业

图2.10 "上下求索的试误者"本科经历雷达图

如英一直在如英才般战斗和要求自己，慈航还未真正开始自己的第二次航行，思明、晓晓是非常明白和知晓自己的，而梓归寻寻觅觅想要找到安放此心的故乡……他们18岁来到这里，携一路走来的日月风尘，他们是这个校园里最鲜活的存在，他们改变着精英大学，也被精英大学改变着。

第三章　自由与竞争：精英大学的变革

　　"每一种教育体制都有它所要达成的道德目标，这影响着它的课程设置。它要培养特定类型的人。"

　　——《美国精神的封闭》，译林出版社 2011 年版，第 2 页。

　　自 1977 年恢复高考以来，北京大学近四十年的本科教育教学改革大致可分为四个阶段：

　　第一阶段 1977-1979：为三年反乱拨正的恢复期，主要恢复文革期间扰乱的教学制度，初步建立起全校各学科专业的系统。

　　第二阶段 1980-1997：为上世纪 80 年代到 90 年代的本科教改，旨在纠偏高度专门化的苏联模式，自 1981 年入学新生开始实行学分制，减少教学周、限制必修课程比例，丰富选修课程类别，形成了"加强基础，淡化专业，因材施教，分流培养"的十六字教改方针。从加强"专业基础"到加强"学科基础"和"公共基础"[1]，从夯实专业素质到提升文化素质，旨在培养服务于社会经济建设中心的高素质人才。制度方面，一系列探索和尝试还包括：加强基础课教学；试行弹性学习年限；允许学生入学后转系转专业；试行主修辅修制度；允许学生跨院系选课，鼓励文理互选；试行导师制，开设文理试验班，初步探索实践暑期学校模式等。[2]

1　邹儒楠，北京大学本科教育"加强基础"的内涵演变：1980-2000 [J]，教育学术月刊，2017（06）：32-38
2　参见北京大学教务部，北京大学本科教育发展报告（未公开）[R]，2015。

第三阶段 1999-2015：为世纪之交兴起的以创建世界一流大学为目标的本科教改，形成了"加强基础、尊重选择、卓越教学、鼓励交叉"的新十六字方针，旨在增加学生的选择空间，建立较完备的通识教育体系[3]。世纪之交，政府部门相继发布了《关于加强大学生文化素质教育的若干意见》[4]、《面向 21 世纪教育振兴行动计划》[5]等系列文件，批准建立第一批高等院校"文化素质教育基地"，倡导"逐步构建起注重素质教育，融传授知识、培养能力与提高素质为一体，富有时代特征的多样化的人才培养模式。"1998年，适逢北京大学百年校庆，国家启动了旨在创建世界一流大学的"985 工程"，北京大学成为首批入选高校，次年北京大学"本科教学发展战略研究小组"成立，在资金与政策各方面的支持下，后续系列改革举措主要包括：逐步实行在教学计划和导师指导下的自由选课学分制和自主选择专业制度，大力引入和完善通识教育体系；实施了以"元培计划"为代表的综合教学改革，于 2002 年率先开展按院系或者学科大类招生录取的"大类招生模式"，尊重学生选择，在本科低年级进行基础教育和通识教育，在高年级进行宽口径的专业教育；大力建设辅修和双学位制度，促进学科与学科间、专业与专业间的交叉，培养养成复合型人才；搭建本科生科学研究与国际交流平台等[6]

第四阶段 2016 年至今，基于全球化、知识经济发展、政治格局转变下的新挑战，北京大学启动了新一轮的本科教育综合改革，旨在"以学生成长为中心，以激励学生的好奇、自信、激情和内在发展动力为目的"，从而帮助新一代人"面对新挑战，承担起更重的家庭、民族和世界责任"。具体的实施要点包括：修订专业培养方案，凝练专业核心课程体系；设立多层次跨学科项目，辅双学位与本专业同质化管理、同水平要求；放宽本科前两年转专业限制；全校范围开放各院系专业必修和限选课程等。[7]

---

3 邹儒楠，丁洁琼，曹宇，北京大学通选课的历史演变与发展 [J]，中国大学教学，2019（04）：81-86。

4 国家教育委员会：《关于加强大学生文化素质教育的若干意见》，教高司 [1998] 2 号，1998-4-10。

5 国务院：《面向 21 世纪教育振兴行动计划》，国发 [1999] 4 号，1999 年 1 月 13 日。

6 参见北京大学教务部，北京大学本科教育发展报告（未公开）[R]，2015。

7 参见北京大学，北京大学本科教育综合改革指导意见，校发 [2016] 66 号，2016-04-05。

北京大学 40 年的本科教育教学改革实践，可以概括为"基础"与"自由"两大主线：坚持凝实的基础、持续扩展的自由——在后 20 年大众化发展阶段尤其如此——前者坚守精英大学的底线，后者探索精英教育边界。直至 2016 年，一方面"专业核心"与"通识核心"两类课程以前所未有的"核心课程"标签出现，另一方面，全校范围内开放自由选课、学部范围内开放自由转专业，妨碍"自由"的表面制度藩篱打破，围绕"通识与专业教育相结合"目标，北大的本科教改开启了一个崭新的阶段。

表 3.1　北京大学本科教学改革指导理念演变（1977-2017）

阶　　段	大致年代	改革理念
第一阶段	1977-1979	"反乱拨正"：对建国初期教学秩序的恢复
第二阶段	1980-1997	"加强基础，淡化专业，因材施教，分流培养"
第三阶段	1998-2015	"加强基础、尊重选择、卓越教学、鼓励交叉"
第四阶段	2016 年至今	"加强基础、促进交叉、尊重选择、卓越教学" 建立和完善"通识教育与专业教育相结合"的本科教育体系

3.1　招生：选大学与选专业

当"上大学"已经不成问题的时候，"上什么大学"、"学什么专业"成为了需要选择的事项，尤其对在高考、竞赛等选拔渠道中取得优异成绩的学生而言，选大学、选专业的主动权牢牢掌握在自己手中——"买方市场"变成"卖方市场"，大学纷纷走下"神坛"，千方百计抢夺"优质生源"这一教育领域最为重要的"资源"，精英大学并不例外。

"下场招生"是精英大学"大众化"的第一步。尽管清华北大号称中国的 TOP2，处于整个高等教育系统中的金字塔顶尖地位，但参与排名、主动下场竞争以保持领先地位的行为本身——意味着它已然入局。1987 年，"为鼓励优秀中学生报考北大，促成一批初露才华的青年得到合理的培养"北京大学专门设立了新生奖学金，获奖条件包括全国中学生学科竞赛前五名、各省高考前三名、省优秀学生干部等其他优异学生。[8]30 余年过去了,新生奖学金已发展成最高总金额 5 万元每生[9],用以"支持优秀高中毕业生顺利进入北京大学完成本科学业"的奖励制度,所有新生均可申请,但审核标准仍坚持了"高考成绩"与"国家级奖项"两种,并针对性向经济困难学生倾斜。[10]

竞赛生由于学科特长及保送规则要求在选择院系时具有一定的限制性,高考状元则不同,他们有着广泛的选择空间,几乎所有专业都对他们开放并热情欢迎着他们的到来。观察"状元们"的专业选择对把握时代"热度"及精英学生的性情倾向具有重要的意义。

中国校友会网大学评价课题组对 1978 年恢复高考以来的状元就读专业进行调查发现:高校扩招前 20 年(1977-1998)高考状元就读专业的分布呈现出多样化的特征,除经济管理、法学和物理相对集中以外,计算机、生命科学、土木建筑、中文、自动化、电子工程等专业都受到状元们的亲睐,"这一时期的专业选择更符合国家和社会的需要,较多考虑的是专业的预期贡献而非个人的预期收益"[11]。而在扩招后 10 年(1999-2008),高考状元专业选择大不相同,呈现出明显集中于热门专业的特点,如经济管理、生命科学、电子信息、法学、计算机等专业。尤以经济管理成为"首选",2008 年有近七成状元就读经济管理类专业。[12]

1998 年至 2009 年的《北京大学年鉴》中,详细记录了每年度北京大学录取各省市高考状元的个人信息,作为重要的统计资料加以保存[13],分析其专业选择情况可以进一步验证上述结论。在大众化的前 11 年,北京大学招收的文科学生数量要显著多于理科,最受文科学生欢迎的是经济管理、法学与元培计划,而理科方面生命科学、元培计划、经济管理、数学和计算机的比例要显著高于其它。综合文理来看,1998 至 2009 年间北京大学招收的 513 名省状元中,有 46%的人选择了经济管理类专业,其次是元培计划(15%)和法学(8%)。

8　今日北大编写组, 今日北大 1987 年卷 [M], 1988。

9　个别院系另外设有院系级别新生奖学金最高 5 万, 用以吸引学生就读。

10　北京大学招生办, 北京大学优秀新生奖学金简介[EB/OL], https://www.gotopku.cn/programa/page/17.html。

11　中国校友会网大学评价课题组, 中国高考状元调查报告(1977-2008)[R], 2009.05。

12　中国校友会网大学评价课题组, 中国高考状元调查报告(1977-2008)[R], 2009.05。

13　主要包括状元姓名、性别、报考专业、中学毕业学校信息

图 3.1 北京大学招收各省高考状元的总专业分布（1998-2009）

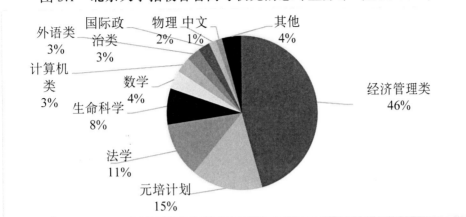

表 3.2 北京大学各省文理科高考状元的专业分布（1998-2009）

	学　科	人　数	占　比	学　科	人　数	占　比
总计	理科	157	100.00%	文科	356	100.00%
性别	理科男	95	60.51%	文科男	99	27.81%
	理科女	62	39.49%	文科女	257	72.19%
专业	生命科学	39	24.84%	经济管理类	213	59.83%
	元培计划	37	23.57%	法学	56	15.73%
	经济管理类	22	14.01%	元培计划	41	11.52%
	数学	20	12.74%	外语类	14	3.93%
	计算机／电子	17	10.83%	国际政治类	13	3.65%
	物理	8	5.10%	中文	7	1.97%
	化学	4	2.55%	政府管理	5	1.40%
	法学	3	1.91%	新闻	3	0.84%
	医学	2	1.27%	信息管理	1	0.28%
	信息管理	2	1.27%	文科试验班	1	0.28%
	城环	2	1.27%	社会学	1	0.28%
	外语	1	0.64%	考古	1	0.28%

从北大校友的回忆录中，我们可以进一步感知专业选择背后时代风潮的变化。上世纪 70 年代末到 80 年代初期，中文系是最受到文科学生欢迎的专业，"我们八三级文学专业共有差不多五十名新生，约三分之一是来自各省市的高考文科状元"[14]，诗人是当之无愧的校园明星，一年一届的"未名湖诗歌朗诵会"是当时最盛大的学生活动。诗歌和文学承载着社会解冻时期百废待兴、自由发展的美好愿景，"能感到每天都在蜕去旧壳换上新的身体"，一切都是欣欣向荣的。那时候的北大学生激情澎湃地投入"重整山河、走向新时代"的伟大事业中，充满着"天将降大任于斯人、舍我其谁"的责任感和使命感，一切思想、行动、纲领、宣言、运动、人物，都要看是否适应"振兴中华"的历史潮流。[15]

随着改革开放的推进，计划经济向市场经济转轨，以经济建设为中心的浪潮逐步席卷校园。"我于 1987 年考入北大中文系，当时，经济类还不算热门，但中文系的衰落已初见端倪。我们这年中文系的录取分数，已从原来的全校第一降为第三"[16]，诗歌失去了魅力，赚钱和买卖成为了大学生的热门话题，"三角地的广告栏上，商业广告明显增多"[17]，校园里开始有学生摆摊做生意，未名湖诗会从 2000 人的大饭厅挪到 500 人的办公楼礼堂，再到一个普通的小教室，到 90 年代中期，已经完全成为中文系内的小圈子活动。港台流行歌曲与厚厚的单词书成为新的潮流，托派、G 派队伍迅速扩大，"每个人都渴望将自己贩卖到大洋彼岸并卖个好价钱"[18]

尽管 2010 年以后，各省市教育部门到主流媒体开始陆续出现反对炒作"高考状元"的呼声，我们无法再从官方的统计数据中获知近 10 年高考状元的专业选择状况[19]，但从访谈和一线的招生实践中我们仍然可以得知，经济管

---

14 橡子等编，北大往事 [M]，北京：北京联合出版社，2018：181。

15 橡子等编，北大往事 [M]，北京：北京联合出版社，2018：10-37。

16 橡子等编，北大往事 [M]，北京：北京联合出版社，2018：357。

17 橡子等编，北大往事 [M]，北京：北京联合出版社，2018：316。

18 橡子等编，北大往事 [M]，北京：北京联合出版社，2018：451。

19 自 2010 年开始，从各省市教育部门到主流媒体明确开始陆续出现反对高考状元的集中报道、宣传的声音，北京大学 2013 表示不再公布高考"状元"，2018 年教育部在本年度关于招生工作的文件中明确要求规范新闻报道，不宣传炒作所谓"高考状元"、"高考升学率"。参见山东严禁以任何形式炒作"高考状元" [N] 中国教育报，2013-06-20，别再对高考状元"碎碎念"了 [N] 光明日报，2013-07-09，北京大学不再公布高考"状元" [N] 中国教育报，2013-08-30，教育部，关于做好 2018 年普通高校招生工作的通知 [EB/OL]，教学〔2018〕2 号 2018-03-05，

理类专业至今依然是最为热门的，北大光华管理学院和清华经济管理学院，是状元们的"不二之选"。选择经管是大势所趋，而拒绝经管则显然需要许多的勇气，"分数这么高不去光华的话，父母老师都觉得亏了，我也怕自己以后会后悔，万一现在选了别的自己喜欢的专业，真正学了以后不喜欢了、毕业以后找不着好工作怎么办。"（16S08）也正是在这种"兴趣"与"收益"、"自我"与"家庭（及其背后的社会）"的平衡博弈中，"元培"成为了各退一步、留有余地的"折中之选"，受到了大家的青睐。

3.2　培养：学分制下的本科课程

1977 年，时任卡耐基高等教育政策研究委员会主席的克拉克·科尔（Clark Kerr）在鲁道夫新关于美国本科课程史的专著前言写道"课程是学院认为在人类不断演进的知识和经验中对受教育者的具体生活有用的、适合的或者有价值的那一部分"[20]。作为本科生获得学位所必须完成的培养计划核心内容，课程代表着大学以"执教者"整体身份对"本科教育"的理解：认可什么样的知识、想要培养什么样的人、以及如何教授、如何培养——从内容次序到数量结构，课程设计每一环节的重大变更都昭示着鲜明的时代特征。诚如鲁道夫所言，课程既是结构又是内容，是同时需要测量（measurement）和评价（judgment）的主题，当我们描述课程的结构时，我们需要计算科目、学期等数量，而当我们讨论课程的内容时，则面临好坏的质量评价。[21]对单一课程投入与质量的强调，不应回避也无法回避总体的课程数量与结构问题。

3.2.1　学分与课程数量

自上世纪 80 年代学分制在我国推广实行以来[22]，"学分"取代"课程门数＋学年学时"的计算方法，迅速成为高校计算学生学习量、组织和管理教学活动的基本单位。北京大学自 1981 年正式在新教学计划的编制中采用学分

---

http://www.moe.gov.cn/srcsite/A15/moe_776/s3258/201803/t20180320_330717.html。

20 Rudolph, F. Curriculum: A History of the American Undergraduate Course of Study Since 1636.1977.

21 Rudolph, F. Curriculum:A History of the American Undergraduate Course of Study Since 1636.1977:2.

22 中国共产党中央委员会，中共中央关于教育体制改革的决定［Z］，1985-05-27。

制，是最早实行学分制改革的大陆高等院校之一。[23]

区别于统一固定的学年学时，学分制的优点集中表现在以下两个方面：

其一，是计量的标准化。"一学期每周课堂讲授 1 学时计 1 学分"，实验课、习题课等非讲授内容"视难易、繁简程度"折算学分。[24]"学分"以"学期"为中间单位，在"学年"和单位课程的"周学时"之间建立桥梁，极大简化了动辄上百的年学时核算，方便了教学管理。

其二，是计量的灵活性。由于采用"学分"作为测算"学习量"的标准单位，对学生就读期间学习总量的核算无须再回到每门课程的具体要求，学生获得自主安排学习时间和学习内容的弹性空间。学年制下以班级为单位、以教师为中心的"统一排课"转变为以个体为单位、以学生为中心的"自主选课"，使得跨专业、跨院系的选课、甚至校级、国际之间的教学合作成为可能，极大方便了多样化的课程开设和学生个性化的发展。"固定的"课题转变为"流动的"课堂，既调动了学生参与的积极性，也调动了教师多开课、上好课的主动性，多元丰富的各类选修课踊跃出现，极大改善了"千人一面"的专业化培养模式。

正如本文在第一章中提到的，广泛推行的"学分制"是高等教育大众化进程的重要标志，近 20 年北京大学的本科教育教学改革，将学分制的功能和优点发挥到了极致，同时，也使得学分制的缺点暴露无遗。

1999 至 2019 年间，北京大学的本科专业数量从 79 个增长到 119 个，这当然与学科发展的必然趋势是分不开的，而从另一个角度看，更多的专业方向能同时容纳在一所学校的本科教学中，且以相对稳定的教学科研人员数量实现——毫无疑问得益于弹性灵活的制度安排。细致考察不同学科方向具有代表性的专业院系在 1999 学年度和 2019 学年度开设的总课程数量发现，不同学科的扩张幅度不尽相同。其中，作为基础理科的数学学院本科期间开设的课程总数在近 20 年间保持稳定，作为人文基础学科的哲学系开课少有增多，而偏向应用领域的信息科学学院和经济学院时下每学年开设的课程数量是 1999 年的两倍多（信息科学接近三倍），足见其"火热"的程度。

---

23 参见杜勤，雎行严，北京大学学制沿革 1949-1998［M］，北京：北京大学出版社，2000：145-156。

24 参见杜勤，雎行严，北京大学学制沿革 1949-1998［M］，2000：145-156。

表3.3 北京大学校本部本科专业总数（1999-2019）

年　份	本科专业总数	年　份	教学科研人员总数
1999	79	1999	2433
2005	94	2005	2212
2010	114	2010	2434
2019	119	2017	2624

表3.4 北京大学四院系每学年总开设课程门数

	数学科学	信息科学	经济学	哲学
1999-2000 学年度	110	85	58	46
2019-2020 学年度	115	244	134	67
扩张幅度	105%	287%	231%	146%

数据来源：北京大学年鉴（1999-2011）；北京大学教务部官网-本科课程总览；北京大学人力资源报告（2010-2017）；北京大学官网。

学校和学院总体开设课程的数量增多了，具体到每个学生身上，本科四年要求修习的学分总量和课程数量是否增加？

本文选取北京大学1982、1986、1990、1996、2003、2009、2014、2016——高等教育大众化前后八版具有代表性的本科教学计划进行细致的考察[25]，挑选理科、工科、人文、社科中具有代表性的学科——数学、计算机、哲学、经济学[26]进行相关指标的统计呈现，其中总毕业学分（含毕业论文、实习实践等非课程类学分）、总课程学分、总课程门数三项的统计结果如下，进而根据四个专业数据计算平均课程学分和平均课程数量。

---

25 北京大学教务部，北京大学本科教学计划（1982）（1986）（1990）（1997）［Z］，北京大学

北京大学教务部，北京大学本科生教学计划手册（2003）、（2009）、（2014）、（2016）［EB/OL］，2019-08-03，http://www.dean.pku.edu.cn/web/student_info.php?type=1&id=2。

26 所选四学科的学制均为常规四年制，当学科内部存在更为细致的专业划分时，取最为基础、历史最为悠久的专业方向进行学分与课程的数据统计。其中，数学学科取基础数学专业；计算机学科取计算机科学技术专业；经济学科取经济学专业；哲学学科取哲学专业。特此说明，后文不再赘述。

表 3.5　总毕业学分、总课程学分与总课程门数（1982-2016）

	数　学			计算机			哲　学			经济学		
	毕业学分	课程学分	课程门数	毕业学分	课程学分	课程门数	毕业学分	课程学分	课程门数	毕业学分	课程学分	课程门数
1982	140	137	41	160	150	49	164	150	41	147	139	40
1986	145	134	40	154	139	43	155	143	45	150	139	44
1990	170	152	43	169	149	43	179	164	51	172	159	52
1996	150	150	43	159	147	47	150	141	50	150	143	49
2003	136	130	48	140	134	54	140	131	61	140	136	53
2009	134	128	46	150	144	54	136	130	60	140	136	53
2014	134	128	46	143	137	51	130	121	54	140	136	53
2016	138	135	49	143	137	51	132	126	55	130	126	48

数据说明：

1. 因 1990 版学制为 5 年，为方便统一比较，统计"课程学分"与"课程数量"两项指标时，对该版教学计划中一年军训期间修习的政治与军事课程学分予以剔除，仅保留四年在校期即常规教学时段内的课程学分与课程数量。
2. 同一课程横跨两个学期时计数 2 门，以此类推。
3. 选修部分的课程门数计可选课程中达到最低学分要求的最少课程门数。

　　可以看到，北京大学的本科毕业总学分要求自 90 年代开始呈整体下降趋势，从 170 学分下降至现今的 140 左右。其中 1996 版的改革响应国家"减负"号召，规定准予本科毕业的总学分数为 150，"大多数专业学分总数与原计划相比下降约 20 学分左右"[27]，2003 版则进一步下降至总 140 学分，其后的调整主要集中在课程类别与课程结构，学分总量基本保持稳定。[28]除去毕业论文、实习实践等课外内容，纯课程学分也从 20 世纪末的 150 学分将至如今的 130 学分左右，昭示着课堂学时、课内学习量的总体减少。

　　然而，课程门数指标却呈现总体上升趋势，从 80 年代的 40 余门上升至

---

27 杜勤，睢行严，北京大学学制沿革 1949-1998［M］，北京：北京大学出版社，2000：329。

28 清华大学情况与此类似，2001 版本科生培养方案把四年应修的学分总数从 200 减少到 170，其中春、秋季学期课程总学分为 140 左右，基本沿用至今。参见史静寰，中国研究型大学本科教育改革的基础及走向［J］，现代大学教育，2008（1）：62-68。

现在的 50 余门，在 2003 版教学计划（首次纳入完整的通识课程要求）中达到本科四年平均选修 55 门课程的高峰（见图 1）。

课程总学分与总门数"一降一升"的必然后果是单位课程学分的减少（见图 2），由 80 年代初平均 3.37 学分一门课下降到 2003 年的 2.46 学分，平均每门课减少了大约 1 个学分。以教学内容较为稳定的专业必修课程为例，1982 年数学专业的"数学分析"课程由总计 19 学分、横跨 2 学年、4 学期的 4 门课程组成，1990 年减少为 16 学分的 3 门课程，2003 年进一步减至 14 学分。人文社科方面学分的压缩幅度更大，北大哲学专业必修课"中国哲学史"历来分为上、下两门，82 版教学计划中总计 8 学分，2003 年降为 4 学分。经济学专业必修课"政治经济学"1982 年为总计 14 学分的 3 门课程，1990 年为 10 学分，2003 年降为总计 6 学分的 2 门课程，降幅超过50%。

进一步比较不同课程类别发现，专业必修课以较少的课程门数占据了较高的学分比重，经过 1996、2003 两次大幅学分压缩后仍然保持了 3-4 学分一门，单位课程学分数显著高于其他选修类课程。其中理工科又高于人文社科，少数包含习题、实验在内的理工类学科基础课或专业核心课现仍可以达到 5-6 学分一门。而包括专业选修课程、公共课程（英语、政治等）、通识课程在内绝大多数"具有选择空间"的课程为 2 学分一门。

图 3.2 平均课程学分与平均课程数量的变化

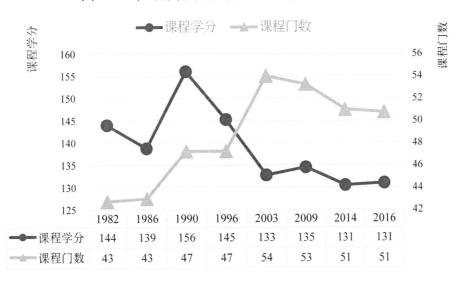

	1982	1986	1990	1996	2003	2009	2014	2016
课程学分	144	139	156	145	133	135	131	131
课程门数	43	43	47	47	54	53	51	51

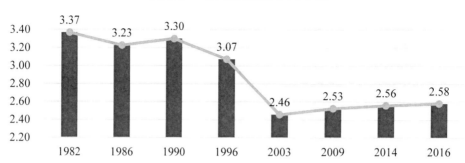

图 3.3 每门课程的平均学分

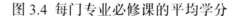

图 3.4 每门专业必修课的平均学分

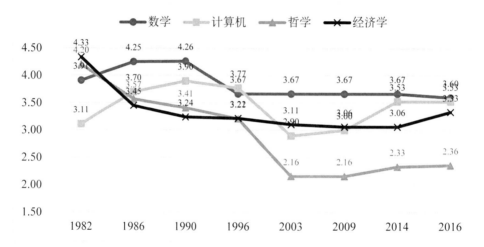

表 3.6 专业必修类：课程学分、课程门数及其占比（1982-2016）

版本	数 学				计 算 机			
	学 分	占 比	门 数	占 比	学 分	占 比	门 数	占 比
1982	86	63%	22	54%	84	56%	27	55%
1986	85	63%	20	50%	74	53%	20	47%
1990	98	64%	23	53%	78	52%	20	47%
1996	77	51%	21	49%	83	56%	22	47%
2003	66	51%	18	38%	58	43%	20	37%
2009	66	52%	18	39%	63	44%	21	39%
2014	66	52%	18	39%	60	44%	17	33%
2016	72	53%	20	41%	60	44%	17	33%

版本	哲　　学				经济学			
	学　分	占　比	门　数	占　比	学　　分	占　比	门　数	占　比
1982	84	56%	20	49%	78	56%	18	45%
1986	75	52%	21	47%	69	50%	20	45%
1990	75	46%	22	43%	81	51%	25	48%
1996	61	43%	19	38%	74	52%	23	47%
2003	54	41%	25	41%	59	43%	19	35%
2009	54	42%	25	42%	55	40%	18	34%
2014	56	46%	24	44%	55	40%	18	34%
2016	59	47%	25	45%	56	44%	17	34%

数据说明：

1. 专业必修类课程包括：要求必选的学科基础课（原大类平台课）、专业核心课（原专业必修课）。

2. 占比指专业类课程占总课程的比例

从"精英"走向"大众"，毕业要求的学分总量减少了，但课程数量反而增加了。随着专业学科的分化发展、国际范围内通识要求的扩张，越来越多的知识领域被纳入本科生的教学范畴，"大学分变成小学分，大课拆成了小课"——四年修完 50 余门课方能满足最低毕业要求成为当下中国精英大学本科生的常态。

使用北京大学 2017 届校本部全体本科毕业生的学分数据计算常规学期内完成主修专业学分情况如下表所示。从大一到大四，每学期的主修课程的学分均值呈递减趋势，大一最多，大四最少，且本科生集中在前三年进行大部分的课程学习，以便给"毕业年"腾出时间完成学位论文、实习实践和去向安排。

这并非本科课程的全部。在上世纪 80 年代末影响全国的教育体制改革中，与"学分制"并轨推行的正是"双学位制"[29]。以学分作为标准单位，灵活的课程安排、便利的学位核算制度正式推行，学生得以在本专业学习外通过自主规划完成第二学位的课程修习。1981 年学分制正式实行后，北京大学迅速开始了主辅修制度的试点工作，1989 年正式推行系统的辅修／双学位教育，截至 2018 年，北京大学已经建设起涉及 23 个本科院系（占全部 28 个本

---

29 参见中国共产党中央委员会，中共中央关于教育体制改革的决定［Z］，1985-05-27。

科院系的 82%）、57 个专业方向（占校本部 119 个专业的 50%）的辅修学位；涉及 18 个院系、35 个专业方向的双学位制度。[30]每届有将近二分之一的本科生在大一或大二下学期报名选修双学位（学分总量约 50）或者辅修学位（学分总量约 30），超过 30%的毕业生能够在大四下学期同时完成辅双学位的修习，每学期选修的辅双学分数量较为平均（8-9 学分）。加总主辅修计算实际的选课情况发现，前三年每学期学分总量均超过 20，即每周上课时间不少于 20 小时。学分的峰值出现在大二，平均每位大二本科生每周将有 24 个小时用于上课。以现行课程与学分的配比计算（2016 版教学计划平均 2.58 学分每门课，见上文），平均每位本科生在大学前三年每学期的课程门数约为 8-10门，三分之一同时修习辅双学位的学生可以达到 11-14 门每学期。

表 3.7 北京大学 2017 届本科毕业生平均每学期选修学分数

	大一上	大一下	大二上	大二下	大三上	大三下	大四上	大四下
主修学位	22.9	22.7	22.1	21.2	19.8	17.3	12.0	7.4
辅双学位			8.7	9.2	9.0	8.7	9.3	8.4
总体平均	22.9	22.7	24.6	23.8	22.5	20.1	15.0	9.9

3.2.2 时间的碎片化

细密纷繁的课程安排割裂了本科生的时间，而学生对每门课程的参与投入又直接影响课程质量和教学目标的实现。本科生忙碌地奔走在教室与教室之间，从一个作业走向另一场考试。"为什么有水课、为什么选水课？"来自学生的一种回答是"为了生存"，庞大的课程数量与有限的学习精力、学习时间形成犀利对比，全面的"金课"是"不可想象的"、"是活不下去的"——"一学期十三四门课，每门课老师都开了长长的 reading list，每门课都按照这个要求去读是根本不可能完成的，除非他除了学习什么都不干"（19S30）。故而合理搭配内容简单、投入时间少、考评难度低、"易学好过"、"性价比超高"的"水课"成为了部分学生缓解学业压力、争取优异成绩的"必由之路"。诚如学生所言，"我现在修了 100 多学分，高质量的不到 20 个学分。我自己对高质量是有定义的，但选课的时候我还是会选些水课，我心里是知道什么是

---

30 北京大学招生办：我在北大修双|双学位，了解一下 https://mp.weixin.qq.com/s/D4
jAsbBKw5j1m-oXqrvA8Q 2018 年 11 月 16 日。

好课的，但选课的时候我会综合能力的锻炼和刷绩点的要求。"（16G03）

英国思想家怀特海谈到教育过程中有两条基本戒律：其一，不可教太多的科目（subjects）；其二，凡教，务必透彻。[31]在有限的时间内，教得太多，自然不可能教得透彻，"学"也是如此。就教师而言，每人开设的不过一到两门课，可以精心打磨、细致规划从课前阅读材料到课后练习作业的全过程，严格要求自己、也要求学生。而从学生的角度看，"大部分老师都当我们这学期只要学他这一门课似的，按这个思路布置阅读、作业，实际上怎么可能呢！"（16S07），学生必须同时学习众多课程，而不同于"两耳不闻窗外事"的高中时代，学习只是课余生活的一个部分，对相当一部分学生而言可能还并不是最主要的部分——"除了学习，还有很多要干的事情"——大量的课余时间将用于科研项目、人际交往和社团活动、甚至休闲娱乐。在一个常规的教学周内，本科生自我报告的课余时间分布平均情况如下图所示：

图 3.5　每周课余时间分布（小时／周）

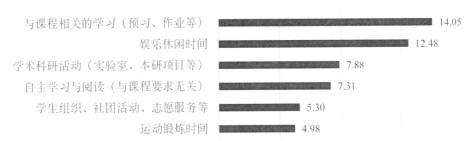

北京大学 2017-2018 学年度的本科课程评估报告显示，北京大学本科生平均每门课程每周课后投入时间为 2.7 小时（2016 年为 2.4 小时），理工学部的课后投入时间显著高于人文社科学部，其中数学学院开设的课程在课后花费的时间最多，达到了平均每门课 3.5 小时的课后投入，艺术学院开设的课程最低，仅 1.7 小时每周每门课。[32]当然，这与课程的学分数量有着显著的关系，数学专业课一般为 3-4 学分一门，而艺术学院开设课程绝大多数为 2 学分一门。就单位学分而言，2016-2019 年间的北京大学毕业生调查对本科期间的课余学习时间进行调查发现，平均每 1 学分（即每周 1 小时课堂教学）对应学

---

31 怀特海，教育的目的［M］，上海：文汇出版社，2012：3，翻译略有改动，参见英文版 the aims of education，p2

32 北京大学教务部评估办公室，2017-2018 年度课程评估报告大解析［EB/OL］，2019-10-18［2019-01-03］，https://mp.weixin.qq.com/s/nzcddCq-8l3UTcc2HKtymA。

生在课下每周的学习投入约为 0.7 小时[33]。此外，研究还发现，课后投入时间和课程评价具有显著相关度，投入时间越少的课程评价得分越低，尤其在课程收获方面，时间投入越多，课程收获越多，评价相应更高。[34]

整段的自主时间被分布凌乱且数目众多的课程割裂，产生了众多利用率极低的碎片化时间，给学生的课余阅读与自主探究带来了极大的挑战，遑论去思考人生的意义。亚里士多德讲人"天性求取的不仅是能够胜任劳作（ascholein），而且是能够安享闲暇（scholazein）……即便两者都属必需，但闲暇更值得选择，且是劳作的目的。"[35]而人在忙碌的劳作中和在闲暇中需要的德性是不一样的"劳作时需要勇敢和坚韧，闲暇时需要爱智慧（philosophias），节制和正义则在两种时期都必须。"[36]反过来看亦是如此，采用布迪厄的分析思路，个体的性情倾向和行为关系也正是在过去的、历史的行为实践中反复的养成的——忙碌的"日常劳作"磨砺了本科生坚强的品格，却并未使其灵魂皈依于理性和对智慧的爱，无法寻找到内心真正的"幸福与安宁"[37]，这也正是布鲁姆指出当下表面扩展了人自主选择权利的"自由的"教育，实则并未实现真正的心灵"自由"之所在。[38]。

3.2.3　知识的碎片化

与"时间的碎片化"密切相关但更为可怕的是基于"自由选择"在广泛的课程目录里随意拼接而导致的"知识的碎片化"。

这并非单纯中国的问题，而是所有学分制体系下大众化甚至普及化阶段高等院校所面临的共同问题——要追求课程领域的广泛性、尊重个体自由的选择性，就必须在一定程度上牺牲课程的体系性与公共性。诚如学者所言，"尽管模块课程和单元学分体系对于大众高等教育系统有许多优点，对已见

---

33 四年调查结果本科生自我报告在一个常规的教学周内，平均每人每周课余花在与课程内容相关的学习时间依次为：2016 届 14.8 小时，2017 届 13.5 小时，2018 届 12.93 小时，2019 届：14.05h，以大一到大三平均每学期 20 学分计算平均每学分课后的时间投入，2016 年为 0.74，2017 年为 0.67，2018 年为 0.65，保持在 0.7 小时左右，具有相当的稳定性，佐证了数据的准确性。

34 北京大学教务部评估办公室，2017-2018 年度课程评估报告大解析［EB/OL］，2019-10-18［2019-01-03］，https://mp.weixin.qq.com/s/nzcddCq-8l3UTcc2HKtymA

35 亚里士多德，政治学［M］，北京：商务印书馆，1965：1337b30-35。

36 亚里士多德，政治学［M］，北京：商务印书馆，1965：1334a21-24。

37 亚里士多德，政治学［M］，北京：商务印书馆，1965：1338a1-4。

38 参见艾伦·布鲁姆：巨人与侏儒［M］，北京：华夏出版社，2011：360-369。

端倪的普及高等教育系统其优点更多，但这些优点都伴随着极高的代价——主要是削弱了课程的关联性。尤其是对那些在其学位学习过程中的第一阶段里主要接受了通识教育的学生来说，影响会更大。"[39]

对比北京大学、清华大学与哈佛大学、斯坦福大学在课程数量与学分结构上的差异不难发现：中国精英大学本科生在相同的学习年限、相似的毕业总学分要求下，需要完成更多门类和数量的课程学习。如政治、体育和计算机类课程国外大学通常不做限制性类别要求，而通过社团、俱乐部等形式由学生在课余时间自主完成。在课程数量方面，哈佛大学和斯坦福大学的通识课程学分通常为 3-4 学分一门，部分依托寄宿制学院开展的新生适应性课程可以达到持续两个学季的 5-6 学分。但就学生需要从数目庞大的"课程库"中挑选自己每学期上的课程而言——中美精英大学并没有差别，相比之下，国内的专业教育部分的培养计划相对通识部分而言呈现了更大的"稳定性"与"强制性"。内容和次序都有着严格规定性的专业必修课程在所有专业学分要求中的比例远高于美国的一流高校。

表 3.8　横向比较四所大学课程结构与数量[40]

	北京大学		清华大学		哈佛大学		斯坦福大学	
	学分	门数	学分	门数	学分	门数	学分	门数
专业类课程	82	27	78	25	44	11	74	17
通选类课程	12	6	13	7	32	8	≥42	≥12
语言类课程	2-8	1-4	2-8	1-4	8	2	5	1
政治类课程	14	6	14	4				
体育类课程	4	4	4	4				
写作类课程					4	1	12	3
其他课程	≥16	≥6	22	7				
最低课程要求总计	≥130	≥50	140	48	88	22	≥133	≥33
最低毕业学分要求	140 学分		170 学分		128 学分		180 学分	

39 马丁·特罗，濮岚澜，从大众高等教育到普及高等教育［J］，北京大学教育评论，2003（04）：5-16

40 *数据来源（下表同）：2016 版北京大学本科生教学手册；2016 版清华大学本科培养方案和本科指导性教学计划；Harvard University : Handbook for Students 2016-2017 https://handbook.fas.harvard.edu/book/welcome；Stanford University: Major Requirements 2016-2017 http://exploredegrees.stanford.edu/undergraduatedegreesandprograms/#text。

表 3.9　横向比较四所大学专业类课程学分与数量

Major/Concentration 专业	数　学				计算机			
	学　分		门　数		学　分		门　数	
	必修	选修	必修	选修	必修	选修	必修	选修
北京大学	72	12	20	4	60	27	17	10
	84 学分		24 门		87 学分		27 门	
清华大学	62	25	19	4	75	16	25	7
	87 学分		23 门		91 学分		32 门	
哈佛大学	32	16	8	4	24	16	6	4
	48 学分		12 门		40 学分		10 门	
斯坦福大学	49	15	9	5	66	37	14	11
	64 学分		14 门		103 学分		25 门	
Major/Concentration 专业	哲　学				经济学			
	学　分		门　数		学　分		门　数	
	必修	选修	必修	选修	必修	选修	必修	选修
北京大学	59	16	25	5	56	26	17	9
	75 学分		30 门		82 学分		26 门	
清华大学	40	25	12	12	53	15	16	5
	65 学分		24 门		68 学分		21 门	
哈佛大学	24	24	6	6	32	12	8	3
	48 学分		12 门		44 学分		11 门	
斯坦福大学	33	17	9	3	35	40	7	8
	50 学分		12 门		75 学分		15 门	

数据说明：

1. "专业类课程"包括专业必修课与专业选修课，学分数与课程门数取四院系平均值约数。
2. "通选类课程"取最狭义通识教育课程理念，即分布必修模式下的通识选修课程课要求。
3. "其他课程"一项中，哈佛大学与斯坦福大学仅包含自由选修类课程；北京大学和清华大学主要包括：计算机课程（1-2 门，3-6 学分）、外院系开设可选择的学科基础课（通常 2-3 门、约 8 学分）、自由选修类最低学分要求；
4. 最低毕业学分要求还包括各类要求之外的自由选修部分、非课程类学分（如毕业论文、科研项目、实习实践等）。

在每一轮的课程改革中，处理不同知识领域之间的关系是一个相当复杂问题——何者为必修、何者为选修？选修领域内部的结构与范围如何界定……这也是北京大学新一轮教学改革中面临的关键问题。

2016 年的综合改革，在关于学科基础课程的范围界定中突破了原有"学部"边界，学生不仅能够选择本学部内的专业课"作为学科基础"，而且能够选择其他相关学部的课程——究竟哪些课程是所在学科的"基础课程"？这个问题在人文科学和社会科学并不像在自然科学领域一样简单。理工科院系不约而同地将高等数学和物理列为学科基础课程，简单且稳定，自上世纪 80 年代以来尽管课程的归类名称不断发生变化（大类平台、共同必修等），但其作为大一必修的基础地位岿然不动。而在人文社科学部，这个可供选择的"清单"相当之长，且可能随着不同年份主持培养方案修订教师的理念差异而不断丰富。以 2019 级本科教学计划中法学院和中文系的培养方案的边界为例，最广泛的跨，可以在完成学分要求和课程类别要求的范围内涉足高达 12 个专业院系的课程。如中文系的学科基础可能是历史、可能是哲学、也可以是考古、社会学、政府管理甚至外语类；法学院不仅可以文史哲作为学科渊源，更能对接新闻、社会、国际关系等社会科学的各个领域。加上通选课程对自然科学领域的要求，一个合格的北大本科毕业生理论上在教学安排许可的范围内可以履遍除"农学"外教育部规定的全部 11个学科门类。[41]

课程与课程之间的跨度太大，以至于知识系统的内在统一性无以为继，只能进行表面上的关联和协调。缺乏科学有序的有机组合，仅基于"煞有介事的各种学术动机"排列选择的结果，很可能是一个"盘根错节的复杂网络"[42]——学了一堆概论课程的集合，既被庞杂的"百度式知识"所淹没，又无法感知每一学科背后精神之所在。正如博耶委员会所担忧的："许多学生在毕业时或多或少地修过了所要求的一系列课程，但仍然缺乏一种对知识的整体把握，或者是对一类信息与其他信息的联系一知半解。他们直至毕业也不知道

41　当然，这只是一种理论上的可能性，实际操作中还要考虑现实不同院系的排课冲突问题。关于学科门类教育部《普通高等学校本科专业目录（2012 年）》，2012 年9 月规定："分设哲学、经济学、法学、教育学、文学、历史学、理学、工学、农学、医学、管理学、艺术学 12 个学科门类"。

42　参见哈瑞·刘易斯，失去灵魂的卓越 [M]，侯定凯译，上海：华东师范大学出版社，2007：21。

如何才能有逻辑地思考、清楚地写作和严谨地演讲。"[43]

表 3.10　跨学科的边界：以 19 级法学院和中文系培养计划为例

课程类别	法学院			中文系		
	可选课程名称	学分	开课院系	可选课程名称	学分	开课院系
学科基础课程	文学原理	2	中文系	欧洲史	2	历史学系
	中国历史地理	3	历史系	中国哲学	3	哲学系
	伦理学导论	2	哲学系	考古学导论	2	考古文博学院
	中国政治概论	3	国际关系	国外社会学学说	2	社会学系
	网络传播	2	新传	政治学概论	2	政府管理学院
	中国社会思想	2	社会学系	日本文学史	2	外语学院
通选课程	A 数学与自然科学类	2	数学学院	生物	2	数学学院
	B 社会科学类	免修		犯罪通论	2	法学院
	C 哲学与心理学类	2	心理学系	心理学概论	2	心理学系
	D 历史学类	2	历史学系	罗马史		历史学系
	E 艺术与美育类	2	艺术学院	艺术史		艺术学院
	F 社会可持续发展类	2	环境学院	保护生物学	2	环境学院

　　"细枝末节被众所周知，而重大问题却被留给了激情和私人的口味"[44]，今天的精英大学与以前相比拥有了更多更好的达到目的的手段，"但大学从未像现在这样对这些目的视而不见"。[45]大学给到学生超出文凭以外、真正有价值的东西是什么？这一问题的重要性在不断扩张的专业与课程中、在不断精进的技术手段中被遮蔽了，手段本身成为了目的，成为了重点

---

43 The Boyer Commission on Educating Undergraduates in the Research University. Reinventing Undergraduate Education: Three Years After the Boyer Report (Boyer Report II)[R],2002.

44 艾伦·布鲁姆：巨人与侏儒［M］，北京：华夏出版社，2011：373。

45 艾伦·布鲁姆：巨人与侏儒［M］，北京：华夏出版社，2011：373。

表彰的功勋[46]，需要深刻的反思和反省。问题的困难在于，"广泛性"与"选择性"对与当下学术课程的意义，"就像减税对于政治的意义——即使需要付出很多重要的代价，你也很难反驳它。"[47]如何在广阔的空间场域和有限的时间范围内，实现有针对性、有教育价值的本科教学，是大众化时代精英大学改革过程中不得不面对的问题。

3.2.4 测量的效度问题

最后，需要额外补充讨论的是以"学分"计量本科"学习量"的效度问题。

诚如上文所述，北京大学（包括中国绝大部分高校）从上世纪 80 年代推行学分制开始，对"学分"的理解就是以每学期每周教师与学生共同参与的"课堂讲授"时间为衡量标准，且默认学生在课后独自完成（或在助教的帮助下完成）的习题课或实验课在"含金量"上不如课堂教授，故而只能折算（往往是折半）计入。[48]尽管教务部给出的本科生每学期选修学分的上限是 25 学分，但"化学学院的 25 学分和中文系的 25 学分是完全不同的概念"（16G04）——理工科院系 0.5 学分的实验课程，具有悠久的历史，尽管在核算学分时只有小小的 0.5，但实际上，"从实验的前期准备到结束后的报告的撰写，花 4、5 小时以上是很经常的事情"（16G01），"一周就两天没课的整时间，你至少要拿一个下午出来做实验，这可能是很低的要求。一般是两个晚上或者两个下午是最少"（18S35）

抛开实验类课程不谈，不同类型的课程挑战度不同，任务量与课程要求迥异，在相同的课堂讲授学时之外，对同学们课余学习时间的要求存在极大差异。一门每周都要求阅读对应材料、撰写并提交读书报告、期末采用闭卷考试的专业课程与一门没有任何平时作业、期末简单开卷考试的通选课程同为 2 学分——这本身就是计量上的效度偏差——表面的学分数量与实际的学时投入之间并不匹配。

---

46 经典的工作报告式表述为：某某学年度，我校共计开设本科生课程 XX 门，建设通识课程 XX 门，小班讨论 XX 门、在线技术 MOOC 课程 XX 门……参见教育部高等教育教学评估中心，各年度各高校的本科教学质量报告。

47 哈瑞·刘易斯，失去灵魂的卓越［M］，侯定凯译，上海：华东师范大学出版社，2007：20。

48 类似的计算方法还广泛应用于体育课，2 课时折算 1 学分。

学分"失灵"了，因而也丧失了重要的参考价值，"学分其实对我们来说不重要，我们一门两学分的设计课上着跟十学分的工作量一样，一旦有设计课，那就是要通宵、刷夜、联轴做。"（19S003）

学分并不直接指向学习量，作为学习量的测算的中间单位，从学习量到学分面临至少以下两个环节的转换：

其一，从课内学时到课外学时。美国高校对 1 学分所包含学习量的通用理解不仅包括每周 1 小时的课堂教学时间（contact hour），还包括课外 2-3 小时用于复习、预习等工作的时间投入（outside of class studying）[49]。世纪之交，欧洲多个国家在《博洛尼亚宣言》的框架下建立了欧洲学分转换体系（EUROPEAN CREDIT TRANSFER SYSTEM，简称 ECTS），彻底改变了以上课时间计量学分的传统理念，新的学分制下，一个 ECTS 学分等于 25 个学习小时，其中包括 5 小时的上课时间、12 小时的课外作业和社会实践、7 小时的老师辅导和 1 小时的考试[50]，是更为全面而准确的度量。

其二，从周学时到学期学时。2002 年，北京大学进行了减少课堂内教学时间和学期制度的改革，自 2002 年 9 月起将原有学期长度由 20 周减少到 18 周（含 3 周考试），新增暑期学期，而 1 学分对应的学期学时数也由 17 学时减少为 15 学时。这一改革措施实际上压缩了原有的教学时长，然而，单位课程的学分数并没有增加，相反，我们看到随着 2003 年总学分的压缩和通识要求的扩展，大量专业课程的学分实际上减少了（正如上文中呈现的），每周的学时和每学期周的数量同步减少所导致教学时长的整体压缩幅度是相当可观的。如历史学系中国古代史课程 1990 年为 12 学分 204 课时，2014 年学分和学期同步压缩后，8 学分仅余 102 课时，课堂教学时间只占 1990 年的 63%[51]

上述两个环节都对当下学分与学习量之间的计量效度问题提出了挑战。我们看到，尽管学分制具有跨专业与课程门类、突破时间与空间限制的灵活

---

49 参见 Shedd, J.M.The history of the student credit hour[J].New Directions for Higher Education,122,2003:5-12.Wolanin,T.R.(2003).The student credit hour:An international exploration[J].New Directions for Higher Education,122,2003:99-117.

50 参见陈涛，刘晶蕾，张宝昆，走向自由、终身学习之路：欧洲学分转换系统的发展历程、规程与前程［J］，比较教育研究，2012，34（09）：75-80。
于尔根·施瑞尔，赵雅晶，"博洛尼亚进程"：新欧洲的"神话"？[J]，北京大学教育评论，2007（02）：92-106+190。

51 参见刘云杉，自由选择与制度选拔：大众高等教育时代的精英培养——基于北京大学的个案研究［J］，北京大学教育评论，2017，15（04）：38-74+186。

性，为大量选修课程的开设、弹性学制的实施提供了充分的制度空间，但标准化、扁平化的处理方式亦使单门课程的面目变得模糊，"聚类"的学分总量遮蔽了教学过程中切实的"数量"单位，使得关于"学习量"的把握只余整体的抽象轮廓、缺乏真切的实施细节。而当"学分"以"平均学分绩点"的形式与"考评"相关联的时候，问题变得更加复杂。

3.3 考评：课程考评与综合测评

3.3.1 平均学分绩点制度

"平均学分绩点"（GPA，Grade Point Average）的推行是采用"学分"作为标准计量单位后自然而然的产物。

> 课程成绩与课程学分的乘积称为学生取得的该课程的"绩点"。学生全学期（全学年、在校期间）取得的全部课程绩点之和除以全学期（全学年、在校期间）所选课程的学分总数所得的商为该生该学期（全学年、在校期间）的平均成绩。[52]

80 年代初的课程考试采用百分制计分，成绩达到 60 分，及格通过即可，是学生眼中"60 分万岁"的宽松自由时代[53]。

1999 年北京大学教务部开始采用分等级的 4 分平均学分绩点（GPA）[54]对学生总体学习情况作出评价，除了与国际接轨的考量外，其本意在于"粗化成绩之间的细微差别"[55]、"淡化学生片面追求高分的倾向，发挥学生学习积极性、主动性"[56]。也正是在这一旨趣的影响下，本次改革同时提高了过程性评价的比重——由普遍的 30%以下提高到占课程总成绩的 40%-50%，以期"避免期末考试突击复习、死记硬背的学习方式"。[57]

---

52 北京大学关于本科生教学计划的编制和有关教学管理工作的若干规定（1981）〔Z〕，北京大学档案馆馆藏，档号：30481018（1）。

53 椽子、谷行编，北大往事〔M〕，北京：北京联合出版社，2018：47。

54 北京大学大学生学籍管理细则（1999）〔Z〕，北京大学档案馆馆藏，档号：61219990794，校发〔1999〕58 号。

55 卢晓东，北京大学本科考试模式改革的研究〔J〕，高等理科教育，1999。

56 北京大学年鉴编委会，北京大学年鉴（2000）〔Z〕，北京北京大学出版社，2000：159。

57 北京大学年鉴编委会，北京大学年鉴（2000）〔Z〕，北京北京大学出版社，2000：159。

值得玩味的是，同样是在世纪之交这一轮关于考评制度的改革中，另一项影响深远且看起来相当冲突的制度同时被规定——即"各门课程的总成绩应呈正态分布，原则上优秀率（85分以上）不超过20%，不及格率（60分以下）应有1-10%"[58]。改革者注意到，院系与院系之间、教师与教师之间既往考评的宽严松紧存在显著差异，导致了学生趋易避难的选课行为，故而，规定优秀率与不及格率，期待以"去年级、班级间比较"的"相对成绩"取代"直接测量学生知识能力水平"的"绝对成绩"[59]，促进系科、年级、班级之间横向公平的同时，在班级内部、在学校"树立一种竞争的、积极向上的整体学习氛围"，从而给予个体更大的学习动力，帮助大学生从在学期间就开始培养"竞争精神和品质"，积累成功经验、也学习面对失败，从而有利于其"在进入社会后取得成功"[60]。

精英大学的改革主导者敏锐地意识到社会环境的变化——世纪之交，学校开始争创世界一流，而走出精英大学后，个人的终身事业已不再由国家背书，个体必须投身激烈的社会角逐场，以经验和能力赢得成功——他们在系列的改革举措中，传达出了相当矛盾的立场：就当下精英大学的学生培养而言，一方面，绝不能没有竞争，必须要鼓励竞争；另一方面，也不能过度竞争，只看单一目标下的竞争结果而忽视了方向和过程。

然而，"竞争"的潘多拉之盒一旦被打开，其后续演变之激烈，远非改革者当时所预见和欲求的。

2007年，"等级式"换算方法迅速的被一条平滑的、与原始分数一一对应、可精确到小数点后几位的换算曲线所取代，因为"粗化评价"在本质上是"反竞争"的。改革者期待相同的绩点等级可以让"学生不会为了91和99分之间的细微差别而过分努力"[61]，但已然在竞争中"杀红了眼"的学生们"锱铢必较"："凭什么我考了99、100分要与90分的人受到相同的对待？""89分与90分之间只相隔一分，绩点却相差0.3到底公平何在？"

---

58 北京大学教务部，北京大学本科考试工作条例［Z］，2002，北京大学校发148号。

59 卢晓东，北京大学本科考试模式改革的研究［J］，高等理科教育，1999。

60 卢晓东，董南燕，王卫，考试模式改革与教学方式转变——兼论学籍管理制度改革的内在原因［J］，中国高等教育，2004（10）：29-31。

61 卢晓东，董南燕，王卫，考试模式改革与教学方式转变——兼论学籍管理制度改革的内在原因［J］，中国高等教育，2004（10）：29-31。

表3.11 北京大学本科课程成绩评定和绩点转换制度（1999-2006）

百分制	<60	60-63	64-67	68-71	72-74	75-77	78-81	82-84	85-89	90-100
等级制	F	D	C-	C	C+	B-	B	B+	A-	A
绩　点	0	1.0	1.5	2.0	2.3	2.7	3.0	3.3	3.7	4.0

图3.6 北京大学本科课程成绩评定和绩点转换制度对比（2007年前后）

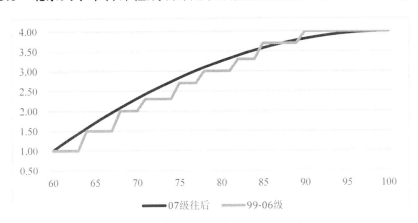

这是一条平滑的曲线，采用"课程绩点＝4－3（100－X）2/1600（60≤X≤100）"[62]的计算公式，越往上的"斜率"即"绩点转换的增长速率"越小，投入与回报的"边际效应递减"，85分的优秀率门槛对应着具有重要意义的GPA3.5——四舍五入约等于4分满绩。

此外，学期或学年成绩的总评仍然采用"平均学分绩点"的模式，"课程学分绩点＝课程绩点×学分数；平均学分绩点（GPA）＝所学课程学分绩点之和÷所学课程学分之和"。学分，在平均学分绩点的计算中具有重要的加权作用，"一门4学分的课考差了，比一门2学分的课考差了后果要严重很多"（16G04），反之同样如此——"2学分的虐课累死累活每周都要写作业才给85，4学分的水课期末稍微稍微认真一点准备就可以拿95"（16G02）

课程质量与课余学时投入未能充分体现在课程的学分数量上，同学分、不同"含金量"的课程在当前"以学分为权重折算平均绩点"的考评制度中"一视同仁"，这就极大打击了学生选修和攻读挑战度较大的课程积极性。诚如一位主管本科教学多年的专业院系负责人所言，"这是鼓励学生往下走而不

---

62 其中：X为课程分数，100分绩点为4，60分绩点为1，60分以下绩点为0。参见《北京大学本科生成绩评定和记载办法》，2017年6月15日。见北京大学教务部编制《2017年学生手册》，第64页。

是往上走的制度。"（16T02）民主制度看似给了个体自由选择向上流动的空间和机会，但更可能的情况是，使得原本在上或实力水平可以角逐更高阶锦标赛的选手不愿晋级——服务于同样的获胜目标，对比赛级别和对手的选择与自身竞技实力的提高同样关键。

在可以选择的范围内，低投入高回报的课程显然具有更高的"性价比"。以某理科院系的培养计划为例，对数学的最低要求是学习高等数学 B，"学 B 考 90，学 A 考 70，那谁还会去学 A？"为了满足普通高考生与竞赛生不同的学习进度和学习需求，绝大部分理科院系大一的专业课都开设了"普通班"与"强化班"的平行班级，而即使是在竞赛生中，相当一部分的人不愿意去强化班，而宁愿选择在普通班——选择更弱的"竞争对手"、选择更容易拔尖的"竞争环境"。

对此，部分理科院系在院系内部实行了激励机制，如化学学院在部分课程的考评中增加了难度系数，对几门高阶课程给予期末绩点乘以 1.2 的难度认证，信息科学学院给实验班的课程统一在原有绩点评分上"＋0.3"的奖励。此外，国外高等院校普遍采用的"荣誉学位"与"荣誉课程"模式也在 16 年的综合改革方案中受到重视。然而，"荣誉"只是锦上添花，对绝大部分学生的吸引力远不及切身的"利益"。

以"平均学分绩点制度"为核心的课程考评，在本科阶段的所有考核评价中占据基础地位，而"好的成绩是通往前路的基础"（16S09），小到奖学金、辅修双学位、交流交换机会的申请，大到未来的升学、就业等筛选环节——GPA 都是公认最不容易引发所谓"公平公正性"争议的"硬通货"。"即便到大学了，大家还是这么重视分数？""因为大学也看分数，很多公司也会看这个"，有学生直指部分精英大学教师主张"从 GPA 中松绑、不要总想着保研要多高的成绩，可以地去考研"的说法是"站着说话不腰疼"，"对于学生说成绩不重要，就像对准备在北京留下来的人说，房子不重要一样，鸡汤而残酷"。

除了 GPA，每学年的学生综合素质测评排名同样对上述环节有着重大的影响。

3.3.2　素质综合测评制度

上世纪 80 年代，我国教育领域兴起了横跨各级各类学校的素质教育改革浪潮，高等教育的人才目标逐渐从培养"高级专门人才"的苏联模式转向培养"全面发展的高素质人才"。1999 年 6 月，中共中央国务院发布《关于深化教育改革，全面推进素质教育的决定》，指出"要以提高国民素质为根本宗旨，以培养学生的创新精神和实践能力为重点，造就'有理想、有道德、有文化、有纪律'的、德智体美等全面发展的社会主义事业建设者和接班人。"要求将素质教育的实施贯穿各级各类教育，在不同阶段不同侧重，其中高等教育要"重视培养大学生的创新能力、实践能力和创业精神，普遍提高大学生的人文素养和科学素质"。

1999 年 9 月，"为促进学生提高全民素质，培养具有创新精神和实践能力的人才"[63]，北京大学学生工作部主持制定的《北京大学学生素质综合测评办法》（以下简称综测办法）在全校范围内推广实行，对学生的学习成绩、基本素质和创新能力进行测评，作为评奖评优、推荐免试读研究等工作的重要依据。旨在通过内容全面、可操作性强的量化测评方式，规范学生管理，期待通过测评结果对学生起到明显的"教育和导向作用"。[64]经过两年的试行后，2001 年学生工作部进一步修订《综测办法》，并允许各院系在此基础上"根据各自的情况和专业特点制定操作细则"（以下简称综测细则）[65]

2002 年 5 月，北京大学新修订的《学生奖励评审条例》与《学生奖学金评审条例》中，明确出现学生素质综合测评的相关规定，要求奖励奖学金的评选"在学生综合素质测评的基础上进行"，学生素质综合测评的时间"一般在每学年第一学期开学两周内完成"。各单位的具体测评工作"依据北京大学有关学生素质综合测评的相关办法进行"。[66]

---

63 北京大学年鉴编委会，北京大学年鉴（1999）［Z］，北京：北京大学出版社，2000：338。

64 北京大学年鉴编委会，北京大学年鉴（1999）［Z］，北京：北京大学出版社，2000：338。

65 北京大学年鉴编委会，北京大学年鉴（2001）［Z］，北京：北京大学出版社，2002：484。

66 《北京大学学生奖励评审条例》（2002 年 5 月修订）第二十五条："各类奖励的评选工作在学生素质综合测评的基础上进行。评选工作由各院（系、所、中心）评审小组具体实施。"第二十六条："学生素质综合测评一般在每学年第一学期开学两周内完成。各单位对学生的综合素质测评工作依据北京大学有关学生素质综合测评的相关办法进行。"
《北京大学学生奖学金评审条例》（2002 年 5 月修订）第十条："各院（系、所、中心）应坚持德、智、体全面发展的标准，对申请奖学金的学生在综合素质测评的基础上进行考查。对已获本年度校级奖励者，予以优先考虑。"

以上，是北京大学学生综合测评制度（以下简称综测）的简要发展历史。

北京大学历经高等教育大众化的二十年，也是其内部学生综合测评制度实施、发展的二十年，本节以学校层面的《综测办法》及 2016-2017 学年度 24 个本科院系的《综测细则》为分析对象展开探究，主要的研究发现有以下以下几点：

一方面，就综合测评作为一套考评制度所秉承的目的和理念来看：

A. 它强调"制度育人"而非"人影响人"。

除与国务院推进素质教育决定中对高等教育人才培养目标一脉相承的表述外[67]，北京大学着重强调了通过综测制度"促使学生梳理和总结自己的成长历程，实现全面发展、健康成才"的学生目的。必须要指出的是，这与传统精英教育通过师生之间长时间亲密、深入的交流交往而实现"人对人"教育传递、"大鱼前导、小鱼尾随"的"从游模式"[68]是完全不同的——它寄托于一套全面细致的制度安排来育人，以学生的"自我评价"反推"自我管理、自我教育"，它在 1999 年的推行本身与课程考评中关于"优秀率"的系列改革一道——将培养的理念寓于制度框架，将发展的主动权放到学生手中。学校不再亦紧紧跟在学生背后"推着学生走"，而是站在远处或隐于幕后"看着学生走"，培养的目标和导向隐秘地裹挟在各种制度规定中，评价由"教师中心"转向"学生中心"转向，这在综测的具体操作程序中有更为直观的体现。

B. 它既鼓励学生"全面发展"，又重点"奖掖学术"、"鼓励拔尖"。

综合测评的结构，主要包括学习成绩、基本素质和创新能力三部分，其中，本科生的学习成绩测评在总分中的占比要求不得低于 60%，实践中个别院系甚至高达 95%，集中体现了"以学习为重"的教育理念。

创新能力是指学生在每学年度通过利用特长、发挥创造精神而在学术科

---

67 第一条：为深入贯彻落实党和国家的教育方针与政策，促进学生德、智、体、美全面发展，引导学生勤奋学习、勇于实践、团结奋进、开拓创新，造就具有创新精神和实践能力的高素质人才，培养有理想、有道德、有文化、有纪律的社会主义合格建设者与可靠接班人，根据有关规定，结合我校实际情况，特制定本试行办法

68 参见梅贻琦梅贻琦，大学一解［J］，中国大学教学，2002（10）：44-47。

马丁·特罗，徐丹，连进军，从精英到大众再到普及高等教育的反思：二战后现代社会高等教育的形态与阶段［J］，大学教育科学，2009（03）：5-24。

研、社会工作、文体活动等方面取得成果。北大《综测办法》要求各院系对学生的"创新能力"和"成果"予以肯定，根据院系具体情况进行加分，而各院系在创新能力的加分规则上，不约而同地展现了极强的"学术倾向"和"拔尖倾向"。

几乎所有院系都对学术类创新成果的加分给予了最高的优待——不设上限，且各条款可累加，譬如同时参加多个挑战杯课题均获奖可累加。而社会工作和文体赛事则一般采用各项取最高的原则——不可累加，且往往设有上限，譬如同时担任班长、团支书、党支书、学生会主席等职务，在大部分院系只能取其中最高的学生会主席一项的加分有效。学术类加分的分值也要大大高于其他，譬如获国家级学术竞赛一等奖在光华可加 25 分，而获得国家级文艺竞赛一等奖仅加 15 分。

创新成果固然能够彰显创新能力，但创新能力未必都能结出立竿见影的成果——实践中，仅光华管理学院一个院系对参加院系推荐赛事但并未获奖的学术给予加分，其余均要求在各类竞赛中取得名次。奖励成果而非奖励参与的加分模式，其目的正如数学、心理等理科院系给出的阐释——"学校鼓励学生在全面发展的基础上敢于冒尖，在规范的基础上增加选择。"

另一方面，就规则的具体制定和实行来看：

A. 测评规则繁复细密，是体现院系特征的一整套量化评价系统。

如数学学院看重学术竞赛类奖项；外语学院参与翻译的学术作品，参照论文（或著作）发表参与情况得分乘以 80% 给予加分；新闻传播学院学生非毕业实习期间正式发表新闻报道、广告设计等作品，也可按刊登媒体级别予以适当加分；环境科学学院多门专业与其他学科关联密切，鼓励学生跨学科学习，对双学位成绩优秀者给予加分。此外，不同等级的奖项加分不同、学术作品一作二作加分不同、学生干部主席和部长加分不同……一整套量化评价的计分规则被严格地制定与遵守，申报任何加分必须提供相应的证明材料。[69]

从打分结果的呈现方式来看，北大的《综测办法》规定的基础素质评价和最终测评总结果均采用——优秀、良好、合格、不合格——四档等级计量，并对总成绩的优秀率加以限定，而在具体实践中，各院系纷纷采用的是精确

---

[69] 详见附件，节选了信息科学学院和法学院完整的创新加分规则。

到小数点后几位的绝对值排名。一方面与07级以后的绩点算法相一致，另一方面，由于综测结果将作为评奖评优的主要依据，而奖励奖学金的名额往往极为有限（如国奖的申请人要求综测排名班级前1%），精确的绝对分数排名有利于迅速圈定候选人并提供有力依据，极大优化了评选流程及并避免可能产生的矛盾冲突。

B. 测评过程具有强烈的"民主"色彩。

"参评"行为本身是重要的民主行为，纳入个人"基本素质"的考核内容，基础素质测评是在学生自我撰写的学年总结的基础上民主打分，创新成果加分则需要学生自行申报材料。《综测办法》规定"凡在创新成果测评中弄虚作假、虚报成果者，经核实后扣除全部加分，并视为基本素质测评不合格"。此外，在民主打分的环节，有采用直接民主的方式——全班同学共同打分（如法学院）；有采用代表的方式——或随机抽取学生代表评分（如中文系，每年按照学号尾号抽取学生志愿者）的，或由班委会（如艺院）、班主任（如化学学院）、学工老师（如新传）等代表主体单独或共同进行；更多采用的是混合模式，如光华的测评小组由班长、团支书和随机抽取的2名非学生干部的学生代表组成，生科和信科的基础素质测评由班主任和学生集体共同完成。

就测评章程的制定而言，也综合体现了"权威"和"民主"的力量。绝大多数院系的综测细则由统筹奖助事宜的院学生工作办公室制定和解释，其优点是制定迅速，且能够保持较长时间的稳定与公信力，但缺点是修改流程较为繁琐，学生意见及时上达。仅有三个院系的综测规则由基层民主评议机构——班级直接制定，在班主任和班长的主持下拟定评议方案，经全班同学全体通过后生效。在保持大结构稳定的情况下，各班自行决定具体的加分事宜和测评流程。规则的制定者即是规则的执行者和规范对象——谁制定、谁遵守，体现了"契约民主"的特征，从而在最大限度上保障了学生对未来为作用到自己身上的政策制度的知情了解，及时反馈调整争议问题，形成适合每个班级、独一无二的测评制度。民主订规的缺点便是耗时漫长，且对群体的规模和彼此间的熟悉程度有着更为严苛的要求，这也就能理解为什么采用这一方式的是文、史、哲三个班级规模较小的"系"。

表 3.12　北京大学 24 个本科院系 2017 年度综合测评规则结构

学部	院系	综测的结构			综测的地位	
		学习成绩总评占比	基本素质总评占比	创新能力总评占比	评奖评优	推荐免试
北大		≥60%			主要依据	可作为重要参考和依据
理科	数学学院	70%	20%	无上限	主要依据	可作为参考
	物理学院	70%	20%	10%	主要依据	0
	化学学院	70%	15%	15%	同学校	
	生科学院	≤70%	≤30%	无上限	主要依据	0
	城环学院	≤80%	≤20%	无上限	主要依据	可作为参考
	地空学院	≥95%	≤0.01%	无上限	唯一标准	0
	心理学院	60%	10%	30%	0	0
工科	信科学院	≤75%	≤25%	≤9%	主要依据	0
	工学院	≤80%	≤20%	无上限	主要依据	0
	环科学院	≤80	≤20	无上限	主要依据	可作为参考
人文	中文系	60%	0	无上限	0	0
	历史学系	70%	10%	20%	主要依据	0
	考古学院	50%	20%	30%	主要依据	0
	哲学系	65%	10%	25%	主要参考标准之一	
	外语学院	80%	10%	无上限	评奖主要依据、评优的重要参考	可作为参考
	艺术学院	70%	20%	无上限	同学校	
社科	经济学院	≥95	≤1	无上限	基本依据	0
	光华管理	60%	30%	10%	主要依据	0
	国关学院	≤70%	≤30%	无上限	0	0
	法学院	60%	10%	30%	同学校	
	信管系	60%	0	40%	0	0
	社会学系	≥95	0	无上限	0	0
	政管学院	80%	10%	无上限	主要依据	0
	新传学院	≥95	0	无上限	0	0
元培	元培学院	85%	5%	10%	同学校	

严谨细致的综合测评制度描绘了学校、院系眼中"标本式"的优秀学生形象，正如我们一年一度在清华的"特奖答辩"和北大的"年度人物评选"是集中看到的那样：

A 选手："前三年推研成绩年级第一，10 设计课课题全部为最高分，9 门满分，其中 6 门得到导师 A＋的评价，设计总学分绩 3.97，年级排名第一。中国建筑学会年级最小的学生会员，曾获北京建筑设计研究院 BIAD 优秀设计奖，LOFT＋未来住宅设计优秀奖，Home@未来人居竞赛三等奖等。曾连续三年担任暑期学校辅导员，连续两年担任新生骨干营辅导员，现任建筑学院团委组织副书记。129 纪念曲《征程》演唱者，建院夜跑队优秀个人，参与一系列公益志愿活动。曾获清华大学学业优秀奖，建筑学院优秀学生干部等荣誉。"[70]

B 选手："专业课平均分 96 分，大三学年 GPA3.96。获全国大学生数学竞赛高年级组第一名，获丘成桐大学生数学竞赛几何个人赛银牌、团体赛金牌。课业之外，热心参与学生工作和志愿服务。大二时作为学院学生会宣传部副部长，设计了数院学生会公众号宣传图"破碎的克莱因瓶"沿用至今。此外，他也热情地参与了多项志愿服务工作，如在国庆节和劳动节假期担任校园导游、参加留学生迎新工作和高数辅导等活动。在去年，他更是获得了数学科学学院"数院无双"风云人物之"风云聚焦"的称号。"[71]

我们随意摘选浏览几篇履历就可以看到高度的相似性：他们的 GPA 逼近 4.0，同时担任学生会组织或社团的负责人；他们不仅在学术竞赛中获奖，还往往在核心期刊上发表过文章；他们热心班级事务和志愿活动，不仅智力卓越还身体强健，不是曾经入选过校运动队就是带领班级院系在关键体育赛事中获得胜利……他们是全面发展、某一两个方面特别突出的全能战士，是本文第二章中的描述的如英，像如英一样的"正五边形"选手毫无疑问地会在综合测评中获得优异的结果，而这一结果对如英们同样重要。综测排名几乎是每学年院系唯一出具的官方排名，他们需要一个在群体中的相对位次来进

---

70 参见清华小五爷园，2018 年清华本科生特奖入围名单公布（附候选人简介）https://mp.weixin.qq.com/s/fFJVPF-FlOw5aGLWWUputA

71 参见燕园学子微助手，北京大学学生年度人物 2017 正式揭晓 https://mp.weixin.qq.com/s/wxOCHmZs7to36-2AlbImLA

一步"肯定"和"表彰"自己，也需要依靠这一排名去争取校内优渥的奖学金、光鲜的 title，从而去申请校外更好的实习、更多的交流机会，给未来更光鲜的人生履历书写打下坚实的基础。

在福柯看来，所有的规训技术手段中，考试是与教育最直接相关的。考试，是对人的一种监测，"使人们进入一种较量，但不是个体与个体之间的较量，而是个体与全体之间的较量，其结果会使个人在与全体的比较中得到度量和判断"[72]。对本科生而言，如果说考试是对学习的"监测"，那综合测评毫无疑问是对生活的"全面监测"，这种比课程考试更全面的审查，不仅伴随整个教学活动，更囊括了本科阶段所有学习生活的全过程：从校内的教室、图书馆、实验室、宿舍、社团活动室，到校外的实习公司、支教的学校、社会实践的小山村……"检查把个体置于监视之下，也把他们置于书写网络之中"[73]——学生奔波忙碌着，还要记得保存文件、写下心得，记录自己的角色、行为、贡献，以便综测时提交个人陈述和申请材料时，书写下光辉的简历，供评审小组检阅。

不同层级、不同领域——繁复细密、不断重复的"考评活动"是所有精英大学本科生的不允许缺席的"重要一课"，他们在奖项荣誉的积极诱导和制度惩罚的严格规训下，不同程度地成长为了各项全能的多面手、深谙竞争规则的高级玩家。这些更为隐秘的教育活动，在课堂之外悄然进行、影响深远。

72　[法]米歇尔·福柯，规训与惩罚[M]，刘北成、杨远婴译，北京：三联书店，2007：21。

73　[美]约瑟夫·劳斯，知识与权力——走向科学的政治哲学[M]，盛晓明等译，北京：北京大学出版社，2004：230。

第四章　区隔与庇护：精英大学的坚守

　　"北京大学肩负推动人类进步和国家发展的使命，应当努力探索符合中国实际、能够充分发挥综合型大学优势的本科教育模式，为国家和民族培养能够引领未来的人。"

　　——《北京大学本科教育综合改革指导意见》，北京大学 2016 年 4 月 5 日。

　　布鲁姆认为真正的自由教育能够帮助学生向自己提出"人是什么"这个第一位的问题，受过自由教育的人"能够抵制那些唾手可得和受人追捧的答案，这并不是因为他固执己见，而是因为他知道另一些答案更值得考虑。"[1]所谓"最优秀的人关心最根本的问题，而不是最紧迫的问题"[2]——今天中国的精英大学里，汇集了整个基础教育阶段选拔出来"最优秀的人"，他们如何汇聚而来？他们到底应该思考哪些"最根本的问题"？精英大学又提供了怎样的帮助和引导？这是本节所关心的内容。

　　2016 年，时任北京大学校长并主导推动新一轮综合改革的林建华将北京大学的本科教育目标表述为"为国家和民族培养引领未来的人"[3]，他着重区分了"一流的大学"和"伟大的大学"，指出"一流是标准、伟大是品格；一

1　［美］艾伦·布卢姆，美国精神的封闭［M］，译林出版社，2011：3。

2　顾玥，李猛：最优秀的人关心最根本的问题，而不是最紧迫的问题［J］，人物，2015（5）：128-131。

3　参见北京大学，北京大学本科教育综合改革指导意见，校发［2016］66 号，2016-04-05。

流是繁华、伟大是寂寞"[4]。大众高等教育的今天，精英大学并没有放弃一直以来的追求与坚守，通过或显性或隐性的方式将理念贯彻在教育实践中、传递给他的学生。

这种"坚持"首先表现在大学的入学选拔上。

4.1 全面掐尖：以区隔建构精英身份

1977 年恢复高考以来，北京大学本科招生人数一直保持在一个相当稳定的水平，即便在 1999 年以后中国高等院校整体扩招的背景下，北京大学的研究生招生规模不断扩张，但本科招生人数仅小幅上升，从扩招前的 2200 人上升至 2700 人，2005 年宣布停止扩大本科规模[5]，此后，校本部的本科招生人数持续稳定在 2800 人左右。

稳定的招生人数是通过各类招生选拔方式"全面掐尖"的结果，在北京大学每年度关于本科教育教学工作的总结中，"招生"都是极为重要的一环，而录取各省市文理科高考状元的数量、招收各学科竞赛国家金牌选手的比例——是极为关键的指标，在招生工作报告中被置于优先表彰的醒目位置。无论是"高考状元"、"奥赛金牌"，还是教育部门要求淡化"状元"标签后着重突出的"分数线"、"全省前十、前二十中多少人选择了北京大学"……其作用不外于此，用区隔的结果反过来巩固区隔的标准，赋予自身及"被选中者"神圣性。

图 4.1 北京大学本硕博招生人数（1978-2010）

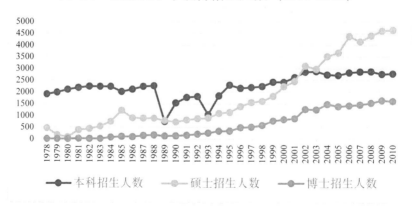

本科招生人数 ———— 硕士招生人数 ———— 博士招生人数

---

4 参见林建华：本科评估专家见面会报告 PPT（未公开），2016 年 11 月 07 日
5 北京大学新闻网：北京大学等知名高校本科今后 5 年内不扩招　https://news.
pku.edu.cn/xwzh/129-74727.htm。

图 4.2　北京大学本科招生人数（1978-2019）

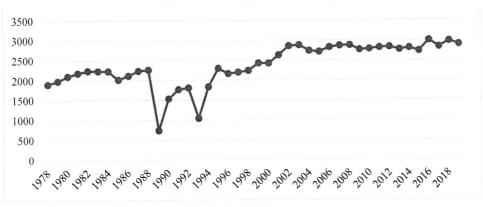

数据来源：

1. 硕博招生人数 1978-1997 来自《北京大学年鉴（1999）》第 373 页、1999-2010 来自《北京大学年鉴（1999-2011）》；本科招生人数 1978-1988 来自《北大纪事》，1887-1997 来自《今日北大》，1998-2010 来自《北京大学年鉴（1999-2011）》，2011-2019 来自北京大学招生网

2. 仅统计校本部内地招生人数，不含医学部、港澳台和国外留学生

4.1.1　声势浩大的招生活动

　　"拿走状元、守住分数线"，是每位参与过北大招生一线的师生都烂熟于心的"铁律"——"最高分要比其它学校高，最低分也不能比其它学校低"——这两个分数段之间确立的"区隔"就是学校领先地位的表彰。尽管一两分的差距并不能表明学生资质水平的实质差异，但"区隔"的重要意义就在于在原本"连续性"的成就排列中制造"不连续"，"将两类人群从此区分开来"，布迪厄指出，这就是存在"生活中的神化行动"，而"分类魔术"得以成功的第一步也就是最关键的一步，就是让被分类的人认可这一分类规则，不管是分类开始前，还是分类结束后。[6]

　　于是我们看到，"寒假返乡宣讲"从中学主动邀请优秀毕业生参与的私人活动，逐渐演变成各省招生组发起的集体活动，直至 2017 年，它正式成为学校盖章认可、计入本科学分的官方活动，它有了一个正式的名字，叫"'领航新燕'返乡社会实践"。活动面向全体北京大学在校学生，招募志愿者回到家

6　［法］布迪厄，国家精英［M］，杨亚平译，北京：商务印书馆，2018：172。

乡、回到母校，向优秀高中生开展宣传活动，旨在"通过宣讲、宣传视频展播、发放宣传材料、答疑等形式全面介绍在北大的学习和生活，增强其对北大精神文化的认同感和归属感，引导高中生树立远大理想。"[7]

这既是一场对被宣讲者的教育，也是宣讲者的自我教育。活动在优秀中学生里产生了多大影响暂且不论，但宣讲行为本身毫无疑问地增强了本科生自己对母校的认同感和归属感。学校极其重视并积极鼓励学生参与到这一活动中，不仅在物质上提供往返交通补贴和劳务费，还纳入本科生"形势与政策"实践课程"志愿服务"模块（2018级往后称"思政实践"课程），要求参与成员记录并汇报宣讲过程、心得体会，经考核合格者可获得相应学时，表现优秀的个人和团队还将获得专门的荣誉表彰。[8]

精英大学声势浩大地参与到这些招生活动中，并通过各种方式不遗余力地表彰其招生"成果"——这既是"对外"的宣传，也是"对内"的巩固——给未来待分类对象"洗脑"，同时也不断塑造着划分后群体的身份感、荣誉感和凝聚力。招生的结果，多一分少一分其实并不重要，真正有意义的是招生行为本身，精英大学通过繁复隆重的"招生仪式"向高中生、向社会、同时也向自己的师生们不断传达和巩固一个信念——追求卓越，我们只要最好的——所以我们是最好的，所以加入我们的你们，也是最好的。

4.1.2 特殊人才的重点捕捞

除了"广泛撒网、各省掐尖"的传统高考录取模式以外，基于高校招生自主权、对少数学生进行"重点捕捞"的保送制度，历来是精英大学对少数学生进行庇护的重要方式。

北京大学从1984年开始对"中学品学兼优、学有特长"的学生，实行"中学推荐、北大考核、不经全国统一高考、保送入学"的选拔方式，1984年北大录取本科生2228人，其中保送生223人，占到10.1%。[9]次年，北大就保送生的选拔标准进行明确，要求中学推荐保送的对象应符合以下标准"在学习

---

7 参见北京大学招生办公室，"领航新燕"返乡社会实践团招募［EB/OL］，https://mp. weixin.qq.com/s/9IUNWK4obc6eTUs-QKg21A。

8 参见北京大学招生办公室，"领航新燕"返乡社会实践团招募［EB/OL］，https://mp. weixin.qq.com/s/9IUNWK4obc6eTUs-QKg21A。

9 参见王学珍，王效挺，北京大学纪事［M］，北京：北京大学出版社，1998：1984年条目。

期间全面发展，全国中学生学科竞赛省市区的优胜者，在学科方面有小论文、小革新、小作品的优胜获奖者，或学习表现出众的优秀学生，全国或省级三号学生及优秀学生干部"[10]

表 4.1　北京大学本科招生选拔模式演变（1977-2020）

1977-1983	1984-1996	1997-2002	2003-2019	2020
高考录取	高考录取	高考录取	高考录取	高考录取
	保送生	保送生	保送生	保送生（严格）
		特长生	特长生	特长生
		（2002 大类招生）	自主招生	强基计划

　　此后，保送制度一直是北大相当稳定的生源录取模式，而保送的资格和程序也日趋规范，1988 年，原国家教委发布《普通高等学校招收保送生的暂行规定》，北京大学的保送生源集中稳定在优秀学生、竞赛奖项与外语类特长三方面[11]。进入 21 世纪，随着自主招生模式的试点、推广，在一定程度上取代了保送制度的功能，而施行日久的保送制度出现了"弄虚作假、拉关系、走后门"等不正之风。教育部逐渐收紧提高了保送的资格条件，2001 年起，学科竞赛要求取得省一等奖或国家奖项才能获得保送资格[12]，2014 年后，仅各学科竞赛国家金牌、入选国家集训队的 50 名选手可以直接获得免试入学的保送资格，而全国竞赛银牌铜牌或其他省级奖项均只能成为自主招生的报名材料，需参加高校自行组织的笔试面试环节，获得在高考成绩基础上不同幅度的降分录取机会。2015 年，北京大学推出面向综合成绩排名前 1%的优秀中学生的"博雅计划"，以往通过单独组织"选拔保送生考试"录取中学推荐的优秀学生（包括省三好学生、优秀干部获奖或中学实名推荐学生）模式彻底转轨并入自主招生。近年，随着新高考改革的推进，"中学阶段表现"、"高

10　参见王学珍，王效挺，北京大学纪事［M］，北京：北京大学出版社，1998：1985年条目。

11　参见教育部：关于印发《普通高等学校招收保送生的暂行规定》的通知，（88）教学字 002 号，http://www.moe.gov.cn/s78/A15/xss_left/moe_776/s3258/201001/t2010
0128_79924.html

12　参见教育部：关于 2001 年普通高等学校招收保送生工作的通知，教学〔2001〕5号，http://www.moe.gov.cn/jyb_sjzl/moe_164/201002/t20100220_3417.html。

校自主考核结果"和"高考成绩"一道,并入"三位一体"的综合评价模式——真正面向全体学生的"大自招"时代来临,针对少数人"小自招"模式的落幕也就成为了历史必然。[13]

北京大学历来重视对特殊人才的选拔工作,中学生学科竞赛是最为主要的渠道。由于数、理、化、生和信息技术均对应专门的中学科目,高校对"好苗子"的发掘与遴选早在本科入学前便已经开始。2013 年,通过学科竞赛保送进入北大的本科生达 315 人之多,2014 年竞赛保送要求提高后亦维持在每年 130 人左右(占比 6%左右)。此外,还有大量奖项未达到保送标准的竞赛生通过自主招生获得了最低到一本线降分录取优惠。这些通过学科竞赛保送或自招降分来到北京大学的本科生大多进入理工科院系就读。如在 2017 届所有理学部内地本科毕业生中,通过保送或自招渠道入学的比例达到 69%,相应比例在信息与工程学部更是高达 73%。而通过高考统一选拔录取的学生绝大部分就读于人文、社科与经管学部。

表 4.2　北京大学保送生选拔资格演变(2003-2019)[14]

	1984-1987	1988-1997	1998-2000	2001-2013	2014-2020
报名资格	优秀学生	优秀学生	优秀学生	竞赛省一以上奖	竞赛国家集训队
	竞赛省级奖项	竞赛国家集训	竞赛国家集训	省优秀学生	外语中学
	创新科研特长	外语中学	外语中学	科创奖项	
				外语中学	
考试情况	中学推荐、北大审核免试入学		保送生综合能力测试 教育部统一命题	北大笔试＋面试	北大考核

---

13 "2020 年起,不再组织开展高校自主招生工作",参见教育部:关于在部分高校开展基础学科招生改革试点工作的意见,教学〔2020〕1 号,2020-01-14,http://www.moe.gov.cn/srcsite/A15/moe_776/s3258/202001/t20200115_415589.html

14 2014 年仍有少量省优秀学生通过选拔保送生考试进入北京大学,2015 年则全部转为博雅计划(自主招生渠道)

表4.3 北京大学自主选拔录取模式演变（2003-2019）

2003-2008	2009	2013	2014	2015	2016	2017-2019
普通自主	普通自主	普通自主	普通自主	普通自主	普通自主	普通自主
	实名推荐	实名推荐	实名推荐	博雅计划	博雅计划	博雅计划
	学科夏令营	学科夏令营	学科夏令营	筑梦计划	筑梦计划	筑梦计划
		光华经济自主	光华经济自主		三位一体	三位一体
			竞赛科学营			上海博雅

表4.4 北京大学校本部内地本科生各类别招生情况（2013-2017）

	2013 年	2014 年	2015 年	2016 年	2017 年
高考招生（纯高考成绩）	42%	42%	42%	36%	52%
自主招生（高考＋降分）	32%	46%	46%	53%	37%
保送生	20%	6%	6%	7%	8%
特长生	2%	2%	2%	2%	2%
国防定向生	4%	4%	3%	3%	1%
内地总招生人数	2766	2809	2732	2999	2836

数据来源：北京大学招生办.2016、2017 年北京大学招生工作总结暨表彰大会资料汇编

表4.5 2017届北大本科毕业生：不同入学形式学生的学部分布

	理学部	信工学部	人文学部	社科学部	经管学部	元培学院	总计
高考生	16.9%	8.6%	23.5%	31.6%	13.4%	5.9%	100%
保送生	54.1%	23.4%	11.2%	3.8%	4.6%	2.8%	100%
自招生	30.9%	23.2%	10.4%	9.5%	19.3%	6.7%	100%
特长生	6.7%	8.3%	10.0%	48.3%	23.3%	3.3%	100%
定向生	60.0%	22.7%	9.3%	8.0%	0.0%	0.0%	100%
总体	29.9%	16.6%	16.1%	18.7%	13.3%	5.3%	100%

4.2 组织文化：以仪式涵养群体精神

当优秀学生通过"选拔性"或"庇护性"的渠道来到北京大学，一系列的"抱负激励"和"资源富养"计划，也就随之开始。

在整个大学四年里，仅有极少数的场合是要求本科生集体参与、无故不得缺席的，这些活动是群体记忆的重要内容，也是形塑群体精神的重要方式，它们主要由"两个典礼、两次集体训练、四度校庆活动"组成。

每年的 5 月 4 日是北京大学的校庆日，这并非老北大真正的建校日期，而是为了纪念 1919 年发祥于此的"五四运动"。作为中国近代史上具有划时代意义的重大事件，五四运动爆发于民族危亡之际，是"一场以先进青年知识分子为先锋、广大人民群众参加的彻底反帝反封建的伟大爱国革命运动"[15]，关键时刻，正是这些校园中的知识青年们"敢为天下先"的勇气"以磅礴之力鼓动了中国人民和中华民族实现民族复兴的志向和信心"[16]自此，"爱国、进步、民主、科学"成为了北大人的精神烙印。一年一度的 5 月 4 日，北京大学全校放假，隆重集会，通过参与一系列的校史回顾、运动竞赛、文艺汇演等庆典活动，师生们重温五四精神，牢记民族危亡的苦难、传承一代又一代知识分子的使命与担当。

"两次集体训练"面向大一新生，分别是暑期在校外基地举行的军事训练，和岁末围绕"12.9 歌咏比赛"进行的合唱排演——"爱国"是这两次集体训练的共同主题。军训我们非常熟悉，是我国大中小学生接受国防教育的法定内容[17]，旨在通过持续至少半个月、以身体体能和军事技能为主要内容的集中训练，激发学生的爱国热情与集体主义精神，培养坚毅品格与纪律意识。"一二·九运动"又称"一二·九抗日救亡运动"，是 1935 年 12 月 9 日北平大中学生为反抗日本帝国主义侵略、在中国共产党组织领导下进行的示威游行活动。北京大学从上世纪 80 年代初开始就有在 12.9 当天举办纪念大会暨新党员宣誓大会的传统，1985 年，适逢纪念 129 运动 50 周年，时任全国人大常委会副委员长黄华给北大校刊题词，鼓励北大学生"继承 129 学生运动的

---

15 参见习近平《在纪念五四运动 100 周年大会上的讲话》，载《人民日报》，2019 年 5 月 1 日。http://paper.people.com.cn/rmrb/html/2019-05/01/nw.D110000renmrb_20 190501_1-02.htm

16 参见《五四运动百年祭》，载《求是》，2019 年 5 月 4 日。

17 参加《中华人民共和国国防教育法》，2001 年 4 月 28 日

优良传统，在党的领导下，为实现建设社会主义强国的宏伟目标，刻苦学习、报效祖国"，北大全体同学发表《纪念一二九致全国大学生的一封信》、合唱革命歌曲[18]，自此歌咏活动成为 12.9 的纪念传统，并逐渐由文艺汇演发展为以院系为单位的歌咏比赛。歌咏比赛通常要求大一新生全体参与，个别规模极为庞大的院系可分成两队或精选代表参加，而人数较少的院系之间则可组成联队，上下级师生齐上阵。歌咏比赛的歌曲选择范围以"爱国"、"爱校"为基本主题，围绕歌咏比赛的合唱训练通常在大一入学第一学期的 10 月份开始、持续两个月左右，利用课余时间组织进行集体排演，是军训之外，同院系新生们相互了解、增进情感、培养集体凝聚力的重要渠道，也是整个本科阶段"两次典礼"之外同级学生为数不多的集体亮相机会。

对学生个体而言，更有纪念意义和教育价值的是"开学"和"毕业"一头一尾两个典礼——这也是本科阶段两场最为重要的仪式。细致考察自 1998 北京大学百年校庆后关于开学和毕业典礼的记载，我们发现，除了常规的国歌环节，还有这样两个节目出镜率最高，它们分别是"朗诵《永远的校园》"与"合唱《燕园情》"。

4.2.1 开学典礼：合唱《燕园情》

《燕园情》堪称北大无冕之校歌。据说北京大学百年校庆之际曾向全球征集北大在全球校友范围征集歌词，结果都不太满意，最后选定了周保平校友在 1952 年写的《燕园情》，邀请孟卫东谱曲，有了最后的这首歌，由北京大学合唱团在 1998 年百年校庆庆典上校庆庆典上首演，从此成为校园流行，在一代又一代北大人里传唱。2006 年前后，北大实施一些列的典礼改革，将"学唱《燕园情》"列为新生报道后的必须要做的事情，自此，全体新生合唱《燕园情》与集体佩戴校徽一道，成为开学典礼上固定仪式环节。[19]

我们来详细看一看它的歌词：

> 红楼飞雪，一时英杰，先哲曾书写，爱国进步民主科学。
> 忆昔长别，阳关千叠，狂歌曾竟夜，收拾山河待百年约。

18 参见王学珍，王效挺，北京大学纪事 [M]，北京：北京大学出版社，1998：1985 年条目。

19 张彦，吕晨飞，杨俊峰，高校典礼活动的教育内涵与文化意蕴探析——以北京大学三大传统典礼改革为例 [J]，思想教育研究，2009（02）：52-56。

我们来自江南塞北，情系着城镇乡野；

我们走向海角天涯，指点着三山五岳。

我们今天东风桃李，用青春完成作业；

我们明天巨木成林，让中华震惊世界。

燕园情，千千结，问少年心事，

眼底未名水，胸中黄河月。

作于 1952 年的歌词，满满都是建国初期大学生的骄傲与雄心，50 年代的北大学子作为板上钉钉的国家精英，向上秉承"爱国进步民主科学"的五四精神，向下展望城镇乡野的百年山河，"家国兴盛之望皆在吾辈之身"——青年人指点江山的意气豪情与肩负重任的沉稳坚韧交相辉映。在"振兴中华"的使命与目标之外，还有以下两方面的"潜台词"被视为默认的"公理"存在着：

其一，是"以知识为工具、以努力达成就"的路径依赖。天涯海角、江南塞北，百废待兴的河山、广阔的祖国大地，都是吾辈大有作为之处，年轻的学子们相信，知识就是力量，努力就能成就未来。

其二，是"被选中"后的集体感和荣誉感。他们从祖国各地通过选拔来到这里，从此成为准国家干部、主导祖国未来发展方向的高级专门人才，入学前，他们不一样，是一个个零散的个体，有自己的出身、牵连着一个个的家庭、故乡，而毕业后，他们同样走向四方，但已然有了共同归属的信念和方向，他们是伟大事业的一份子，是林中的巨木一根，他们是一个整体。未名湖畔的少年，虽身在校园，但心系家国——这是精英大学的教导，这种教导从他们"被选中"，被授予进入精英大学身份资格的那一刻，便已经开始。

这所大学的年迈的师长们说，"世界上恐怕从来没有一所大学能如北大这样，与一个民族的命运如此紧密相连、休戚与共"，这所大学年轻的学子们觉得，"这个学校最特殊的地方就是说它一定是对中国是有特别价值的，这里的人是要这个掌握未来中国社会的发展，他要回答很多重要的问题，比如说这个中国往何处去，你可能是从不同的领域出发，但最终都要走向这个问题。"（16S08）

这甚至都不是一种可以因为不喜欢就能够逃避或放弃的选择，而是一种基于能力、基于卓越"被选中后"赋予的身份，与随之而来自然交付的信任和责任。"在中国你一个最优秀的学生你只能来北大或清华，不是我想去一个田园牧歌的学校就可以选的，没人会允许你这么选，中国社会这么多年来对北大的认知几乎从来没有改变过。一直以来北大清华都是中国教育上的两颗明珠，他一直是这个样子的。"（18S20）

中国高等教育金字塔的顶端并不存在众多风格迥异的选择，而之所以让你置身顶端——这个"选中"的过程是个人、家庭、学校和国家的集体行为，正如布迪厄所言，"**学校的精英群体就是集体信仰为特殊的命运选定的人群**"[20]——不管是有意识地主动向上努力，还是无意识地让优秀成为了一种习惯，不管是因为综合全面的能力从考试中突围，还是因为某方面的突出才能获得特殊庇护——"我们终究来到了这里，一切从被选中后已然开始不同"，这是每一位北大新生在开学典礼上唱着《燕园情》、带上校徽时的自然感受——"在那一刻，我拥有了她。从那一刻起，我也就接过了北大给予我的责任和使命，朝着真理和美好的明天，负重前行。"[21]

"我是一个北大人，我需要做到符合北大人身份的事情"（18S36）——这是整场"圣职授任礼"真正的高光时刻！客观的群体划分终究因引起主观变化而导致了实质的意义，仪式的象征价值从被领会和内化的那一刻起真正发挥了作用——新生们被贴上了"标签"，所以有了"偶像包袱"，因为"是贵族就得行为高尚"，因为"最优秀的人应该关心最根本的问题"。[22]

"人们出生高贵，但是人们还必须变得高贵。只有高贵的人才能行为高尚，但是如果人们的行为不再高尚，那么他就不再是一个高贵的人"[23]身处精英大学，中国高等教育金字塔顶端的位置，自然而然地会产生一种与位置相匹配的自我期许：

"你会觉得自己是最优秀的那一批人，然后会产生一种对自己的要求，这种要求可能恰恰是最重要的，你会想那我就应该是最优秀的一批人，我就应该以后在我的领域做出一定的事情来，就这种自我要求才是最主要的。至于具体的知识，我觉得在别的大学也都能学到。"（17S08）

诚如本文在第二章中讨论到的，这些来到精英大学的新生们，许多一开

---

20 布迪厄，国家精英［M］，杨亚平译，北京：商务印书馆，2018：196。

21 和着《燕园情》的歌声戴上校徽"，光明日报，2009-02-18，http://pkunews.pku.edu.cn/mtbdnew/284-139808.htm

22 顾玥，李猛：最优秀的人关心最根本的问题，而不是最紧迫的问题［J］，人物，2015（5）：128-131。

23 布迪厄，国家精英［M］，杨亚平译，北京：商务印书馆，2018：193。

始并不觉得自己有多么"天赋异禀"、"聪明伶俐"、"早晚会成就一番大事"，他们对自己的定义是踏实诚恳、坚韧努力，但他们来到了这里，最明显地感知到了伴随"位置变化"而带来的心态和眼界的改变。正如《永远的校园》一文中，谢冕先生所分析的，"与表层现象的骄傲和自负相联系的，往往是北大学生心理上潜在的社会精英意识：一旦佩上北大校徽，每个人顿时便具有被选择的庄严感。北大人具有一种外界人很难把握的共同气质，他们为一种深沉的使命感所笼罩。今日的精英与明日的栋梁，今日的思考与明日的奉献，被无形的力量维系在一起。"[24]他们以"最高分"、"竞赛金牌"等最严苛的标准被选中，收获了无数的鲜花掌声、肯定和赞誉，他们被置于一个如此光荣和伟大的传统中，潜移默化地涵养出"优越感和才子气"的同时，也以和身份相匹配的标准去要求自己："如果我当时高考发挥不好，上了一个很一般的大学，那我很可能就觉得我就是这样的一个普通人，我以后找一个平稳的工作，承担起我应有的对家庭的责任就可以了，但是现在，我来到了北大，就不一样了"（17S08）。

是的，不一样了，他们需要承担起更大的责任，"需要考虑别人需要什么，中国社会所需要什么，当然也不能说完全牺牲自己，但总会下意识地站在更大更高的立场考虑，站在一个全局的观点，不能说不为自己谋利，但肯定也不能只为自己谋利，只看眼前的一亩三分地"（18S22）这是精英身份与精英教育通过各种有形的仪式和无形的理念文化——有意识地培养的"配位之德"与"配位之行"，"不仅有眼光、有意识，还有上手去做的行动力"，而上手去做的背后，是对自身能力和影响力的充分信任，"我相信，我真的能改变一些事情"，所以歌里唱得骄傲且笃定，我们今天用青春完成作业，明天就能让中华震惊世界。

4.2.2 毕业典礼：院系口号

2008 年，作为北京奥运会乒乓球场馆的北京大学邱德拔体育馆落成，得以容纳全年级所有本科毕业生及其家长，2008 届往后所有的北大本科生毕业典礼都在这里举行。08 年同样也是北京大学毕业典礼上的口号元年，"毕业生身着学位服、穿过精心装点的学位门，校领导和导师代表为每一名毕业生拨流苏，祝贺他们顺利毕业……每当校长宣读完对某院系毕业生的授予学位决

---

24 参见，谢冕《永远的校园》，载《精神的魅力》，北京大学出版社 1998 年版。

定后，该院系同学都会集体起立，一起喊出精心设计的院系毕业口号"[25]自此，毕业口号正式与《永远的校园》、《燕园情》一道成为毕业典礼的重要环节，而不同于朗诵和歌曲的固定性，毕业口号的内容由院系自主决定，可以更换与调整，通过对口号内容的集中分析，我们得以窥见精英大学在人才培养目标上的"共性"和院系的"个性"。

　　本文对北京大学 2008-2019 年 11 场本科毕业典礼中各院系使用频率最高的"经典口号"进行整理，如下表所示：

表 4.6　各院系毕业口号

	院　　系	经典口号	其他精选
理科	数学学院	解析理想　求导人生 一号院系　铿锵前行（2012-2019）	学数理之源　成栋梁之才 （2008-2011）
	物理学院	格物路修远，一生物理人（2015-2018）	物格无止境　理运有常时 （2013-2014）
	化学学院	化腐朽为神奇 学宇宙之奥秘 （2013-2018）	氢氦锂铍硼　碳氮氧氟氖 （2010）
	生科学院	生科不败　千秋万代（2008-2019）	
	城环学院	进城下乡跑田野，植树造园搞生态 找到了城环　就找到了幸福 （2008-2014）	城载世界，环抱未来（2018-2019）
	地空学院	地空　地空　脚踏实地　仰望星空（2012-2019）	
	心理学系	心理　心理　心怀天下，理想远大（2011-2019）	
工科	信息科学技术学院	集成天下　网络八方 信息科学　强国兴邦（2014-2019）	问鼎 IT 富国强民（2009-2011）
	工学院	工道自然成　学为家国梦 （2014-2019）	躬为天下天下为公（2011）
	环境工程学院	二十年后　许你一个碧水蓝天 （2012-2018）	碧水蓝天　青青家园 绿色梦想　环科当先（2008-2011）

---

25 参见北京大学 2009 年毕业典礼新闻报道 http://pkunews.pku.edu.cn/mtbdnew/284-139808.htm

人文	中文系	诗酒年华　仗剑天涯 踏遍青山　以梦为马。（2014-2017）	万卷诗书堪用世 一塔湖图总故乡（2018-2019）
	历史学系	历久弥新　史志不渝（2017-2019） 历尽风雨，史志不渝（2013、15-16）	文章通达　博古如今 胸怀天下　报国唯新（2011）
	考古学院	手铲释天下　心中承文明（2019）	青春挥洒北大 文物交给国家（2015-2017）
	哲学系	希贤希圣　立心立命 爱智爱人　成性存存（2019、2014）	求知求真　慎思明辨 爱智爱人　自明而诚（2016-2018）
	外语学院	外院在我心中，世界在我脚下（2008-2016）	学东西之文　融中外之学 世界在脚下　祖国在心中（2017-2019）
	艺术学院	诗画燕园　博雅意象　青春光影　大美人生（2011-2018）	
社科	经济学院	经纬天地，先贤青简传百世 济梦中华，我辈丹心献斯民（2014-2016）	忆经年长情 怀济世初心（2017-2019）
	光华管理	融汇中西　学贯古今 商学求道　光华惟新（2014-2019）	天地增辉　日月光华 千秋万代　一统江湖（2009-2013）
	国际关系	爱国关天下（2008-2011，2015-2019）	聚似烈火　爱国关天下 散作辰星　明德耀中华（2013-2014）
	法学院	大学堂开　法律门启 安邦济世　正义恒立（2012-2019）	正义于心　道义于肩 青春为鉴　法律为天（2011）
	信息管理	信以通达　管则治世（2012-2019）	信自己　管天下（2011）
	社会学系	社稷天下　会聚群英 学以致用　心系民生（2013-2019）	从社会中来　到社会中去（2012）
	政府管理	同学少年　风华政茂（2013-2016）	天下为公　报国为怀（2017-2019）
	新闻传播	薪火相传　闻道天下（2012-2019）	铁肩担道义　薪火永相传-2010

元培学院	理定江山　文安天下 选我所爱　元培计划（2015-2018）	与所有院系同学 向所有老师学习（2019）
医学部	医者仁心　大爱无疆 北大医学　铸就辉煌（2012-2018）	健康所系　性命相托 北大医学　济世报国（2019）

可以看到，各院系的经典口号具有极强的学科特征，往往巧妙融合院系的名字、职业的性质，这是专业精神的集中凝练，也是专业人自我教育的最后一课。

从口号的形式风格上看：有"制名以指实"的拆字融字派，如历史系的"历久弥新，史志不渝"，地球与空间科学学院的"脚踏实地，仰望星空"，社会学系的"社稷天下，会聚群英"；也有诙谐直白的"军令状"式，如环境科学学院的"二十年后，许你一个碧水蓝天"，考古文博学院的"青春挥洒北大，文物交给国家"；更多的是直指专业学科的追求，如物理学院讲"物格无止境，理运有常时"，生命科学学院讲"生科不败，千秋万代"，哲学系讲"爱智爱人，成性存存"，法学院讲"安邦济世，正义恒立"……

而无论是哪种形式，作为在毕业典礼上本院系学生共同喊出的口号，它承载着专业院系教师对毕业生的共同期望与祝福，也是学生们谨记的临别赠言、未来之约。抛去各自的专业特色和发展路径上的差异，我们不难发现，在"希望毕业生成长为什么样的人"这个问题上，各院系有着惊人的默契。无论所学专业与未来职业如何，老师们都希望他们：

第一，是视野广阔、眼界高远的。无论是时间上的古与今、过去与未来，还是地域上的东与西，中国和世界，他们的眼睛要看到星空、看到大地，看得高、看得远、看到极尽大去。

第二，是情系家国、抱负远大的。"国"、"世"与"天下"可以说是出现最为频繁的字词了，老师们显然不希望学生拘泥于一时一地的个体成功，而要把自己的理想抱负与更伟大的集体事业相关联，国家的命运荣辱、世界的发展进程。

第三，是关心民众、扶危济世的。如果说成功的精英教育让学生的灵魂真正发生了转向，得以走出洞穴看到外面的世界，那么老师们显然是希望经过这样的教育后的"哲学家"们将来是能够回到洞穴、肩负起对普通民众的引导救济之责的。

第四，是学无止境、求真求是的。尤其对文理基础学科而言，更多时候是追求认知的卓越，而非应用的广泛，求真路修远，吾辈当矢志不渝。

……

他们正如精英大学在各自的《大学章程》中所表述的那样，是"以天下为己任"的，是"具有健康体魄与健全人格、独立思考与创新精神、实践能力与全球视野"的，他们是精英大学"为国家和民族培养的"，在各行各业"引领未来的人"。

表 4.7 C9 高校的人才培养目标

	院校	985 签约时间	章程核准生效时间	中国 985 工程首批高校（China 9）人才培养目标（引自 2014 年教育部正式核准生效的各校《大学章程》）
1	北京大学	1998.5	2014.9.3	【第四条】学校坚持立德树人，坚持教学育人、研究育人、文化育人、实践育人相结合，追求世界最高水准的教育，培养以天下为己任，具有健康体魄与健全人格、独立思考与创新精神、实践能力与全球视野的卓越人才。
2	清华大学	1998.5	2014.9.3	【第五条】学校坚持高素质、高层次、多样化、创造性的人才培养目标，以实施全日制高等学历教育为主，实行价值塑造、能力培养、知识传授"三位一体"的培养模式，致力于培养学生具备健全人格、宽厚基础、创新思维、全球视野和社会责任感，实现全面发展和个性发展相结合。
3	中国科学技术大学	1999.7	2014.10.11	【第十条】学校坚持社会主义办学方向，秉承英才教育理念，提倡崇尚科学、追求真理，致力于培养国家和社会未来发展所需的科学研究、工程技术和其他领域杰出人才。
4	南京大学	1999.7	2014.10.11	【第九条】学校以人才培养作为办学的根本任务，致力于培养适应时代特征，具有创新精神、实践能力和国际视野的各行各业未来领军人才和拔尖创新人才
5	复旦大学	1999.7	2014.10.11	【第五条】学校坚持通识教育的培养理念，注重学生的全面发展，尊重学生自我管理，培养具有人文情怀、科学精神、国际视野、专业素养的人才。
6	上海交通大学	1999.7	2014.5.13	【第五条】学校办学宗旨是"修一等品行、求一等学问、创一等事业、成一等人才"。
7	西安交通大学	1999.9	2014.9.3	【序言】学校的使命是致力于培养崇尚科学、求实创新、勤奋踏实、富有社会责任感和高尚品质的杰出人才……
8	浙江大学	1999.11	2014.9.3	【第六条】学校的办学使命是：……培养德智体美全面发展、具有国际视野的高素质创新人才和未来领导者……

| 9 | 哈尔滨工业大学 | 1999.11 | 2014.10.11 | 【序言】……面向国家重大需求、面向国际学术前沿，坚持理工为主，理、工、管、文、经、法等多学科协调发展，着力培养信念执著、品德优良、知识丰富、本领过硬、具有国际视野的拔尖创新人才。 |

4.3　积极富养：以资源庇护远大抱负

光有空洞的口号和目标是无法在学生身上涵养出"雄心壮志"的，还需要大量的资源投入以"支撑雄心"，给他们足够的积累和机会。

精英大学集中了全国范围内高等教育领域的顶尖资源，无论是政府的公共财政投入、知名学者大师的占有、还是图书资料和科研设备……从硬件到软件，这个资源的占有是全方位的。正如北京大学在招生简章上向未来新生们直接宣示的，它有着"悠远的精神魅力、齐全的学科设置、雄厚的师资力量、辉煌的人才培养成果、煊赫的国际知名度、以及一流的校园环境……"[26]。本文无意对其中的每一项进行细致罗列，正如我们以往无数次地在宣传报告中所看到的那样，无论是教育部官方发布的国内双一流榜单，还是具有广泛国际影响力的泰晤士、QS 排名，均可为其雄厚的教育资源与卓越的教学成果背书。

本节仅就北京大学的师资力量进行简要概述，随后着眼本科生群体的现实情况，重点就本科的就读期间科研参与、国际化经历、以及毕业年级的升学机会三方面进行介绍。

4.3.1　普遍的科研训练

师资力量方面，北京大学不仅历史上"群星璀璨、大师云集"，今天仍然有着一支"由各领域杰出人才组成的的高素质教师队伍，包括 78 名中国科学院院士、18 名中国工程院院士、250 名长江学者……"而学校坚持以高水平的师资投入教学，"教授给本科生讲课"是北京大学的悠久传统。[27]统计数据显示，2014-2015 学年，共有 938 名教授（同等级别）为本科生讲授 1868 门次课程，其中院士 13 人，长江学者 84 人，杰青 133 人[28]，而在 2016 学年度，总计为本科生讲授课程的教授和副教授达到 4001 名[29]。

---

26 参见北京大学招生简章 2019 年版
27 参见北京大学招生简章 2019 年版
28 参见北京大学教务部，北京大学本科教育发展报告（未公开）[R]，2015。
29 参见北京大学本科教学工作审核评估自评报告（未公开）[R]，2016。

在雄厚师资力量的支持下，北京大学得以在本科生群体中开展普遍的科研活动。

科研活动是研究型大学人才培养的重要环节，正如博耶报告重点指出的，"学习是基于导师指导下的发现而不是信息的传递"，故而，在研究型大学"要由那些既传递知识，又发现、创造、应用知识的人来教学生，要将本科生从接受者转为探究者"[30]，这是研究型大学不同于其他高等教育场所的"精英性"之所在。

在北京大学，每个本科生的科研经历都可以归为以下三个层面的参与要求：

图4.3 北京大学本科生科研参与概览

毕业论文/毕业设计			全体参与
学年论文	实验室/项目组		院系要求
本科生科研项目	挑战杯等学术赛事	小班研讨课程	自愿报名

首先，是学校层面统一要求的毕业论文或毕业设计，这是所有学生的必修内容，通常安排在大四年级，为持续两个学期、三至六个月，计4-8学分不等的学术项目。本科生要求在导师的指导下完成从自主选题到论文撰写（或作品创作）全过程。

其次，是专业院系层面的规范性科研训练计划。基础学科普遍要求全员参与，纳入培养方案必修环节，而在应用性较强的专业院系则一般不做强制要求。在考古文博学院，科研训练计划为长达一个月到三个月不等的实地考古演练；在文史哲院系，表现为面向大二大三年级开设的学术写作课程或学年论文项目，项目要求与毕业论文基本相同，只不过在选题和工作的体量上略小于毕业论文；在理工科院系，通常为伴随大二专业分流前后从选导师开始的"项目组"或"实验室"科研经历，从旁听组会、熟悉实验设备，到上手参与大的科研项目，从最基层基础的活干起，熟悉科研流程、锻炼科研水平，为今后的自主探究打下坚实的基础。

---

30 博耶研究型大学本科生教育委员会，彻底变革大学本科教育：美国研究型大学的蓝图［R］，朱雪文译，全球教育展望，2001（03）：67-73+2。

　　最后，可由学生自主决定是否报名的是本科生科研项目、挑战杯赛事和小班研讨类课程。无论是本研项目还是挑战杯，对成功立项的绝大部分课题，学校均提供不同程度的经费支持，研究成果突出还能获得相应的荣誉表彰、计入综合素质测评的创新加分内容。学校积极引导和支持学生参与本科生科研项目，数据显示，1998-2015 年间，学校共立项本科生科研项目 5131 项，参与学生 7894 人次，累计投入资金两千余万元[31]，针对 2017 届的本科毕业生调查显示，有 20.01%学生参与过本科生科研项目，而各学部的参与比例存在较大差异，其中理、工学部与元培学院超过 30%，而经管学部最低，参与率仅为 5.7%。[32]

　　科研活动在"导师"与"学生"之间搭建起稳定沟通交流的平台。区别于"一对多"的课堂教授，科研项目的指导往往是"一对一"的。科研项目中典型的师生关系大致可以分为**"蜂群模式"**与**"从游模式"**两种。前者常见于理工科团队的大型课堂项目，基于实验室学习形成了具有组织化色彩的科研团队——以教师为中心，按年级呈现层级关系，通过有层次的分工合作实现从上而下的知识传递和技能训练。后者常见于文科院系，以从课程学习衍生而来的师门学习为其特色，学生基于个人兴趣和意愿选择导师，从师学习，学生们围绕在导师周围，具有梅贻琦所言的"大鱼先导，小鱼尾随"的"从游关系"[33]，可以被概括为"雁阵模式"——导师为领头雁，尾随的小雁紧跟大雁的方向，但小雁之间层级关系却不明显。

　　2018、2019 年的毕业生调查对"促使本科期间专业学习取得显著突破的一项事件"展开探究，调查结果显示，"科研参与经历"（包括以上所说三个层面的各类科研活动总计超过 80%）对专业学习产生的影响要远远大于"常规的专业课程（非小班研讨课）"（仅 7%的人选择该项）。具体来看，帮助理学部学生迈进专业门槛作用最大的是进实验室与课题组（25%）和本科生科研项目（23%），信息工程学部进实验室与课题组达到了（43%），而对人文学部、社科和经管学部学生来说最有帮助的是小班研讨式课程（接近或超过 30%）。

31　参见北京大学教务部，北京大学本科教育发展报告（未公开）[R]，2015。

32　参见北京大学教务部，北京大学本科教育质量调查·毕业生问卷报告（未公开）[R]，2017。

33　参见梅贻琦梅贻琦，大学一解 [J]，中国大学教学，2002（10）：44-47。
　　马丁·特罗，徐丹，连进军，从精英到大众再到普及高等教育的反思：二战后现代社会高等教育的形态与阶段 [J]，大学教育科学，2009（03）：5-24。

访谈中，本科生纷纷对各类科研活动中"以问题为中心"的研究性学习模式表示肯定，"在这种学习过程中，最大的收获是一种学习能力，具体来讲是非系统性的学习能力，是 topic-specific，专对某个问题的学习，而非专注一个系统的学习"。（17S14）

传统中学阶段的学习过程和学习习惯是一个线性的过程——无论是教材从头到尾的讲授还是着眼掌握全部知识的练习，都遵循由本到末、有易到难、由生到熟的漫长过程，然而"进实验室以后发现涉及到相关的东西特别多，都一个个系统性的去学，从头到尾把理论都搞懂都是不可能的，一本一本地啃教材很难跟上要求，而且东一榔头西一棒锤"。

而以问题为中心、围绕问题来组织学习——问题的紧迫性和具体感，能帮助你迅速揪出与其相关的知识要点，辅之足够的资源、便捷的知识来源渠道、精要的领路人、聪明的大脑，便能服务于研究问题解决的同时实现高效的放射式、团块状的学习和知识储备。值得指出的是，在这类学习模式下，"跨学科"的思维、知识联动与应用是自然而然的结果，以问题解决为导向，学科的边界因功能和目标的一致性而变得淡化。

系统性的基础学习当然也是根本和重要的，但这与"问题学习"并不冲突，所谓站在岸上学不会游泳，"无论如何你都不可能把所有基础都打实，再去做一个东西"。对本科生而言，有的知识是基础性的——需要透彻理解掌握；有的知识是工具性的——需要熟练把握；的知识是目录性的——需要知道在哪儿，如何获取。针对不同知识的教学模式自然也不尽相同，从传统"教-学"模式，到研究性学习（项目学习、实验室学习、本科生科研），有学者称之为"从教师中心，到学生中心"的转向，或许称为"问题中心"更为准确妥当，这是一整套围绕问题的知识学习与应用实践，教师在其中同样处于关键的位置，正如前文所述的蜂群与雁阵的模式，是师生之间亲密交往、教学相长的状态。

4.3.2　广泛的国际化培养

"国际化视野"是相当重要的通识素养，也是本科阶段的重要培养目标。区别于传统的教学方式，它的培养过程具有更强的"资源依赖"特征。

北京大学对本科生的国际化培养主要包括"引进来"和"送出去"两个方面。其中，"引进来"包括引进知名学者、教授来北大开设课程、举办学术讲座；欢迎国际学生就读北京大学或来参与北大的交流交换项目、暑期学校等。"送出去"则包括支持本科生赴境外参与长学期的交流交换项目、短时间的暑期学校、国际科研和实习项目、参加国际会议等。

数据显示，截至 2019 年 6 月，北京大学已与全球 60 多个国家和地区的 380 余所高校和研究机构签署校际交流协议，与 80 余所世界知名大学建立战略合作关系。通过"北京大学大讲堂顶尖学者讲学计划"，每年 700 余位外籍专家学者到北大传道授业，其中不乏诺贝尔奖得主和国际知名学者。[34]

从学生的实际参与情况来看，2017 届 2482 名校本部内地毕业生中，41% 的学生本科就读期间有因公出国 / 出境的国际化经历，其中，28.44% 的学生仅有 1 次因公出境经历，12.65% 的学生有 2 次及以上的因公出境经历。出境次数最多的达 9 次，有 2 人。各学部学生之间的国际化经历存在先出差异，其中经管学部最高，有国际化教育经历的人数达到 71%，1 次出境学生和 2 次及以上出境学生占比均高于全校平均水平；其次是元培学院，达到 46%，理、工学部的比例最低，有将近 70% 的人本科期间没有过因公出境的国际化教育经历。

表 4.8　2017 届毕业生国际化经历统计

在学期间因公出境次数	频　　数	百分比（%）
0 次	1,462	58.90%
1 次	706	28.44%
2 次及以上	314	12.65%

表 4.9　各学部学生国际化经历统计

在学期间因公出境次数	信工学部	理学部	人文学部	社科学部	经管学部	元培学院
0 次	66.59%	70.22%	53.50%	60.99%	28.70%	56.06%
1 次	22.28%	22.78%	35.00%	26.72%	42.60%	30.30%
2 次及以上	11.14%	7.01%	11.50%	12.28%	28.70%	13.64%

---

34 参见北京大学招生简章 2019 年版

从科研参与情况与国际化资源中，我们不难看到，精英大学的学生拥有更好的平台、更多的机会去开阔视野、与优秀的人交流，"你学到的东西不仅仅是课本上的，还有很多直接来自这种交流和观看本身，师长、前辈带给你的一些他们的阅历、经验，都在不经意间提高了你自己的见识和品味"，"这样四年下去可能就我们能够看到的东西、想到的东西自然比别人要多一些，然后未来可能有更多的选择方向，更广阔的可能性。"（18S35）而当他们确定好了未来想走的路，也有更多的机会倾斜以保障他们顺利发出。

4.3.3　倾斜的升学保研机会

正如本文在研究背景中所介绍的，自上世纪 80 年代中期教育体制改革后，大学生的就业问题由国家主导下的"统一分配"逐渐转向市场机制下的"自主择业"，大学生从包分配的"准国家干部"变成需要主动寻觅去向的"市场人才"，精英大学的本科生同样如此。

本文对上世纪 90 年代末至今，北京大学本科生的毕业去向数据进行统一收集整理。研究发现，高等教育大众化的 20 年间，北京大学本科毕业生的升学比例呈现总体上升趋势，从 90 年代的 50%左右逐渐上升至近年的 75%左右，其中，国外升学比例从 20%小幅度攀升至 30%，国内读研比例从 30%上升到 45%左右。前者的增长当然与我国日益开放的国际环境密切相关，而后者的增长则不得不谈到精英大学给予其毕业生倾斜性政策庇护的"推荐免试研究生制度"。

图 4.4　北京大学本科升学比例（1998-2019）

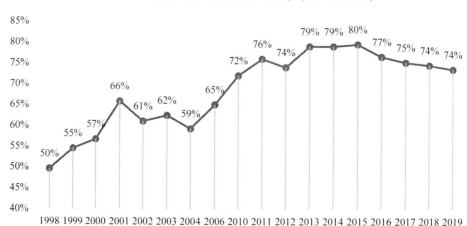

表 4.10　北京大学本科毕业去向（1994-2019）

年份	毕业生人数	读研人数	读研比例	出国	出国比例	就业人数	就业比例	其他	比例
1994	664	238	35.80%	84	12.70%	340	51.20%	2	0.30%
1995	1434	477	32.90%	185	12.80%	771	54.00%	1	0.30%
1996	1755	600	34.20%	268	15.30%	885	50.40%	2	0.10%
1997	2603	836	32.10%	454	17.40%	1301	50.00%	12	0.50%
1998	1747	570	32.60%	297	17.00%	878	50.30%	2	0.10%
1999	2032	673	33.10%	434	21.40%	848	41.70%	77	3.80%
2000	2154	763	35.40%	458	21.30%	873	40.60%	60	2.70%
2001	2144	827	38.60%	584	27.20%	685	32.00%	48	2.20%
2002	2181	842	38.60%	489	22.40%	785	36.00%	65	3.00%
2003	2389	887	37.10%	604	25.30%	893	37.40%	5	0.20%
2004	2317	949	41.00%	421	18.20%	947	40.90%	0	-0.10%
2006	2740	1115	40.70%	662	24.20%	924	33.70%	39	1.40%
2013	2708	1157	42.73%	854	31.54%	648	23.93%	49	1.81%
2014	2619	1214	46.35%	855	32.65%	460	17.56%	90	3.44%
2015	2637	1228	46.57%	869	32.95%	477	18.09%	63	2.39%
2016	2677	1196	44.68%	853	31.86%	558	20.84%	70	2.61%
2017	2645	1172	44.31%	816	30.85%	606	22.91%	51	1.93%
2018	2693	1189	44.15%	817	30.34%	634	23.54%	53	1.97%
2019	2726	1186	43.51%	818	30.01%	651	23.88%	71	2.60%

　　推荐免试研究生制度，即本科生俗称的"保研"，是"依据国家有关政策，对部分高等学校按规定推荐的本校优秀应届本科毕业生，及其他符合相关规定的考生，经确认其免初试资格，由招生单位直接进行复试考核的选拔方式。"[35]

　　高校每年度享有一定比例的推免名额，由教育部根据高校的具体情况统筹下达，之所以称精英大学的推免政策具有倾斜性的庇护色彩，正是因为其在推免名额上要显著高于其他高等院校，且历来不存在所谓"留校限额"（限

---

35 参见教育部关于印发《2019 年全国硕士研究生招生工作管理规定》的通知教学〔2018〕5 号

制学生外推，争取保研本校以避免优秀学生集体外流）问题。

1988 年 5 月，北京大学颁布《北京大学关于推荐应届本科优秀毕业生免试攻读硕士学位研究生的试行办法》，从 1989 年应届毕业生开始按此办法执行推荐免试研究生工作，此后，保研成为北大本科生升学的主要渠道。2006年，教育部规定有研究生院的高等学校一般按应届本科毕业生数的 15%左右确定推免生名额（即具有保研资格的人数比例），特殊情况如"经教育部确定的人文、理科等人才培养基地的高等学校按教育部批准的基地班招生人数的50%左右，单独增加推免生名额，由学校统筹安排。"[36]

北京大学显然属于后者，事实上，综合计算专业学位保研资格、支教团和学工选留等计入院系保研资格的人数，具有推免资格的本科毕业生总数往往突破 50%，部分院系一度可以达到 80%（即成绩不低于前 80%的学生均具有保研资格）。2014 年，教育部下达推免名额时不再区分学术学位和专业学位，不再设置留校限额。[37]"外保"，即保送外校研究生，往往是向上流动至精英大学——成为新的潮流。而作为流动的顶端，精英大学本科生则面临着来自外校优秀推免生的激烈冲击，成功保研需要更为优秀的表现。

表 4.11 北京大学应届本科毕业生具有推免资格的人数及其占比（1999-2019）

	具有推免资格	占毕业生总数
1999	655	30.90%
2000	776	36.03%
2003	1360	56.93%
2005	1569	61.19%
2006	1424	51.97%
2007	1213	43.31%
2015	1413	53.58%
2018	1500	55.70%
2019	1311	48.09%

36 教育部关于印发《全国普通高等学校推荐优秀应届本科毕业生免试攻读硕士学位研究生工作管理办法（试行）》的通知［2006］14 号

37 教育部办公厅关于进一步完善推荐优秀应届本科毕业生免试攻读研究生工作办法的通知［2014］5 号

表4.12 北京大录取硕士研究生来源及其占比

年份	研究生总招生人数	保研录取人数	保研录取人数占比	本校生源人数	本校生源占比
1999	2593	508	19.59%	403	79%
2003	4225	858	20.31%	601	70%
2004	4995	1192	23.86%	731	61%
2005	5063	1213	23.96%	742	61%
2006	5795	1495	25.80%	850	57%
2007	5610	1648	29.38%	816	50%
2008	5940	1833	30.86%	911	50%
2009	6254	2160	34.54%	930	43%
2010	6264	2537	40.50%	1033	41%
2019	8325	2925	35.24%	1092	37%

最后，需要补充指出的是，尽管随着本科文凭的贬值，精英大学本科生毕业直接就业的概率自1999年扩招以后持续走低（从90年代初的50%下降到如今的20%左右），少数选择就业的本科生也不能由国家直接分配工作成为国家干部，而需要自己进入劳动市场寻找合适岗位。但是，选拔"国家干部"的就业政策仍然对精英大学学生有重点的倾斜性庇护。2014年，中央及省级组织部门组织开始面向以清华、北大、复旦、浙大、南大为代表的国内高水平大学（也包括国外知名大学）开展定向选调工作。此后，各省份陆续跟进，截至2018年底，已有28个省、市、自治区对全国双一流大学开展定向选调工作。不仅考核准入的竞争难度远小于国家公务员考试，而其在人事档案方面由省级或中央组织部门直接管理，作为未来优秀青年干部集中培养，故而在长远的晋升发展方面有很大的优势。[38]

4.4 精英的"所能"和"所愿"

可以看到，从"能力"到"机会"，从"心态"到"眼界"——当下中国精英大学集中全国范围内的优势教育资源对全国范围内优质生源的"富养"

---

38 参见萧鸣政，卢亮，王延涛，选调生政策及其实施效果 [J]，北京大学教育评论，2015，13（02）：18-30+187-188。
李亚军，我国选调生选拔培养实践研究 [D]，南京大学，2019。

和"培育"是全面的。

悉心教养的成果当然也相当可观，2016 至 2019 年持续四届的北京大学本科毕业生调查中，我们就毕业生相比入学时在基本素养、综合能力、自我发展、社会发展四个维度、25 项指标的增长情况进行探究。毕业生自我报告的平均数据显示，相比入学时，全部 25 个指标均获得了不同程度的增长。其中，专业知识与技能、跨学科的视野、发现分析与解决问题的能力、批判性思考能力、国际化视野和全球意识是提升最大的几个方面。

今天精英大学的毕业生们着实培养出了各方面相当出众的能力，那他们是否会如精英大学所愿、像他们上世纪的前辈那般——追求卓越、并将个人的命运与国家社会的命运紧密相连？

答案并不是简单的"是"与"否"。

调查发现，在人生目标方面，北京大学本科毕业生显然把"自己"摆在首要的位置——重视自己而胜过其它。相比帮助他人、为国家和社会发展做贡献而言，他们更看重个人的满足和发展，如独立自主的三观、稳定的经济来源、志同道合的朋友和热爱的事业、家庭。

但他们确实追求卓越，希望不断进步和提升自己，不过，这种追求但更多是在精神层面，不一定需要极致外显于物质和名望——他们都希望有稳定的经济来源和生活保障，但不一定非要高收入和优越的生活；他们希望从事自己热爱的工作，但不一定要成名成家领导行业。

究其根源，或许正如本文在绪论中简要谈到的，80、90 后这一代年轻人面临与其父辈、前辈大学生迥然不同的生活环境和教育环境，他们大多是独生子女，他们成长于国家和集体隐退的市场经济时代，他们是互联网的原住民，他们不仅面临着高等教育场域更激烈的竞争，更面临着教育场域之外信息时代更快的变革和发展速度，他们是"学校的孩子"，更是"家庭的孩子"、"社会的孩子"。

表 4.13 最重要的人生目标或成就

	平均值	不重要	不太重要	比较重要	非常重要
有稳定的经济来源和生活保障	3.53	1 %	2 %	40 %	57 %
有高收入和优越的生活	2.96	3 %	20 %	54 %	22 %
有幸福美满的家庭	3.4	2 %	8 %	39 %	52 %

有志同道合的朋友	3.48	1 %	3 %	43 %	53 %
从事自己热爱的工作	3.46	1 %	4 %	43 %	52 %
有独立自主的人生态度 / 价值观 / 处事原则	3.67	1 %	1 %	29 %	70 %
不断进步和提升自己	3.54	1 %	3 %	38 %	58 %
成为某领域的专家或行业的领袖	2.76	4 %	33 %	45 %	18 %
帮助他人	3.12	3 %	11 %	58 %	28 %
做对国家和社会发展有重要意义的事情	3.17	3 %	10 %	53 %	34 %

（赋值情况：1-不重要；2-不太重要；3-比较重；4-非常重要）

图 4.5 相比入学时的增长情况·全 25 个指标得分均值排序

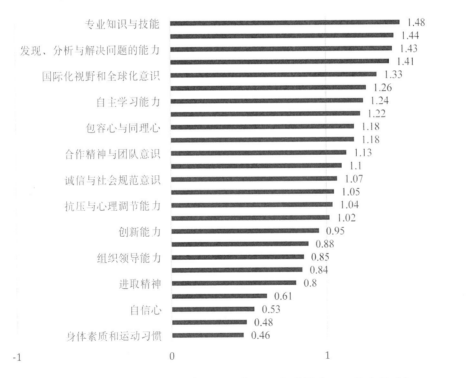

专业知识与技能 1.48
1.44
发现、分析与解决问题的能力 1.43
1.41
国际化视野和全球化意识 1.33
1.26
自主学习能力 1.24
1.22
包容心与同理心 1.18
1.18
合作精神与团队意识 1.13
1.1
诚信与社会规范意识 1.07
1.05
抗压与心理调节能力 1.04
1.02
创新能力 0.95
0.88
组织领导能力 0.85
0.84
进取精神 0.8
0.61
自信心 0.53
0.48
身体素质和运动习惯 0.46

（赋值情况：-1-下降；0-不变；1-有所提升；2-很大提升）

第五章　爱与望：家庭的孩子

> "这些年轻人从未经历过他们的父母在萧条时期经历过的对
> 简单的物质满足的焦虑。他们是在舒适中长大的，他们还期望不断
> 增长的舒适。"
>
> ——《巨人与侏儒》，华夏出版社 2011 年版，第 372 页。

考察中国高等教育大众化阶段精英大学本科生共同的代际背景，不难发现他们和前辈大学生有着显著的差别。出生于上世纪 80、90 年代、进入 21 世纪后才陆续来到精英大学的这一批年轻人，不像 50、60 年代的大学生经历过建国初期的物质匮乏的紧张，也不像改革开放初期 80、90 年代大学生们体验过知识匮乏的恐惧，他们是中国社会变迁过程中具有特殊意义的一代，有学者将他们统称为"改革开放的孩子"[1]——他们是出生于改革开放后的中国新生代，深受一系列重大社会历史变迁的影响。他们出生于独生子女政策下，成长于市场化与全球化背景下，惊人的经济增长速度、稳定的国内政治环境、日新月异的信息技术，他们中学时成为了互联网络的原住民，上大学时赶上高等教育的扩张……改革开放 40 年里经济、技术、文化、家庭各领域的迅速变革与他们的个体生命历程交织，在人生发展的各个阶段改变着他们的生活环境，也形塑了他们不同于前代大学生的群体特征与性情。

"与家庭的亲密关系"毫无疑问是这些特征里最为"自然"且"稳定"的一种，"独生子女"是他们共同的标签——"我们的孩子"首先是"家庭的孩子"。

1　李春玲，改革开放的孩子们：中国新生代与中国发展新时代 [J]，社会学研究，2019，34（03）：1-24+24。

5.1 从"家里的小皇帝"到"不想让父母失望"

在传统的家庭结构中，年长的祖辈往往位于家庭的中心位置，他们最受到其他家庭成员尊敬，享有关于家庭日常事务的最高决定权，一言一行都备受瞩目。而独生子女一代的出现，使得家庭的重心迅速"下移"——"孩子"成为祖辈和父辈共同的焦点——子女的唯一性极大提高了养育"失败"的代价，长辈们自然而然地把更多的关注目光投射在孩子身上，这种关注随着孩子年岁的增长不仅成为习惯，而且"要操心的事越来越多"[2]

2016-2019 年间关于北京大学本科生家庭背景的系列调查显示，绝大多数学生是独生子女，占比高达 75%左右。[3]他们大多在祖辈和父母的双代养育中长大，从小备受宠爱，是"家里的小皇帝"，集中了家里的物质资源和精神关注，无论是在城市家庭还是农村家庭都是如此。

李子健出身于农村家庭，由于各种原因他并没有兄弟姐妹，他是家里的"独苗苗"，家庭经济条件虽然不好，父母的文化水平也不高，但他们从没有亏待过他的物质生活，"家里有什么好吃的当然都先紧着我，每天一个鸡蛋是肯定有的。去县里上学以后爸妈每个月还会给点零花钱给我，让我放假和同学一起出去玩的时候可以买点饮料、零食之类的。每年过生日、他们过年回来之前都会问我想要什么礼物，同学们最近都穿什么牌子、款式的鞋，不太贵的话也会给我买牌子的，要是贵的话就尽量买差不多的。高中的时候有一阵我记得很流行穿帆布鞋，班里很多人穿匡威，最少也要 300 多块钱一双，实在太贵了，后来我妈带我去买了一双回力的，50 几块就拿下了，除了没有那个标志长得都一样，质量还好，我一直穿到来北大。"

赵雨萱家里比较富裕，父亲经商、母亲是大学老师，她从小学画画、拉小提琴，最喜欢的就是芭比娃娃，"我家有一面墙，放着我从小到大收藏的各种款式的芭比娃娃，爸妈出国都会给我带不同国家的，尤其是黑皮肤的，国内一般都买不着。爷奶逛超市看到了也会给我买，不过都是最原始的款，丑丑的。我小学的时候去过一次香港的迪士尼，回来之后念念不忘，芭比娃娃都不香了，我妈就答应我只要期末考全班第一就再带我去，据说那段时间我学得可认真了，虽然最后只考了第四名，但他们还是带我去了。不过我最喜

2 参见风笑天，中国独生子女［M］，从"小皇帝"到新公民，北京：知识出版社，2004。
3 2017 年的北大新生基线调查中，独生子女占比甚至高达 78%。

欢的还是日本的迪士尼，高二会考结束自己和朋友跑去的，疯玩了几天，是我最好的闺蜜，当时我们就约定以后要把全世界的迪士尼都打卡一遍。"

尽管家庭条件不同，但子健和雨萱的父母都在力所能及的范围内尽量满足他们的需求，他们从小被宠爱着，同时也被寄予厚望。"爸妈每周打电话回来固定是会问学习情况，翻来覆去就是让我好好读书，以后可以坐办公室，不用像他们那样干力气活。他们供我上学也不容易，我初中的时候刚开始成绩还不太好，从村里的小学去县里跟不上，我妈很着急，硬是打电话找老师，想办法让我在班主任家里住了半个学期，每天晚上老师带一带、补补课，花了不少钱。高中的就更加了，我们高中都要求住校的，但宿舍都是8个人的，环境很差，我高一高二都是住宿舍，高三复习太紧张了在宿舍不方便，就让我奶奶专门在学校旁边租了个房子带我，给我洗衣服做饭。"

雨萱的父母表面上对她没有什么要求，"他们从小就说只要我健康快乐就好，以后想干嘛干嘛，特别高中的时候还老是怕我压力大，总说只要考个一本就行了"，但雨萱自己对自己有要求，"每次到一个新环境里面，我总想自己不能是最差的那一个，也不能是中游的，最好还是要中等偏上这个样子。"她给自己在人群中的定位是"前30%"，"我是比较慢热的，刚进入新学校新环境的时候成绩都差不多中等水平，但成绩低于30%的时候其实心里就有点难受了，就会想办法努力、找一些学习方法，赶上去"。虽然这种要求并不直接来自父母的硬性要求，但父母的期望实则潜移默化地体现在了日常的行动中，产生了影响——"他们表面上很佛系，说要快乐学习、开心就好，但每次我考不好的时候他们比我还着急，各种给我分析试卷，反思学习方法啦，还小心翼翼地问我要不要上补习班。成绩一有起色了，他们比我还开心，不用我说就跑去买芭比娃娃。"

"爱"与"望"往往都是相伴而生的，劳动阶层的父母们希望孩子能以"苦学"逃离"苦活"[4]，中产阶级父母希望孩子能"更进一步"，至少不能过得比自己差。[5]这种"望子成龙、望女成凤"的心态一度引发"揠苗助长"的批评，但更多的批评来自"要星星不给月亮"的宠爱使得独生子女养成"依赖"、"任

---

4 范云霞，劳动家庭教育卷入研究：以毛镇"高考陪读"为个案 [D]，北京师范大学，2019。

5 冯文，唯一的希望：在中国独生子女政策下成年 [M]，常姝译，南京：江苏人民出版社，2018。

性"、"娇惯"、"自我中心"、"缺乏社会责任感"[6]，在相当长的一段时间内，80、90 后一度被担心成为中国"垮掉的一代"，这种担忧直到 2008 年一大批 80、90 后青少年在汶川地震抗震救灾一线和北京奥运会志愿服务中的优异表现才得到缓解。[7]随着独生子女一代的成年成长，越来越多的实证研究表明独生子女由于从小更受到家人的关注，在心理、人格、社会交往能力等方面比非独生子女更为健康，更少出现焦虑、抑郁、自卑、社交退缩等问题。[8]

在以"自我"为中心的差序格局中，家庭是离自我最近的单位，对个体自我的塑造具有重要的意义。父母的"爱"不加掩饰地落在子女身上，而父母的"望"也通过或明暗、或宣之于口或隐含在行动的方式传达给子女们。必须要指出的是，在这种经由先天"生"的血缘关系和后天"养"的社会关系共同构成的中国式亲密关系网络中，传递和表达从来都不是"单方面"的。费孝通先生认为，中国的代际关系是父辈和子辈之间抚育和赡养"双箭头"的"反馈模式"，区别于西方只有单箭头抚养的"接力模式"[9]。国人常言"只有父母的爱是最无私、最不求回报的"，然则，对一个从小被置于亲密关系网络中成长的孩子而言，反馈和回报，都是自然而然的事情。在漫长的受教育阶段，这种"对父母之爱的回报"，集中体现为"对父母之望的满足"，成为青少年社会化过程中重要的心理动机。

子健坦言从小努力学习就是为了回报父母，"他们那么辛苦，为我付出了这么多，我肯定不能让他们失望！"而雨萱也觉得，"虽然爸妈嘴上不说，只求我健康平安，但我就是自己好像总感觉怕对不起他们，我也不知道他们是怎么把我教成这个样子的，我要考得不好就觉得有点对不起他们，就想下次再努力一点，考好了让她们开心。"

"不想对不起父母的付出"、"不想让父母失望"是相当一部分精英大学本科生在回溯"前大学"时代学习动力时给出的回答，"毕竟他们对我也没什么要求了，只要我好好学习就行，那就学啊，反正都是为了我好"，考上大学、考上尽可能好的大学，他们没有理由拒绝父母设下的这一目标，并自然而然

6　参见李春玲，境遇、态度与社会转型：80 后青年的社会学研究［M］。
7　包蕾萍，中国独生子女刻板印象的实证研究［J］，当代青年研究，2011（09）：13-19。
8　詹启生，程诺，李秒，薛艳玲，独生子女与非独生子女大学生心理健康比较［J］，中国健康心理学杂志，2017，25（09）：1414-1418。
9　参见费孝通，生育制度［M］，北京：商务印书馆，2011。

地把父母的"期望"转化为自身行动的"动力"。而北大，毫无疑问是一份相
当让父母满意的答卷，这也就不难理解为何有像慈航一样的同学到了精英大
学之后反而丧失了继续前进的动力——他已经不再需要为了父母读书了，也
不再有老师每天殷殷期盼的目光，他实在不知道还要为了谁继续奋斗。

子健则不然，他觉得自己"还得继续好好努力，担起家庭的责任"，他希
望毕业后能找到薪水更高更体面的工作，"以后让父母过得好些"，大学四年，
他也一直这么做的。

如果说在上大学前，"高考"（区别于自主招生的统一考试制度）是一块
极大程度上掩盖了学生与学生之间性别、样貌和出身的"无知之幕"[10]，那么
毫无疑问，在来到大学之后，这块幕布被无情地掀开了——个体重新"回归"
或"拾起"自身的"自然属性"，迈向新的征程。家庭资本的厚薄，在从此以
后的通关之路上，都将发挥着重要的作用。在精英高等教育时代，这个问题
并不十分关键，因为"上大学"这一成就本身，已经足够"洗白"出身，工农
子弟正式告别原生家庭身份，成为"准国家干部"，而今则不然。当精英大学
已不足以直接导向并保障社会精英身份、实现阶层跃升时，个体必须亲身下
场，参与激烈竞争，以"后天的"的努力和奋斗积累成就，为自己博得精英地
位。而此时的个体，不再是以被选中的才智与品行孤零零地在场，他与他的
家庭一道存在着，家庭资本是他可以依仗的重要资源。

5.2　基于家庭资本的"先行者"与"淡定者"

"条条大路通罗马，而有的人就住在罗马"，这句网络俗语常用来调侃当
下日益固化的阶层差距以及试图弥合这种差距的努力有多么"无力"。在教育
社会学的研究领域中，教育与再生产的关系早已不是新鲜的话题。

在马克思主义理论关于生产与再生产的概念界定中，生产的条件包括物质
资料、劳动和与生产关系，其中劳动力的再生产与教育密切关联。美国学者鲍
尔斯和金蒂斯在《美国：经济生活与教育改革》[11]一书中，从宏观的经济制度
视角对学校教育与资本主义经济制度的关系进阐释，指出资本主义的教育结构

10　参见［美］罗尔斯，正义论［M］，北京：中国社会科学出版社，1997。

11　［美］鲍尔斯，金蒂斯，美国：经济生活与教育改革［M］，王佩雄等译，上海：
　　上海教育出版社，1990：195-222。

与资本主义的经济结构是对应的，学校教育的矛盾实际上是资本主义社会矛盾的集中反映。研究从分析 20 世纪后期美国自由派改革运动的失败原因出发，以"免费学校运动"、"平等主义学校运动"为代表的系列教育改革原本旨在促进教育机会与经济收入的平等，结果却事与愿违。鲍尔斯和金蒂斯分析认为，教育从来不是推动经济平等的有效推动力，家庭背景等物质、社会资本才是影响经济平等的重要因素，因而，简单将教育与劳动力市场价值挂钩是错误的。学校教育的综合职能（统合职能）在教育目的中占支配地位，影响了平等化职能和发展职能等其他职能的实现，自由派教育改革的目标本质上是自相矛盾的。现实中，学校教育的内容（专业知识、尊重权威）与资本主义经济制度的需求相对应；学校教育的筛选性与分类与劳动薪酬特点相似；而不同生源性质的学校也与其在资本主义经济制度中的参与方式相一致，弱势阶层孩子集中的学校以强制、服从为主，而优势阶层子女占主体的学校则更为开放和自由。在理想层面，"只有当教育系统为实现充分民主地参与社会生活和平等地分享经济活动成果而培养青年时，它才可能是平等的和自由的。"[12]

布迪厄与帕斯隆在《继承人》与《再生产》中以"文化资本"为核心概念对法国大学生出身分布与教育系统进行分析，探究教育如何使阶级地位在代际之间传递的再生产过程。研究发现，家庭背景对高等教育机会有极其显著的影响，"高级职员儿子进大学的机会，是农业工人儿子的 80 倍，是工人儿子的 40 倍，是中级职员儿子的 2 倍"[13]。究其根源，不同阶层的家庭文化资本分布并不均衡，而升学所要求的思维技术和习惯的传递首先在家庭环境中进行，这就使得出身弱文化资本家庭的孩子处于劣势，只能以低姿态求助于学校与教师"道破天机"[14]。然而，教学行动本身具有双重专断性，所有的教学行为在客观上都是一种符号暴力，"是一种专断权力所强加的一种文化专断"[15]，它既强加内容，也强加形式——学校中课程的设置、教学标准的制定、

12　[美] 鲍尔斯，金蒂斯，美国：经济生活与教育改革 [M]，王佩雄等译，上海：上海教育出版社，1990：19。

13　[法] 布尔迪约，帕斯隆，继承人——大学生与文化 [M]，邢克超译，北京：商务印务书馆，2002：6。

14　[法] 布尔迪约，帕斯隆，继承人——大学生与文化 [M]，邢克超译，北京：商务印务书馆，2002：95。

15　[法] 布尔迪约，帕斯隆，再生产——一种教育系统理论的要点 [M]，邢克超译，北京：商务印务书馆，2002：13。

考试的选拔规则总是有利于特权阶层的利益，教师本身也往往出生于中产阶级或教师家庭，在诸如非标准化的口试测评中中，有文化教养阶级出生的大学生在满足测试标准方面有极大的优势。下层阶级越把这种自身的不利处境视为天赋的差距和个人的命运，这种经由教育将"社会类别转化为学业类别"的社会"炼金术"也就越成功。[16]

具体到中国精英大学的历史与现实，大量的实证研究表明，家庭资本从进入精英大学之前，就已经开始发挥作用。

李中清[17]带领的研究团队从上世纪 80 年代中期开始整理收集中国教育精英的历史档案资料（大规模微观数据，具体到个人层面的家庭背景、地理分布等信息），包括清代几乎全部的进士官员以及大部分举人、贡生，民国时期大部分大学生，以及北京大学和苏州大学 1950-2008 年间所有大学生的学籍卡记录。量化的分析结果表明（1）1865-1905 年，教育精英基本由全国性的官员或中高级士绅子弟构成（>70%）；（2）1906-1952 年，教育精英转为以地方性专业人士和商人子弟为主（>60%），且集中在京津、长三角和珠三角地区；（3）1953-1993 年，来自全国各地的工农无产者子弟成为教育精英的重要来源（40%）；（4）1994-2014 年，随着各地有产家庭的迅速增加，其子弟通过重点高中成规模地进入了精英大学，成为教育精英的主体（>50%）。

刘云杉[18]以 1978-2005 年北京大学录取新生中的农村学生为对象，比较不同身份群体在不同时期进入北京大学的难易程度。研究发现，1978-1998 年家庭出身为农民的学生占新生比例的 20-40%，90 年代中期开始下降，2000 年以后农村户籍新生的比例为 10-15%。干部家庭出身的新生所占比例稳定在 50% 左右，1998 年高达到 69.4%。李春玲[19]基于全国抽样调查数据

16 ［法］布迪厄，国家精英［M］，杨亚平译，北京：商务印书馆，2018：67。

17 梁晨，李中清，张浩，李兰，阮丹青，康文林，杨善华，无声的革命：北京大学与苏州大学学生社会来源研究（1952-2002）［J］，中国社会科学，2012（01）：98-118+208，梁晨，董浩，任韵竹，李中清，江山代有才人出——中国教育精英的来源与转变（1865-2014）［J］，社会学研究，2017，32（03）：48-70+243。

18 刘云杉，王志明，杨晓芳，精英的选拔：身份、地域与资本的视角——跨入北京大学的农家子弟（1978-2005）［J］，清华大学教育研究，2009，30（05）：42-59。

19 李春玲，社会政治变迁与教育机会不平等——家庭背景及制度因素对教育获得的影响（1940-2001）［J］，中国社会科学，2003（03）：86-98+207

探究家庭背景对学生教育获得影响。研究发现，1978 年以前，中国教育机会分配从一种极度不平等的状态向着平等化的方向演变；而 1978 年之后，教育机会分配的不平等程度逐步增强，家庭背景及制度因素对教育获得的影响力不断上升。

文东茅[20]、丁小浩[21]、谢作栩[22]、陈晓宇[23]、杨晋[24]、周丽萍[25]等学者使用 1999 年中国高校扩招后不同层级、来源、时间跨度的大学生数据探究我国不同质量高等教育机会的分配与学生家庭社会经济背景和父母的社会阶层之间的关系。研究结论在不同程度表明，高等教育大众化背景下，我国优质高等教育资源有更倾向于经济背景好和社会地位高的家庭的子女，高学历、大城市、高收入和从事优势职业者的子女进入 985、211 等中国精英大学的比例更高。

北京大学 2019 年的毕业生调查结果显示，入学前家庭经济情况中等水平的学生占到了绝大多数（自我报告家庭年收入在 11 万-30 万元的占到 43%，31-60 万元的占到 17%，6-10 万元的占到 21%），富裕水平的（年收入大于 60 万元）占比 6.2%，贫困程度（年收入少于 6 万元）的占到 13%。父母学历方面，父亲拥有研究生及以上学历的占比 15.9%；大学专科或本科学历的占比 49.2%；高中学历占比 20.7%；初中及以下学历占比 14.2%。而母亲的文化程度相对较低，研究生及以上学历占比 9.2%；初中及以下学历占比 18.7%。而在职业方面，以专业技术人员和企事业单位中层管理人员为主。

---

20 文东茅，家庭背景对我国高等教育机会及毕业生就业的影响［J］，北京大学教育评论，2005（03）：58-63。

21 丁小浩，规模扩大与高等教育入学机会均等化［J］，北京大学教育评论，2006（02）：24-33+189。

22 谢作栩，王伟宜，高等教育大众化视野下我国社会各阶层子女高等教育入学机会差异的研究［J］，教育学报，2006（02）：65-74+96。

23 陈晓宇，谁更有机会进入好大学——我国不同质量高等教育机会分配的实证研究［J］，高等教育研究，2012，33（02）：20-29。

24 杨晋，叶晓阳，伍银多，丁延庆，高校扩招中的高等教育分层及入学机会分配［J］，教育发展研究，2019，39（07）：13-20。

25 周丽萍，岳昌君，从入口到出口：家庭背景对高等教育公平的影响——来自 2017 年全国高校毕业生就业调查的证据［J］，江苏高教，2019（08）：47-58。

图 5.1 北京大学 2019 届本科毕业生父母学历情况

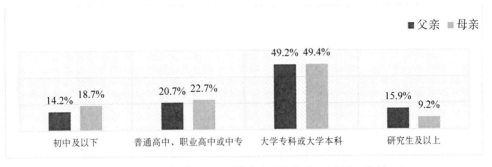

图 5.2 北京大学 2019 届本科毕业生父母职业情况

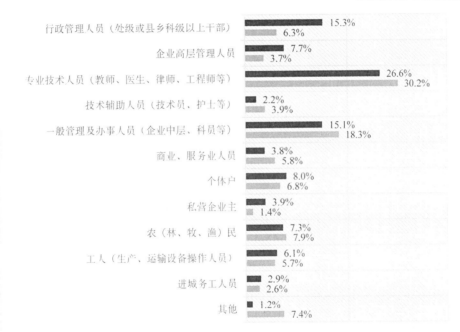

5.2.1 基于家庭文化资本的"先行者"与"后发者"

当这些不同家庭出身的孩子走进精英大学，家庭资本的作用非但没有减弱，反而以更加多元的方式出现，影响着精英大学的整个培养过程。

子健通过纯高考的方式从县中考入北大，就读于经济学院。他的高考分数很高，是当地的理科状元，选择经济的原因很简单，因为"好就业，而且工资高"，至于为何没有选择光华，子健解释有两方面的因素，一是因为在全省的排名并不是特别高，需要争取名额，不一定能报上。另一个是因为听招生老师介绍经济学院的升学比例比光华高，"我爸妈希望我能读完研究生再出来工作，本科文凭越来越不值钱了，好多工作都只要研究生的"。中学给的奖学金和北大针对贫困学生的"绿色通道"资助是使子健得以免去大学四年间学费和绝大部分生活费的"后顾之忧"，"学校每月会直接把生活补助打到校园卡里，省着点吃是够的，但要吃好点还得自己再冲一点钱，爸妈只要负担我买书之类的其它花销就行，到大二我就有奖学金了，加上兼职赚的，后来基本就没怎么用过爸妈的钱了。"

到北大之后，子健更深刻体会到了各种家庭资本导致的差距，尤其是文化资本方面。子健感慨"视野的差距比纯教育质量上的差距更令人绝望"。子健觉得，理工科学生之间的差异可能确实存在天资的不同，"就是有比你聪明的人比你还努力"，但对人文社科专业来说，视野上的差距与后天的家庭教育、前大学时代的学校教育经历密切相关。"很多北京、上海这些大城市、名校来的同学，他们见多识广，跟人打交道人更有自信、更得体些。而我上大学前连一次博物馆都没去过，整个高中除了课本和作文素材就没看过什么课外书，人家从小看的就是各种纪录片，旅游打卡过大半个中国的省份，国外好些个州了……他们的英语口语非常流利，而我学得是哑巴英语，能看但不会说"。这种视野上的差距会体现在学业中，文化资本雄厚的家庭出身的学生在一些比较"软"的课程里能够更好地契合，取得更高的分数——"这些课程往往需要自主选题、做小组汇报或者提交论文，考核方式更灵活、给个人自由发挥的余地更大，我觉得我在写论文时候的选题、创意这方面的真的和人家差太多了，他们能各种发散思维，多学科的角度切入，特别新颖，我就思维比较僵化；而在相对"硬"的课，比如如有标准答案的数学课中，子健表示"可以延续中学时候的学习方式，通过不断的练习刷题在考试中拿到高分"。

这种差距在职业发展与生源规划方面同样表现突出，受教育程度高的父母更给予孩子更多发展方向上的指引，而文化资本往往与家庭的经济资本和社会地位密切相关。"我是大三下才想明白自己以后到底要做经济领域什么方向的工作的，上大学前根本不知道经济学院要学啥，就知道是跟钱打交道的，实际上各个专业方向之间差别太大了。刚来的时候也是懵的，可能随便听学长说一两个词，投行、咨询。但是他们就投行要干吗，咨询要干吗，他们需要什么样的品质以及我到底适合什么……完全不清楚，但有的人他一上来就很清楚，他就是奔着这个来学的。"

"一上来就很清楚"——这是基于家庭文化资本的"先行者"还是个人内在兴趣和热情方向的"先觉者"？子健认为，这两者是分不开的，因为"你不可能对一个完全不了解的东西感兴趣，而你能够接触到的行业，看到活生生从事不同行业的人，基本都是来自于你的父母、亲戚朋友，以及他们的交友圈子"。在入学前依靠家庭社会资本能够"提早地接触行业"、"提早地排除不喜欢的"——是这些"先行者"在入学后抢占"先机"的重要原因，而他们也有很大地概率，可以成为真正发展处内在兴趣的"先觉者"。

子健讲到自己在学生会认识的一位学长，"他一路发展特别顺利，他是高中的时候就很明确自己要学商，搞咨询类的，他父母就是从事金融行业的，他对这个东西了解、有热情，一入学的路径规划得就很好了。他从高三那年暑假就开始在父母的单位实习，我在大二才有这个意识，才开始找实习"。而"找实习"是很看资源人脉的，"大一大二的时候自己去申请实习基本都没人要你，有条件的第一份实习基本都是家里帮忙找的，我是自己拜托比较熟悉的学长学姐们推荐的，一个小的咨询公司打杂的岗位，跟人家那种资源没法比。"

子健最终瞄准了"投行"而非"咨询"作为自己研究生毕业后的未来职业，他通过社团结识的学长和老师的资源推荐在上述两个行业内都做过实习，最终形成了自己的判断，"我觉得投行还有咨询对这种不同的品质划分的还是比较明确。比如说咨询是那种很喜欢接触新事物，经常要世界各地的飞，你对于融入不同的 team，快速跟人熟络起来，快速学习新东西的能力，这些我相对比较弱一些。投行的工作专业性要更强一些，更偏后台，做一些数据处理，对个人的计算机水平和数学水平要求比较高，虽然工作内容可能相对枯燥一些，但我觉得很适合我。"

于是，子健从大三开始修计算机双学位，这是学校允许报名双学位的最晚时间，他在大四上学期成功保研金融方向的研究生，他预计自己研究生将会度过非常忙碌的三年，"双学位延毕了，课没上完，还好学校允许研究生期间继续上一年。我还想争取出去交流半个学期，前几年的时候就想了，一直挺羡慕别人的，但自己英语考试没考过，今年总算考出来了，趁着还有学校的平台申请方便还有经费资助赶紧出去看看。"

虽然家庭资本相对弱势，但子健通过自己的努力最大程度上抓住了精英大学的平台、校友、资源和机会，他虽然"后发"，但在未来漫长的人生旅途中也未必不能"先至"。

表 5.1 "未来职业人"的本科经历概要

	大 一	大 二	大 三	大 四
学业表现	专业课		计算机双学位	计算机双学位
学术科研		助研	助研	
学生组织	院学术会-学术部			
社团活动	学生服务总队成员	学生服务总队-部门负责人	学生服务总队-队长	
实习实践		第一份实习	第二份实习	第三份实习
荣誉／奖励		某院级奖学金	社会工作奖	保研

图 5.3 "未来职业人"的本科经历雷达图

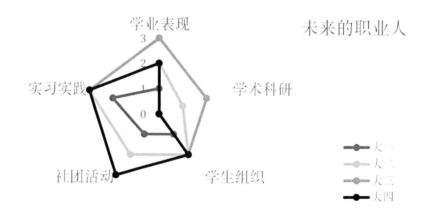

5.2.2 基于家庭经济资本的"淡定者"与"焦虑者"

雨萱毫无疑问是子健所羡慕的"视野开阔"、在"前大学阶段"就有资本"抢跑在前"的人。她在高二暑假通过自主报名自费来到北大参加艺术学院举办的学科夏令营，从小学习的绘画和音乐特长、多国风情的旅行经历和审美体验、优秀的表达能力帮助她从专业学科教师的主导的简历筛选、活动观察和面试考核中层层脱颖而出，最终获得夏令营的"优秀营员"，赢得了自主招生的降分录取资格。凭借专业定向的 10 分降分，雨萱压线进入了北京大学艺术学院。这是一个她本人和父母都比较满意的结果，"其实我的高考分数去比北大清华稍微次一点学校可以选最热门的经济金融类专业，还有很丰厚的奖学金，这些学校招生老师一直打电话诱惑我们，但无论是我自己还是我爸妈都没有动摇。爸妈觉得有机会上最好的学校当然得上最好的，资源平台和人更重要，专业之类的、以后好不好找工作其实无所谓，他们怕我动摇一直给我灌输学啥都能找到工作，冷门些的专业人少其实更容易出头。我自己其实本身就觉得艺术学挺好的，一个是从小到大学画画学小提琴学了这么多年，虽然不是艺术特长生，但坚持下来在这方面的兴趣还是有的，也是我除了课内学习以外投入时间最多的领域了，底子都在那里，应该还是能学好的。再一个就是真要是学得不喜欢了以后还能换啊，大一完可以转专业，研究生也可以换别的，不是说这下选了就一定吊在这条路上了。"

雨萱在入学时对整个本科阶段和未来发展道路的选择保有了极大的开放性，"当时觉得以后干什么都可以啊，想读书就继续读书，保研和出国都行，本科毕业直接工作也可以，我爸妈都支持，随便我，以后也不需要我养家糊口，过得开心就好。感觉考上北大之后他们对我就彻底的无欲无求了，连学习也不紧张了，反而怕周围的人太厉害我压力太大让我多参加些活动，多跟朋友出去玩。所以我对绩点也很佛系，喜欢的课投入多些当然希望成绩能高一点，不喜欢但又必须要上的课就那样吧，能得个被正态的 84 分就很好了。"

雨萱和梓归一样，大学四年花了相当多的时间在探索和找寻自己的"喜欢"，不仅在学业方面，更在生活方式上。由于专业院系内部更为严格有序的培养要求，雨萱在知识领域的探索采用的是"主修专业＋其他"的模式。大一结束时，她和室友一起报名了经济学双学位，"大家都修这个，北大的三俗啊，我也体验一下"，但大二正式开始上课后，艰难的高等数学课很快打消了她的积极性，"经济学原理还是很有趣的，但花那么多时间学那些数学公式干什么？考完之后我这辈子大概再不会有想起它们的机会吧，一点学的动力都没有"，大二结束时，雨萱退掉了经双，再次申请了社会学双学位，这直接源于她上过的一门社会学系的通选课，"社会学感觉和艺术学还挺共通的，艺术学是用文艺作品作为载体来表达，比如我喜欢电影，是通过电影去看到社会、看到我未曾发现的人性等等，并传递我看到的东西。社会学其实也是干这个事，它不用借助电影媒介，而是用一套研究方法在去挖掘、呈现这个东西，它的视角和方法都对我很有启发。"

雨萱兴致勃勃地进入这个迷人的学科，然而直到大四毕业，她都没有修完双学位要求的学分，"要想同时修完两个学位太难了，每学期得选十几门课，完全顾不过来啊，我还有好多社团活动要参加，而且有的社会学分支我是真的不感兴趣，要拿学位也得修，干脆也退掉算了不申请延期了。反正我想上的课都选过了，选双学位的目的已经实现了，剩下的其实已经是负担了，我不想再勉强自己就为了多拿一个学位学完全不喜欢也用不上的东西。"

与雨萱淡定、从容、不慌不忙甚至有一些"任性"的状态形成鲜明对比的是她的室友晴雪，一个出身贫困家庭的女版"子健"。晴雪是通过高考踩线从县中来到了艺术学院，上大学前最远去过市里、连电影都没看过几部的她从大一进来开始，她积极地为修经双准备着，"艺术学和经济学大一的专业课程差别太大了，直接转系的话需要准备经济学专业课的考试，风险太大了，要是一心准备这个肯定影响本专业绩点，万一没考过本专业成绩又差可能连经双都申请不了。"于是，晴雪选择了较为稳妥的经双路线、在不转系的情况下，把双学位当做主修专业来学，她也这么去做了，几年的学习下来，晴雪觉得自己当初的选择是非常明智的，"学经济学不仅比艺术学更让我有安全感，而且在差不多的时间投入下，经济学我能够学的更好。因为经济学它本身是一个理论比较完善，框架成熟摆在那的学科，它某些方面是有确定标准和答案的，比如一个量化的模型，它就是这么解释的，但是你艺术学很难这么说，我感觉这是一个比较飘的学科，理解一些作品都需要灵感，更别说自己上手去导演片子。感觉我学了这久也不知道学了什么，好像就是有一点感觉，一种调调，但它没有办法明明白白地落地，变成好用的工具或者技能让我可以去解决某些现实问题，我总觉得抓在手里的是空空的，很慌张。"

晴雪和子健一样，非常明确自己未来是要就业的，是要担负起"养家糊口"的重任，要通过自己的努力工作给自己和父母家庭带来更好生活的，他们自己包括父母都希望他们能够在精英大学里学会足以"安身"的知识与技能，从而在离开精英大学之后在劳动力市场中获取稳定的工作和更高的收入。所以他们从入学开始的每一步都是慎重而稳健的，最大程度利用学校的平台资源，从内到外各方面武装和发展自己，他们坚定地往前跑，好好学习、争取荣誉和各种机会、按部就班保送研究生为自己的履历加码，他们不敢停下来甚至不允许自己出错，因为"别人已经起跑在前面了，你还停下不努力、浪费时间走弯路肯定就会被落得更远。"

相反的情况，出身富裕家庭的雨萱和慈航也清楚地知道，自己的"任性"

和"淡定"是建立在家庭经济资本提供的可靠"安身"保障的基础上，有家有父母，他们一直是有"退路"的，而且这个"退路"已远比许多人终其一生奋斗的结果要走的更远。当通过承袭而获得的家庭经济资本作为坚实的后盾在相当程度上免除了个体未来的"安身"忧患后，"立命"的需求变得极为突出。不同于慈航的"消极怠工"，雨萱采用了更加积极主动的方式去探索和尝试，她通过通识课程、学部内的公共平台课、辅修双学位等方式，饶有兴致地广泛涉猎了人文社科的专业领域；她加入了许多兴趣类的社团，热衷于结识志同道合的朋友；她慢悠悠地完成了四年的学业，也不着急保研、找工作为自己寻找落地的"下家"，她打算 gap 一年修养、准备语言考试，去法国继续留学，学习艺术或者其他文艺相关的领域。"我目前挺享受读书学习的状态的，希望能一直读下去，读到博士出来工作，在一所三流的大学找个教职，或者从事创作的自由职业"，这是雨萱目前认为比较理想的生活状态，至于什么样的生活是有意义的？雨萱并没有十分明确的答案，她的回答是相当存在主义的，"我觉得世界是一个充满着可能性的世界，我也不知道一定要怎么做，我就这样一步步走，活成我自己每一步的这个样子，这个就是我的轨迹。我希望存在目的在我自身，而不在外边，不在于他人的评价和认可。我现在享受做研究和创作的内在快乐自足，享受这种不确定的状态，拥抱生活各式各样的可能性"。

5.3　"家庭的孩子"与"学校的孩子"

　　子健觉得，虽然家庭是自己无法割舍的存在，但自己心性和能力的培养主要都是在学校里完成的，从村小到县中到精英大学，父母在他成长过程中绝大部分的时间里是缺席的状态。"家庭给予我成长的帮助大多是物质上的，随着我自己一步步地升学、来到北大，我越来越清楚地认识到我和我的父母不是一代人，也注定走不同的人生道路，我们很难感同身受，除去物质和情感上的连带，我很难在精神层面和关于未来方向的问题上获得来自父母的指导，他们并不理解我的困惑和纠结，我浅薄的解释也无法扭转他们的固有观念。"

　　相比之下，雨萱的父母更多地亲身参与到她的教养过程中，母亲分管她的课内学习，父亲负责她课余的兴趣班和运动锻炼。在她的成长过程中，父母是有眼光的、主动的规划师和领路人。"小学的时候，妈妈主张我去了一所重视艺体能力、发展创新教育的小学，我小学非常皮，各种运动锻炼、画画手工锯木头，非常愉快健康地成长，对很多东西都有广泛的兴趣。到初中他们就开始督促我收心学习了，每学期开学之前都会跟我谈话，总结上学期的不足，明确这学期的目标"。父母悉心把握了她成长的每一个关键节点，从小就注意对优良行为习惯的培养，小到每天早上一杯凉开水的养生习惯、吃完饭后练琴半小时、每天先写完作业再玩的学习习惯，大到"人生没有彩排，一切都是现场直播"的理念，教导她从小开始要为自己的行为和选择负责。

他们是学校的孩子，也是家庭的孩子，他们都经历了前大学时代激烈的竞争和筛选过程走进了精英大学，具有本文在第二章所述追求卓越的"致极"精神、顽强的自律意识等群体特征，这是通往精英大学相似的竞争性选拔模式倒逼中学和家庭教育"殊途同归"的培养结果。然，掀开"无知之幕"来到精英大学后，家庭逐渐从精英培养的幕后走向台前，家庭教养在前大学时代区别于学校教育的隐性作用逐渐凸显。出身优势地位家庭的孩子，秉承自家庭教养的性情、惯习使其天然地与精英大学的气质和培养理念相符合——他们从小在家庭的资源富养中长大、"有选择、不匮乏"，因而在面对精英大学提供的广阔平台和资源时更容易保持淡定、如鱼得水、有条不紊地采取行动；他们在父母较高文化水平和阶层地位的日常熏染中习得了面向更广阔、更高远的思维方式，与精英大学对领袖气质的培养、追求知识卓越和抱负远大之间的理念相契合。他们无物质生活的安身之虑，故可以更为专注地忠诚于灵魂的欲望，他们无需更多地回望与支援自己的"小家"，因而可以更放心和从容地献身"大家"。但同时，现实压力的缺乏也使他们比出身贫困家庭的孩子更容易面临行动力、目标感与意义感的丧失问题。慈航即是这一消极表现的典型，而对像雨萱一样的人来说，面向无限可能的存在主义人生观一方面当然指向极富有创造力和探索行为，而另一方面，也时刻面临着滑向消费主义、享乐主义和虚无主义的危险。相比之下，贫困家庭出身的孩子"求利"的现实压力——对改善自身与家庭物质生活条件、实现阶层地位（尤其是经济地位）跃升的迫切需要——与精英大学"求真"的精神、为公共利益和伟大事业献身的传统是具有极大矛盾的，尤其在大众高等教育时代、精英大学的受教育经历不再恒久等同于个体精英身份的当下，这一矛盾变得更加尖锐。但我们也必须看到的是，底层子弟能够克服重重困难进入中国精英大学——其高学业成就"既受制于底层的客观经济条件，又受益于其主观意向状态的创造性力量"[26]，底层独特形态的文化资本，如先赋性的动力、道德化的思维以及学校化的心性品质使他们更有行动力、执行力与勤勉良善的品格。[27]

26 程猛，吕雨欣，杨扬，"底层文化资本"再审视［J］，苏州大学学报（教育科学版），2018，6（04）：52-59。

27 程猛，康永久，"物或损之而益"——关于底层文化资本的另一种言说［J］，清华大学教育究，2016，37（04）：83-91。

第六章 结语：基本发现与深入探讨

> "大学生在我们的社会中是最敢于审视自己存在状况的群落。大家的心一半像贫民一样生活，很世俗地为自己的吃穿住行忧虑着……但另一半却像上帝一样在思考，固守着近百年的光荣与梦想。"
>
> ——《北大往事》，北京联合出版社 2018 年版，第 405 页。

回到本文第一章的核心问题，即当作为整体的高等教育系统已经转变为大众的形态和面向时，这个系统如何继续履行其精英部分的职能？换言之，作为传统的精英培养机构，精英大学在当下高等教育大众化时代的精英培养过程中还发挥着怎样的作用？

本文以 1999 至 2019 年间的北京大学及其本科生作为研究对象，主体的三章内容试图围绕以下两条线索进行探究，其一，是基于个体自我的成长叙事，从前大学时代的教育经历到本科阶段的自我发展，个体及由其构成的群体经历了怎么样的成长和蜕变；其二，是基于精英大学的培养叙事，从入学前的选拔到入学后的培养，精英大学提供了怎样的支持和引导。

我们至少可以在以下几个方面得出相对稳健的基本结论。

6.1 相对稳健的基本结论

第一，就大学生整体的精英身份而言，随着高校的扩招日益从基于文凭学历的"先赋性标签"转向依赖后天努力的"后致性成就"。"区隔"不再以"上大学"为界点，而是变成了漫长的过程，个体需要通过不断的努力去维持或更新自己的精英身份，终其一生回答"我是谁"和"我要成为谁"的问题。蕴含其中的是现代性乃至后现代社会转型过程中"个体—国家"关系之变，中国高等教育从精英走向大众的转型，也是中国社会从计划走向市场、从集体走向个体的转型。前30年，是总体性社会结构中"强大的国家"与"缺失主体性的个人"[1]，大学生富集在社会顶层，以群体面貌被国家吸纳于大学、服务于伟大的集体事业，同时也被国家强制性的精英身份以区隔保护；后40年，是"凸显的个体"与"隐退的国家"，大学生散布在社会之中，是大学平等的契约对象，而还原为独立的个体，或相互聚集托举形成圈子，或相互竞争厮杀成为对手。大学生作为一个整体的精英感不断丧失，而高等教育内部的纵向层级划分也日趋精细。

第二，就在高等教育场域中处于优势地位的精英大学而言，本科教育理念仍然坚守了一贯培养精英的精神传统和历史使命，旨在履行与其优势地位相符合的教育职能——为国家和民族培养引领未来的人。多元的入学选拔试图在"效率"与"公平"之间寻求微妙的平衡[2]，普通高考通过统一考试实现全国范围内的筛选和掐尖，竞赛保送为极少数在基础学科方面学有特长的偏才怪才提供倾斜性的制度庇护，而基于高校招生自主权的各类自主选拔模式在统一高考的基础上添附精英大学的个性标准进行补强（如专业兴趣、创新潜质等）。各渠道之间虽有路径上的不同，就选拔的竞争性与严苛性而言并无实质差别——"只要最好的、只做最好的"，是精英大学从招生环节开始传达给本科生的信念，"追求卓越"的精神贯穿了整个培养过程。一方面通过从开学典礼到毕业典礼一系列的仪式活动、经由歌曲、口号等载体千方百计地"鼓励雄心"，另一方面通过在学期间的科研活动、国际化经历、毕业期间的倾斜性升学和就业政策等全方位优势资源投入以"支撑雄心"，养成学生与中国高等教育金字塔顶尖的精英位置相匹配的志向和德行——不仅是智识的卓越，更是抱负的远大，是肩负起家国兴盛与行业未来的责任与使命。

第三，就具体的培养过程而言，"制度育人"逐渐取代"人影响人"成为精英培养的核心手段。无论是中国古典还是西方古典的精英培养模式中，"从师学习"都是主要内容，为师者"言传身教"，通过与学生在学术、生活各个

---

1 赵晔琴，从毕业分配到自主择业：就业关系中的个人与国家——以1951-1999年《人民日报》对高校毕业分配的报道为例 [J]，社会科学，2016（04）：73-84。

2 秦春华，超越卓越的平凡：北京大学人才选拔制度研究 [M]，北京：北京大学出版社，2015：114。

方面的密切交往，将绅士或是君子的特定生活方式传递下去，独特的性情与品格也在这个漫长持续的过程中隐秘地涵养和孕育。而今天，虽然我们仍然能够在讨论班、科研项目、导师制、office hours、课堂互动考评等环节看到精英大学在增强师生交往方面的努力，然而，这些交往从不言而喻的"自然的需求"变为白纸黑字"制度的要求"本身，便已然能够说明问题。Office hours设置了线上平台和打卡机制，导师制明确规定了每学期最少会见次数……越来越多的制度性设置规训着本科生从入学到毕业的每一个环节。尽管精英大学仍然坚持人对人的重要影响，但这种影响因其在力度和效度上的差异，越来越让位于"立竿见影"、"稳定灵活"的教学管理制度。学分制下细密的课程安排与量化考评就是这一系列制度中的突出代表。自由选修模式下的课程内容最大程度地照顾到不同个体的需求差异，但同时也面临知识的碎片化、时间的碎片化等诸多风险。而对 GPA 的 20%优秀率限制、综合测评中 60%的成绩占比、科研加分上不封顶、奖励成果而不奖励参与等细节规定又集中展现了精英大学极强的"学术导向"与"卓越导向"。精英培养的理念不仅鲜活地体现为人对人、导师对弟子的要求和榜样，而且被隐秘地包裹在制度设计中，以更为包容和弹性的面貌呈现，从唯一值得过的生活方式下降为一种导向、一种来自精英大学的权威推荐、一种放弃也并无不可的选择。

第四，除了精英大学之外，家庭是当下精英培养的过程中影响深远的另一重主体。在前大学时代，家庭就早已入局。不同经济地位、文化资本的家庭采用不同的方式教养子女，但更多的时候，基础教育阶段的学校承担着主要的教养职能，家庭被隐蔽在高考这块"无知之幕"下——绝大多数时候家长以学生日常生活的"服侍者"、学习投入的"监督者"、学业规划的"经理人"等辅助形象出现，对子女的爱与望集中在学业领域，直指"名牌大学"这一现实目标。当他们来到精英大学之后，家长的期望画上了一个阶段性的句号，自此，家庭资本正式以张扬而显名的姿态与参与到个体发展过程中，与个体并肩作战。我们清楚地看到不同文化资本的学生在精英大学里起步的不同，当竞争的场域从标准化考试有限的知识和教材扩展到无限的生活之中，占据优势地位、掌握丰富资本的家庭出身的孩子更能够抢占先机，在诸多的选择中表现从容。不仅因为他们前大学时代的积累视野更加广阔，更因为家庭资本作为坚实的后盾给了他们面对失败风险时足够的底气。中上阶层出身的孩子往往在面临专业、成绩、未来发展方向等一系列的抉择中更加勇敢，也更容易走向精英大学所引导的追求学术卓越和自我探索的道路。

第五，着眼代际间的差异，80、90后作为完全成长在改革开放后的孩子，具有显然不同于前辈们的生命体验和群体性情。他们绝大部分是独生子女，与家庭之间有更加亲密而稳定的关系；他们不像建国和改革开放初期的亲历者，几乎没有开天辟地、筚路蓝缕的"开荒"体验，他们更多地是"继承者"而不是"开拓者"；他们成长于经济快速增长、政治环境稳定、文化日趋多元的"社会上升期"，他们习惯于稳健、习惯于向上、渴望不断增长的舒适与安宁；他们是成长于全球化、信息化的时代，是互联网络的原住民，知识是触手可及、方便获取的，物质和工具是迅速变化、日新月异的，世界是一个地球村，人人都可以在社交网络上自由发声，成为独一无二的自媒体……他们是习惯于进步和更新的，比前辈更难拥有持续的喜好和热情，他们敏感而善于倾听，能够快速学习、紧跟潮流风尚、适应技术革新、使用迅速更新换代的网络语言、融入不断流变的线上组织群体；他们在物质上是不匮乏的，在精神养料上是多元丰富的，他们是习惯于消费和享乐的，而同时，他们也面临着更高意义感的困惑、家庭以外其他集体归属感的空虚。

6.2　更为深入的矛盾冲突

从上述五方面较为基础的结论发现或者说现象事实中，我们可以进一步推演出诸多深层的矛盾冲突：

其一，结合第一点和第二点来看，当大学生作为整体的先赋精英身份逐渐丧失时，精英大学仍然没有放松和改变自己"培养精英"的标准与要求——一个显而易见的矛盾出现了——当精英大学无法保证学生毕业后的精英身份，又如何能够期待他们在未来的人生旅途中始终担当精英的职责、将智识的卓越、国家和民族的命运扛在肩头？当对"配位之德"与"配位之行"的要求，建立并不稳定的"位"的基础上，这就使整个培养理念成为了无本之木，飘摇晃荡，只能依赖于个体信念的坚定或家庭资本的有力补强等方式来实现。象牙塔"内"与"外"的断裂，是今天精英大学本科生强烈不安感和焦虑的直接来源。

诚然，精英大学依靠极大程度的资源倾斜和符号权力，努力将"名牌大学毕业生"与"普通大学毕业生"在头衔和实质上都区隔开来，然而，这种区隔并不能提供像精英高等教育时代"大学生"与"非大学生"那样稳定且难以逾越的界限。由于研究生规模的持续扩张，大量的普通大学毕业生得以通过研究生阶段的学历晋升弥补本科的不足，更为关键的是，当毕业生走出校门面对社会时，他们不再单纯凭借"身份符号"便获得进入高级竞技场的资格、拥有比别人更高的起点，而是需要以自身的能力、实力亲身参与到市场的角逐中，通过努力赢得自己的收入、地位和名望。

精英大学不过是个体在漫长人生路途中一个契约下的"高级进修班"，当大学毕业、契约结束，富养的资源能否持续经营到下一个环节，个体能否踩着这一纸合约拿到下一个人生阶段的"大单"，这并不是前合作者（精英大学）的必然义务，也再没有国家作为重要第三方提供兜底的风险防范机制。从身份到契约，文凭社会失效了，后天的精英边界模糊了，于是有了个体面对多元身份标准和无穷努力空间下——无尽的焦虑。

其二，当我们进一步将一、二结合第四点来看，冲突变得更加激烈。当精英大学的资源富养只停留在大学阶段，而国家不再接管这些"准精英们"的"后大学时代"，选择的风险和压力在相当程度上转嫁到了家庭，更多地落回了精英自身。当中下阶层的独生子女来到精英大学之后仍然无法获得经济和社会地位上稳定的"安全感"和现实的制度保障，不仅要操心将来如何持续维系和稳定自己的精英地位，还随着年龄的增长需要承担成家买房、父母养老、子女择校等一系列紧迫压力时——谈理想、谈为国家和民族的未来而牺牲自我、谈献身基础科研事业而放弃高薪行业，无疑是一件不具有期待可能性、"非常奢侈的事情"。

改革开放以来市场化、个体化的社会进程极大增加了个人的风险——"孤立的个体在国家和市场的强大力量之间独立存在，家庭则成为个体获取保护、归属感和生命意义的唯一源头"[3]。这一代独生子女们在家庭有限的生育指标中孕育，承载了无限的爱与期望，家庭是他们构建自我的差序格局中最近的、存在时间最长、情感连带最深的一环，而精英大学，同样也只是短暂的一环而已。他们在国家隐退后中国式的家庭亲密关系中成长，他们期待尽快意义地"折现"自身价值，回馈并满足家庭对他们下一个环节的期待，他们不敢用现在的献身和牺牲去赌精英大学所期待的、漫长未来中并不十分确定的"更

3　阎云翔，杨雯琦，社会自我主义：中国式亲密关系——中国北方农村的代际亲密关系与下行式家庭主义［J］，探索与争鸣，2017（07）：4-15+1。

大价值或更高成就的出现"，这样割裂家庭和社会主流标准的选择和叛离毫无疑问需要更大的勇气。

其三，综合第二点和第三点来看，单就本科阶段精英大学的培养过程而言，培养精英理念是否能够如实传递给学生、落实在具体的培养实践中同样是非常有问题的。正如前文所述，传统"人-人"、"一对一"因材施教的教养方式逐渐被大众民主背景下"人-制度-人"、"多-1-多"的模式所取代，这就给理念的如实传递造成了相当的困难。正如学分作为测量学习量的中间单位，存在严重的效度问题，通过制度对理念的传达也是有"损耗"和"偏好"的。

一方面，正如柏拉图在理想国中对诗歌的驱逐，如果说现实世界是对理念世界的摹写，那么诗歌就是对现实世界的摹写，诗歌与真理之间就隔了两层——当精英培养的理念隐身更多地隐身进入制度规范，是否能够如实地为每位本科生所理解和接纳——传递的效度是相当不稳定的。无论是众多的执教者将理念凝聚为一个核心制度规则的前半段，还是一个核心制度规则传达到本科生手中的后半段。在前半段，我们毫不意外地看到了院系之间、教师之间在培养计划制定修改时的争议，更为灵活弹性的选修制度实则并没有解决争议，而是搁置了争议、交给学生用脚投票，精英大学在一定程度上放弃了给予学生的统一引导之责。而在后半段，我们看到学长学姐（学生辅导员）在教师与新生之间，以制度的实践者——"过来人"和"使者"的身份在"新生"与"精英大学"之间架起桥梁。而这个"桥梁"和将制度翻译成实践经验、总结出实践智慧的过程——同样是不一定准确和稳定的。制度本身成为目的，学生在最大程度上理解和应用了制度，但并不一定导向制度背后的理念。

另一方面，就理念内部的不同内容而言，通过制度规范进行传递的难易程度也是不同的。"追求智识上的卓越"——我们很容易通过掐尖招生、提高学术科研的占比、优秀率的规定来促进，然而"对国家社会的责任感与使命感"——诸如此类的精神是极难进行"操作化"的，因而只有通过典礼仪式、楷模宣传等软性的方式进行补强。问题的关键在于，用以指引行为、且与个体切身利益相关的制度是贯穿选拔和培养全过程、无所不在的，但仪式的洗礼却是为数不多的体验——这也就造成了传达效果上不可避免的差异。精英大学的毕业生，普遍能用较高的标准要求自己，终身学习、追求个体的不断进步，但这种追求往往不再与、至少不再首先与国家和民族的命运相关联。

其四，综合第二点（精英大学的培养目标）、第四点（家庭的教育理念）与第五点（代际的问题）来看。我们毫不意外地发现，精英大学并不是唯一提供"什么样的生活是值得过的"这个问题答案的主体，家庭及其背后的社会是影响深远的另一重主体。然而问题在于，家庭与学校——作为其承载的父母与师长——上一代人的经验智慧的结晶，提供的参考选项或答案是否为这一代人自然接纳？或是必须必然的选择？答案显然也是存在疑问的。青年的"时代性"主要在于他们与"当下"问题的接近，我们在引言的故事中已经看到"学业成就"与"世俗成功"之间兑换标准的代际差异，也在第二章如英的故事中看到模仿教师成长路径的困难。当父母和师长作为整个精英成长过程中最有影响力的"执教者"群体，当他们把自身过去的经验和理念向"受教者"传递时，他们是否如实考虑到适切性、考虑到当下个体成长过程中真实境遇的变化，是需要谨慎和反思的。正如曼海姆所述，代际更替是一个连续的过程，"对于青年充分的教育和指导（所谓充分是指所有处于实用知识之下的经验刺激被完全传递）会遇到极大的难题，即年轻一代的经验问题与教师截然不同……教师与学生的关系不是普遍意识（consciousness in general）的一个代表与另一个代表之间的关系，而是一个重要的主观取向与另一取向之间的关系。"而这种代际间的紧张也只有通过代际间持续的互动交流得以补偿和缓解"不仅教师教育学生，学生也会教育教师"[4]。

6.3　两种精英的理念型探讨

从上述各个主体、各个环节之间的矛盾冲突中，我们可以细致地感受分辨出两种不同的精英理念，或者说两套关于精英的不同度量和判断标准。一种是"大众的"、"在地的"、"不断流变的"，而另一种是"古典的"、"在天的"、"恒常稳定的"。

就"大众式的"精英而言，它是世俗意义上的成功者，是人群里跑在最前面的那个，是先分类再分层的结果。所谓"三百六十行行行出状元"，是因为纵使行业和晋升路径不同，但努力的过程和少数人跑在前面的竞争结果不

4　Mannheim K. The Problem of Generations, Essays on The Sociology of Knowledge. London: Routledge, 1997: 276-322. 中文翻译参见：卡尔·曼海姆，代问题［A］，卡尔·曼海姆精粹［M］，徐彬译，南京：南京大学出版社，2002：89。

变。主流的跑道与普遍的获胜标准根据时代环境的改变而不同，在计划时代，是成为国家干部、拥有更大的行政权力，在改革开放后，是以经济建设为中心、能获得更丰厚的经济回报。他们脚踏实地，心中牢记竞赛的规则标准埋头往前跑，或者"向前看"，瞄准在同一竞争跑道中的"在前者"，看齐、模仿、并试图超越。他们是讲究付出与回报比率、是要最大程度避免失败的。

就"古典式的"精英而言，它是神圣意义上的献身者，是人群之上站得更高的那个，是先分层再分类的结果。所谓"最优秀的人思考最根本的问题"，是因为有最根本的问题——推进知识的边界、关心更多人的福祉，要为往圣继绝学、为盛世开太平；是因为有最优秀的人——智力上的卓越、德性上的高贵。他们脚踏实地却永远"仰望星空"，追求永恒的真理，面向未知进行理智的抉择、勇敢地探索。最值得过的生活是更高的人生选择，并不因为时空的流转而改变，他们往往是为求真钻研的学者，勇敢担当的领导者，无论身处哪一类跑道，他们不仅要深谙现在的行动路径，还要抉择人群的未来方向，他们献身于此，不怕失败、不计得失。

这两种模式毫无疑问是有可能出现交叉的，交叉的情况往往见于以下两种方式：

其一，是一直埋头向前跑的人跑到了队伍最前面，获得了领跑的位置，他自然而然地"上升"，面临着未来往哪里跑的方向问题，要承担起与位置相匹配的责任。

其二，是一直仰望星空的人现实中的身体和生活受到了阻碍，他不得不"下降"，服从于世俗的规则。

家庭和社会的主流经验鼓励的是前一种精英，精英大学的职责和使命历来是培养后一种精英。在高等教育大众化的今天，这两套标准相互交织渗透在当下精英大学本科培养过程中——具体到个体在精英大学的成长，无论是坚定哪一套标准，都有着清晰可循的路径安排，能够帮助本科生进行关键的抉择和判断，正如前文中出现的人物如英和子健，是典型的大众式的精英，而选择献身科研的思明和晓晓，是古典式精英——无论是逐利还是求真，他们都知道自己想要什么，目标坚定、心无旁骛，精英大学为他们提供了最好的平台和资源，辅助目标的达成。但现实的复杂性就在于，在漫长的基础教育过程，绝大多数学生都遵循着第一套精英的标准往前跑，少数人从精英大学的入学选拔中脱颖而出，他们是人群中的万分之三，是所有考生里跑在最前面的——他们来到了领跑的位置，自然面临着关于未来方向的抉择。在本科阶段，他们接受着精英大学关于第二套标准的教养和熏陶，同时也受到仍然秉持第一套标准的家庭和社会的牵绊。他们正如 90 年代的前辈开始面临的烦恼那般，"一半像贫民一样生活，很世俗地为自己的吃穿住行忧虑着……但另一半却像上帝一样在思考，固守着近百年的光荣与梦想。"[5]勇敢试错者如梓归，举足不前者如慈航，都是在这一"转向"过程中遇到了困难。

大众高等教育时代精英大学的本科生，一方面承载着国家和社会通过精英大学集中所有优势资源培养各行各业堪当大任的未来领袖的重要期待，一方面面临大众主流的评价标准通过以家庭为代表的重要他人、同侪群体的压力。他们一方面被在天的、伟大的意义和事业所感召，一方面被在地的、朴素但充实的生活所牵绊。一边是灵魂的欲望，无限的、永恒的但缥缈的神圣殿堂，一边是身体的欲望，有限的、有朽的但切肤真实的人间烟火——无论全身心归属任何一方，都有清晰的路线和坚定的脚步，但困难就在于，当内心没有坚定的立场时，选择任何一方都会面临另一方的吸引，激烈地撕扯与摇摆、强烈的不安、无尽的焦虑。这种矛盾冲突，随着近 20 年的社会变革程度的加深、在高等教育大众化所加剧的竞争冲击下，变得更加尖锐。谁多谁少的成分占比，逐渐发展到谁先谁后的次序排列——回归以自我为核心的差序顺序——在首先满足基本物质生活的条件上追求更高层面的精神生活，"穷则独善其身、达则兼济天下"成为被多数人认可的价值位阶。

这绝不是大学精英教育的成功，当然也不是完全的失败。在整个高等教育大众化的场域和时代背景之下，在当下个体成长的现实境况中，要完全重现精英时代首先"立乎其大"、"立乎其远"的辉煌是不可能的；能够在更多的个体身上实现"灵魂的转向"（尽管是不完全的"转向"，但至少是"点亮"）——"开启"并尽可能持久地"保有"面向更高的选择开放的可能性，已然是精英大学艰难努力下的宝贵成果。这种面向未来开放性的养成，不仅需要丰富知识和经验的传递，更需要博大的胸怀与高远的眼界，正如闻一多的诗歌里所写到的那样：

> 我要的本不是火齐的红，或半夜里 / 桃花潭水的黑，也不是琵琶的幽怨，蔷薇的香……可是，这灵魂是真饿得慌，我又不能 / 让他缺着供养，那么，既便是糟糠，你也得募化不是？天知道，我不

---

5 橡子等编，北大往事［M］，北京：北京联合出版社，2018：405。

是甘心如此，我并非倔强，亦不是愚蠢，我是等你不及，等不及奇迹的来临！……**只要奇迹露一面，我马上就抛弃平凡**。[6]

6.4 尾声：教育学的想象力

文章的最后，经由这种精英培养理念中面向广博、面向高远开放的可能性与"以上大学为前景的素质养成"一节中缺乏对未来生活想象力的讨论，我想简略探讨一个概括名之为"教育学的想象力"问题。

如果说社会学的想象力是一种从将个体置于群体、将群体置于结构与历史的总体性观察视角[7]，教育学的想象力或许更强调时间脉络上个体的成长与社会的发展——从发展的眼光来看，个体需要什么样的教育？群体需要什么样的教育？

"教育要与社会的经济、政治、文化等等相适应，培养出适应社会需要的人"，这当然是非常紧迫且必要的，但这远不是教育的全力和最有魅力之处。人作为特殊存在的主体意义就在于他是在时间的流变中通过学习、经由教育不断地发展着的，他不仅能够"顺应"更应该"自主"[8]。适应社会的教育过程培养出来的是很好的"继承者"却不是能动的"开拓者"。诚然在今天，这种"开拓"并不像五四百年民族危亡时的破釜沉舟，也没有建国和开放初期的筚路蓝缕，因而少了一些"非如此不可"的勇气与决绝，但这，绝不意味着当下的这种探索是不必要、不必须的。相反，恰恰是在平顺与安逸的环境中，保持敏锐和清醒是困难，探索与开拓的勇气更为难得。

诚如鲁洁先生所言，"教育虽然存在一种外部施加影响的过程，但是其主题却应是促进、改善受教育者主体自我建构、自我改建的实践活动的过程……教育要使人在已有规定性的基础上不断创造出自己新的规定性来。"[9]这种在已有的规定性上不断创造出自己新的规定性、至少是保有朝向未来、朝向高处不断开放和改变自己的可能性，就是我想说的"教育学的想象力"，它基于

---

6 诗歌原载徐志摩主编《诗刊》创刊号，1931 年 1 月 20 日出版于上海，本文节选引用自《闻一多全集》，三联书店 1982 年版。

7 ［美］米尔斯，社会学的想象力 [M]，陈强等译，北京：生活·读书·新知三联书店，2001：2-4。

8 鲁洁，论教育之适应与超越 [J]，教育研究，1996（02）：3-6。

9 鲁洁，教育：人之自我建构的实践活动 [J]，教育研究，1998（09）：13-18。

对过去的了解，面向当下的现实，更直指未来可能的超越。它当然是精英高等教育理应培养的胸怀与眼光，但更应该成为贯穿每个孩子成长发展始终的终身意识。

参考文献

一、资料汇编

1. 北京大学教务部，北京大学本科教学计划［Z］，北京大学 1982、1986、1990、1997、2003、2009、2014、2016、2018。

2. 北京大学年鉴编委会，北京大学年鉴［Z］，北京：北京大学出版社，1999、2000、2001、2002、2003、2004、2005、2006、2007、2008、2009、2010、2011。

3. 北京大学招生办，北京大学招生工作总结暨表彰大会资料汇编［Z］，2016、2017。

4. 北京大学学生就业指导服务中心，北京大学毕业生就业质量年度报告［R］，2013、2014、2015、2016、2017、2018、2019。

5. 北京大学人事部，北京大学人力资源发展报告（校本部）［R］，2010、2011、2012、2013、2014、2015、2016、2017。

6. 北京大学教育研究中心，北京大学 2017 级新生基线调研分析报告［R］，（未公开），2017。

7. 北京大学本科教育质量调查课题组，北京大学本科毕业生问卷报告［R］，（未公开），2016、2017、2018、2019。

8. 北京大学教务部，北京大学本科教育发展报告（未公开）［R］，2015。

9. 杜勤，睢行严，北京大学学制沿革 1949-1998［M］，北京：北京大学出版社，2000。

10. 今日北大编写组，今日北大 1987 年卷 [M]，北京：北京大学出版社，1988。

11. 今日北大编写组，今日北大 1988-1992 年卷 [M]，北京：北京大学出版社，1993。

12. 今日北大编写组，今日北大 1993-1997 年卷 [M]，北京：北京大学出版社，1998。

13. 王学珍编，北京大学纪事（1898-1997）[M]，北京：北京大学出版社，1998。

14. 温儒敏编，北京大学中文系百年图史（1910-2010）[M]，北京：北京大学出版社，2010。

15. 王义道，行行重行行：王义道口述史 [M]，武汉：华中科技大学出版社，2019。

二、学术专着

1. ［德］卡尔·曼海姆，代问题 [A]，卡尔·曼海姆精粹 [M]，徐彬译，南京：南京大学出版社，2002。

2. ［法］布迪厄，国家精英 [M]，杨亚平译，北京：商务印书馆，2018。

3. ［法］布迪厄，区分：判断力的社会批判 [M]，刘晖译，北京：商务印书馆，2015。

4. ［法］布尔迪约，帕斯隆，继承人——大学生与文化 [M]，邢克超译，北京：商务印务书馆，2002。

5. ［法］迪尔凯姆，自杀论：社会学研究 [M]，冯韵文译，北京：商务印书馆，1996。

6. ［法］迪尔凯姆，社会学方法的准则 [M]，狄玉明译，北京：商务印书馆，1995。

7. ［法］米歇尔·福柯，规训与惩罚 [M]，刘北成、杨远婴译，北京：三联书店，2007：21。

8. ［法］涂尔干，涂尔干文集之六：乱伦禁忌及其起源 [M]，上海：上海人民出版社，2006。

9. ［法］托克维尔，论美国的民主（下）［M］，北京：商务印书馆，1997。

10. ［古希腊］亚里士多德，形而上学［M］，苗力田译，北京：中国人民大学出版社，1993。

11. ［美］安索尼·克龙曼，教育的终结：大学何以放弃了对人生意义的追求［M］，北京：北京大学出版社，2013。

12. ［美］艾伦·鲁姆，巨人与侏儒［M］，北京：华夏出版社，2011。

13. ［美］艾伦·布卢姆，美国精神的封闭［M］，南京：译林出版社，2011。

14. ［美］鲍尔斯，金蒂斯，美国：经济生活与教育改革［M］，王佩雄等译，上海：上海教育出版社，1990。

15. ［美］大卫·理斯曼，孤独的人群［M］，沈阳：辽宁人民出版社，1988。

16. ［美］哈佛委员会，哈佛通识教育红皮书［M］，李曼丽译，北京：北京大学出版社，2010。

17. ［美］哈瑞·刘易斯，失去灵魂的卓越［M］，侯定凯译，上海：华东师范大学出版社，2007。

18. ［美］威廉·德雷谢维奇，优秀的绵羊，［M］，林杰译，北京：九州出版社，2016。

19. ［美］杰罗姆·卡拉贝尔，被选中的哈佛、耶鲁和普林斯顿的入学标准秘史［M］，北京：中国人民大学出版社，2014。

20. ［美］罗尔斯，正义论［M］，北京：中国社会科学出版社，1997。

21. ［美］劳伦·A，里韦拉，出身：不平等的选拔与精英的自我复制［M］，江涛、李敏译，理想国丨广西师范大学出版社，2019。

22. ［美］马克思·韦伯，社会科学方法论［M］，李秋零译，北京：中国人民大学出版社，1999。

23. ［美］马克思·韦伯，林荣远，经济与社会［M］，北京：商务印书馆，1997。

24. ［美］米尔斯，社会学的想象力［M］，陈强等译，北京：生活·读书·新知三联书店，2001。

25. ［英］梅因，古代法［M］，北京：商务印书馆，1959。

26. ［英］洛克，教育漫话［M］，傅任敢译，北京：教育科学出版社，2014。

27. ［英］迈克尔·格伦菲尔编，布迪厄：关键概念［M］，林云柯译，重庆：重庆大学出版社，2014。

28. ［印度］西莫斯·可汗，特权：圣保罗中学精英教育的幕后［M］，蔡寒韫译，上海：华东师范大学出版社，2016。

29. 风笑天，中国独生子女［M］，从"小皇帝"到新公民，北京：知识出版社，2004。

30. 冯文，唯一的希望：在中国独生子女政策下成年［M］，常姝译，南京：江苏人民出版社，2018。

31. 费孝通，乡土中国［M］，北京：商务印书馆，2011。

32. 李强，当代中国社会分层［M］，上海：三联书店，2019。

33. 李春玲，境遇、态度与社会转型：80后青年的社会学研究［M］，北京：社会科学文献出版社2012。

34. 梁漱溟，中国文化要义［M］，上海：学林出版社，1987。

35. 秦春华，超越卓越的平凡：北京大学人才选拔制度研究［M］，北京：北京大学出版社，2015。

36. 苏国勋，刘小枫，二十世纪西方社会理论文选［M］，上海：三联书店，2005。

37. 橡子等编，北大往事［M］，北京：北京联合出版社，2018：10-37。

38. 阎云翔，中国社会的个体化［M］，上海：上海译文出版社，2012。

39. David Riesman, Nathan Glazer, Reuel Denney, Todd. The Lonely Crowd:A Study of the Changing American Character. Yale University Press, 2001

40. Martin T. Twentieth-Century Higher Education: Elite to Mass to Universal. Baltimore: Johns Hoplins University Press.2010.

41. Mannheim K. The Problem of Generations, Essays on The Sociology of Knowledge. London: Routledge,1997: 276-322.

42. Rudolph, F. Curriculum: A History of the American Undergraduate Course of Study Since 1636.1977.

三、研究论文

1. 陈晓宇，谁更有机会进入好大学——我国不同质量高等教育机会分配的实证研究 [J]，高等教育研究，2012，33（02）：20-29。

2. 程猛，康永久，"物或损之而益"——关于底层文化资本的另一种言说 [J]，清华大学教育究，2016，37（04）：83-91。

3. 丁洁琼，刘云杉，中国高等教育 70 年：大学生角色的演变 [J]，北京教育（高教），2019（10）：93-98。

4. 丁小浩，规模扩大与高等教育入学机会均等化 [J]，北京大学教育评论，2006（02）：24-33＋189。

5. 范云霞，劳动家庭教育卷入研究：以毛镇"高考陪读"为个案 [D]，北京师范大学，2019。

6. 马丁·特罗，徐丹，连进军，从精英到大众再到普及高等教育的反思：二战后现代社会高等教育的形态与阶段 [J]，大学教育科学，2009（03）：5-24。

7. 侯利明，地位下降回避还是学历下降回避——教育不平等生成机制再探讨（1978-2006）[J]，社会学研究，2015（2）：192-213。

8. 刘云杉，自由选择与制度选拔：大众高等教育时代的精英培养——基于北京大学的个案研究 [J]，北京大学教育评论，2017，15（04）：38-74＋186。

9. 刘云杉，拔尖与创新：精英成长的张力 [J]，清华大学教育研究，2018，39（06）：10-27＋116。

10. 刘云杉，大众高等教育再认识：农家子弟还能从中获得什么？[J]，中国农业大学学报（社会科学版），2015，32（01）：119-130。

11. 刘云杉，王志明，杨晓芳，精英的选拔：身份、地域与资本的视角——跨入北京大学的农家子弟（1978-2005）[J]，清华大学教育研究，2009，30（05）：42-59。

12. 刘云杉，兴趣的限度：基于杜威困惑的讨论 [J]，华东师范大学学报（教育科学版），2019，37（02）：1-17。

13. 刘海峰，刘亮，恢复高考 40 年的发展与变化 [J]，高等教育研究，2017，

38（10）：1-9。

14. 刘海峰，中国高考向何处去？[J]，北京大学教育评论，2010，8（02）：2-13＋187。

15. 梁晨，李中清，张浩，李兰，阮丹青，康文林，杨善华，无声的革命：北京大学与苏州大学学生社会来源研究（1952-2002）[J]，中国社会科学，2012（01）：98-118＋208。

16. 梁晨，董浩，任韵竹，李中清，江山代有才人出——中国教育精英的来源与转变（1865-2014）[J]，社会学研究，2017，32（03）：48-70＋243。

17. 鲁洁，论教育之适应与超越 [J]，教育研究，1996（02）：3-6。

18. 鲁洁，教育：人之自我建构的实践活动 [J]，教育研究，1998（09）：13-18。

19. 李春玲，改革开放的孩子们：中国新生代与中国发展新时代 [J]，社会学研究，2019，34（03）：1-24＋24。

20. 李春玲，社会政治变迁与教育机会不平等——家庭背景及制度因素对教育获得的影响（1940-2001）[J]，中国社会科学，2003（03）：86-98＋207。

21. 王斯福，龚浩群，杨青青，社会自我主义与个体主义——一位西方的汉学人类学家阅读费孝通"中西对立"观念的惊讶与问题 [J]，开放时代，2009（03）：67-82。

22. 文东茅，家庭背景对我国高等教育机会及毕业生就业的影响 [J]，北京大学教育评论，2005（03）：58-63。

23. 谢作栩，王伟宜，高等教育大众化视野下我国社会各阶层子女高等教育入学机会差异的研究 [J]，教育学报，2006（02）：65-74＋96。

24. 阎云翔，杨雯琦，社会自我主义：中国式亲密关系——中国北方农村的代际亲密关系与下行式家庭主义 [J]，探索与争鸣，2017（07）：4-15＋1。

25. 杨善华，孙飞宇，作为意义探究的深度访谈 [J]，社会学研究，2005（05）：53-68＋244。

26. 杨可，母职的经纪人化——教育市场化背景下的母职变迁 [J]，妇女研究论丛，2018（02）：79-90。

27. 杨晋，叶晓阳，伍银多，丁延庆，高校扩招中的高等教育分层及入学机会分配 [J]，教育发展研究，2019，39（07）：13-20。

28. 邹儒楠，北京大学本科教育"加强基础"的内涵演变：1980-2000 [J]，教育学术月刊，2017（06）：32-38。

29. 邹儒楠，丁洁琼，曹宇，北京大学通选课的历史演变与发展 [J]，中国大学教学，2019（04）：81-86。

30. 钟秉林，王新凤，我国高考改革的价值取向变迁与理性选择——基于40年高考招生政策文本分析的视角 [J]，教育研究，2017，38（10）：12-20。

31. 周光礼，姜尚峰，高考改革40年：意义建构与制度变迁 [J]，复旦教育论坛，2017，15（06）：5-12。

32. 周丽萍，岳昌君，从入口到出口：家庭背景对高等教育公平的影响——来自2017年全国高校毕业生就业调查的证据[J]，江苏高教，2019（08）：47-58。

33. "素质教育的概念、内涵及相关理论"课题组，素质教育的概念、内涵及相关理论 [J]，教育研究，2006（02）：3-10。

34. 郑若玲，大规模考试录取公平诉求的历史考察与启思[J]，教育与考试，2009（06）：5-9。

35. 郑若玲，高考改革的困境与突破[J]，厦门大学学报（哲学社会科学版），2017（03）：1-10。

36. 赵晔琴，从毕业分配到自主择业：就业关系中的个人与国家——以1951-1999年《人民日报》对高校毕业分配的报道为例 [J]，社会科学，2016（04）：73-84。

附　录

附录 A：应届毕业生访谈提纲设计

● 基本信息

1. 学院、专业

2. 来龙：高中，竞赛保送？普通高考？自主招生？贫困专项？——当初为什么选择这个专业，来了之后感觉怎么样，和你当初想象的一样么

3. 去脉：毕业去向，理由。基于什么方面的考虑，你是如何考虑的？对于未来，你的规划是？你的父母是否支持你的决定？

● 总：概要性问题

1. 马上就毕业了，即将走出校门，你觉得北大四年本科教育给你留下你最重要的东西是什么？在这个园子里最大的收获是什么？

2. 本科四年里有什么遗憾么？如果重来一次，哪些方面会做出改变？

3. 你觉得北大本科教育最应该改变的地方是什么？

● 分：根据主题、聊天进程灵活把握顺序、问法

1. 关于专业

（a）大概从什么时候开始，觉得自己真正进入了专业的门槛，真正学进去了，领会了专业的一些奥妙的东西的。哪些事件或者人物改变了你？高质量的课程？本科生科研？某位老师？国际交流？……

（b）教育是忘掉所学的知识之外剩下的东西。本科期间接受的专业教育除了专业知识与技能之外，改变了你什么？比如如惯习、精神品格、情感态度、世界观、人生观、价值观。（你觉得本科四年的

专业教育，在专业知识之外，留给你最重要的东西是什么？）

（c）你觉得你所在专业的老师、学生有共同特点么？专业的学习和研究在你们身上留下的共同的印记是什么？

（d）你们专业的学生、老师有没有一些共同的口头禅啦、经典段子、故事之类的？有专业特色

2. 关于**群体特征**

（a）你觉得来到北大的学生／或者说能考上北大清华的学生有什么共同的特点吗？就是大家在刚进校门的时候（你自己呢？你觉得自己为什么能上北大？你为什么选择了北大？）

（b）那毕业的时候呢？北大的毕业生有没有什么共同的特点？经过了四年的本科教育，你觉得你和同学之间有哪些共同的特质

3. 关于**教师／教学**

（a）本科期间，你最喜欢／尊敬／感激／对你影响最大的老师是谁？他是一个什么样的人，你为什么喜欢他？你和他接触得多么？

（b）你理想的教师形象是什么样的？名望？学识？认真负责？你觉得作为一名本科教师，最重要的品质是什么？如果只能取其一的话

4. 关于**本科期间的各项考核评估**

（a）你关注 GPA、奖励奖学金、优秀毕业生这些考评么？在意这些考评结果么？

（b）你觉得现在北大对本科生的课程考核、综合测评、评奖评优这些制度合理么？

5. 关于**生活／未来**

（a）在学业之外，平常自己的阅读、活动的时间多么？都读一些什么方面的书？

（b）参加社团活动，学生组织的情况。平时的课余生活一般做些什么？是否有加入社团等学生组织？

（c）未来理想的职业、工作

（d）未来理想的生活

（e）理想的伴侣形象

（f）如果以后有了孩子，你想让他接受一种什么样的教育？基础教育高等教育，你会想让他上北大么？

6. 关于竞赛

(a) 能否简单介绍一下你的基本情况？（来自竞赛保送？自主招生？毕业去向是？人生规划？）

(b) 你所在的院系竞赛生大致的比例？是否采取了分层培养（如设置竞赛班与基础班等）？你觉得这种培养模式是否合理？

(c) 你觉得和你们院系非竞赛生相比，在大一，你的优势和劣势体现在哪里？（不仅限于专业学习，也包括专业以外的学习，以及能力素养等）这种情况到了高年级是否有改变？你觉得其中的原因是什么？

(d) 你对你们院系的培养计划怎么看（内容、结构等）？对你来说是否有挑战性？其他同学的反应如何？

(e) 你觉得北大本科阶段和你高中阶段的培养模式有哪些不同？你觉得北大培养模式是否相对宽松？这一模式是否适合你成长发展？

7. 关于成长

(a) 有没有什么时候清楚地觉得自己好像真正长大了？突然就和以前小屁孩时期不一样了那种感觉。是什么触动了、改变了你，于此相关的事件或者人物。

(b) 你觉得一个优秀的北大毕业生应该是什么样的？（最高追求）一个合格北大毕业生呢？（最低要求）

(c) 你觉得自己是一个优秀 / 合格的北大毕业生么？

(d) 你觉得北大留给你最重要的东西是什么？

附录 B：本科四年学习生活情况 （个案汇总）

	填写示例	大一	大二	大三	大四
学生组织 团委／学生会／学工 班级党团组织	①院学生会-学术部-成员／部长 ②班长……				
社团活动	①爱心社-手语社-学员 ②书画协会-组员 ……				
学术科研	①挑战杯-组长-获跨学科 3 等奖 ②学年论文……				
体育锻炼	①游泳，每周 1 次 ②院排球队-每周半天-新生杯小组 　赛…				
文娱活动	①参加十佳歌手 ②话剧、电影-每月 1-2 次……				
实习实践 社会服务	①学期中-腾讯人力资源岗-兼职三 个月 ②暑假-湖南社会实践				
各类考试（非课程） 语言类、资格证书等	①大一下-裸考四级-500 ②暑假-备考托福-100				
其他荣誉／奖励	国家奖学金 校三好学生 ……				

附录 C：访谈个案摘要单示例

15 级 XX 学院 XXX 访谈摘要

接触类型：　　　　　　　　　　　　　　地点：教育学院 502

会面：　○　　　　　　　　　　　　　接触日期：<u>2019 年 5 月 9 日</u>

电话访谈：____　　　　　　　　　　　填表日期：<u>2019 年 8 月 2 日</u>

　　　　　　　　　　　　　　　　　　填表人：<u>丁洁琼</u>

1. 访谈对象基本信息

姓名	XXX	生源地	XXXXXX	本科成绩 GPA／排名	大一 3.3 大四 3.6
性别	男	毕业高中	XXXXXX	科研情况	
院系	XXXXXX	父亲职业	XX 国企中层管理人员	社团情况	院学生会主席。
辅双	大三开始修国发院经双	母亲职业	XX 国企中层管理人员	毕业去向	光华金融硕士
专业	地理信息科学	家境	中产家庭	未来规划	金融行业
文理科	理科	独生子女	是	其他	人生理想是老婆孩子热炕头
入学方式	博雅降 30 上线	联系方式	XXXXXX		

2. 此次访谈获得的关于主要议题的信息

主要议题	相关信息
院系的生源结构与学科特点	大部分高考过来，一半纯高考一半有一定竞赛背景（银牌铜牌），学科具有交叉性，不同方向需要物理、信科、地理的基础 男女比例悬殊8：1，无学霸，无神隐奇葩，学院氛围友好
成绩的意义	虽然不能证明真的学到了什么东西，但能够带来成就感。
刷分的捷径：资源套路	货比三家，认识学长学姐要资料，现成的论文货比三家拼凑
个人收获与成长	大一比较浪，成绩3.3比别人差受到刺激，大二开始好好刷成绩 社团发展：大一校文艺部，大二院文艺部，街舞风雷社团支书，大三院会主席 大三主席加经双（大三开始修）加实习，兑换光华金融硕士。本研＋经双＋社团（忙碌的大三）
主席圈子的共同特质	工作能力2.领导力
课程	能学到东西的课和高分有时候不可兼得

3. 此次访谈中可能关涉的问题意识（任何冲击你的东西、可以进一步探讨的东西）

问题意识	思考
囚徒困境：差不多的一般	"如果大家都不学习，大家就都很开心"
人生的积累与兑换	走着走着，就拿之前的经验值，累一个里程碑，换下一个路口 "一大堆东西积累起来，换了一个主席这么个位置，然后换到这么个位置之后，其实前面的那些东西就感觉就没什么用了" "我爱走捷径，而且爱追求利益最大化这种事情。就我干一件事，我一定要把它干到有成果。"
佛系而又世故的人	随心而入，必有成果而出
独生子女	我感觉他们对我付出那么多，我要考得不好就有点对不起他们
聪明的机会主义者	每个阶段都有策略，总得干一些就是性价比高的事情；货比三家，拼凑论文；一稿多投
焦虑	我就是总想着每一阶段都要进步，要不然这阶段就白过了

附录 D：北京大学本科教育质量调查问卷

（毕业生问卷·2019）

亲爱的同学：

为进一步落实北大"以学生成长为中心"的理念，全面评估我校近年本科教育教学改革、全面提升我校教学育人质量，北京大学教务部特组织本次面向 2019 届校本部全体本科毕业生的调查研究。临别之际，我们诚挚地邀请您填写这份问卷，回顾您本科期间在北大的学习生活经历，如实记录您的成长与收获，反馈您的评价和建议。您的参与对母校本科教育教学的完善十分重要！

本次问卷包括基本信息、培养结果、总体评价等内容，预计填答时间为 10 分钟。填答前需使用北京大学身份认证系统登录，自动关联院系、专业、性别等基本信息，关联及您所填答的所有信息仅供整体研究之用，我们将严格遵守《中华人民共和国统计法》予以保密，不会以任何形式公开您的个人信息。请各位同学放心填答！

衷心感谢您的支持！

北京大学教务部
北京大学本科教育质量调查课题组
二零一九年五月

A 部分　基本信息

1. 您的民族：（1）汉族　　（2）少数民族

2. 您的政治面貌：（1）中共党员（含预备党员）　　（2）其他

3. 本科入学前，您的户口类型为：（1）非农户口　　（2）农业户口

4. 本科入学前，您家庭常住地为：

（1）镇（乡）或农村　　（2）县城（县级市）　　（3）地级城市　　（4）省会城市　　（5）直辖市　　（6）港澳台　　（7）国外

5. 您是否家中独生子女？　（1）是　　（2）否

6. 您父母的文化程度：父亲＿＿＿＿＿＿＿；母亲＿＿＿＿＿＿＿（请分别填入下列序号）

（1）初中及以下　　（2）普通高中、职业高中或中专　　（3）大学专科或大学本科　　（4）研究生及以上

7. 您父母的职业：父亲＿＿＿＿＿＿＿；母亲：＿＿＿＿＿＿＿（请分别填入下列序号）

（1）行政管理人员（处级或县乡科级以上干部）　　（2）企业高层管理人员　　（3）专业技术人员（教师、医生、律师、工程师等）　　（4）技术辅助人员（技术员、护士等）　　（5）一般管理及办事人员（企业中层、科员等）　　（6）商业、服务业人员　　（7）个体户　　（8）私营企业主　　（9）农（林、牧、渔）民　　（10）工人（生产、运输设备操作人员）　　（11）进城务工人员　　（12）无业、失业、下岗人员　　（13）其他（请注明）：＿＿＿＿＿＿＿＿＿＿

8. 您父母在 2018 年的全年总收入约为：＿＿＿＿＿＿元

（1）小于 1 万元　　（2）1-5 万元　　（3）5-10 万元　　（4）10-30 万元　　（5）30-60 万元　　（6）60-100 万元　　（7）大于 100 万元

9. 您认为您的家庭经济状况在当地属于：

（1）非常贫困　　（2）贫困　　（3）一般　　（4）富裕　　（5）非常富裕

10. 您被我校录取的专业是您填报的第几志愿？

（1）第一志愿　　（2）非第一志愿　　（3）服从调剂

11. 该专业实际情况与您入学前的预想是否一致？

（1）非常不一致　　（2）不一致　　（3）较为一致　　（4）非常一致

12. 本科期间您是否考虑过转专业？

（1）从未有过　　（2）考虑过，但未提交申请　　（3）考虑过，申请未成功　　（4）考虑过，申请并成功

B 部分　总体收获

13. 经过四年的本科教育，您在以下方面的变化如何？

	下　降	基本不变	有些提升	很大提升
1. 专业兴趣	-1	0	1	2
2. 专业知识与技能	-1	0	1	2
3. 跨学科的视野	-1	0	1	2
4. 外语水平	-1	0	1	2
5. 计算机与信息素养	-1	0	1	2
6. 国际化视野和全球化意识	-1	0	1	2
7. 批判性思考能力	-1	0	1	2
8. 发现、分析与解决问题的能力	-1	0	1	2
9. 口头与书面表达能力	-1	0	1	2
10. 自主学习能力	-1	0	1	2
11. 创新能力	-1	0	1	2
12. 社会交往能力	-1	0	1	2
13. 组织领导能力	-1	0	1	2
14. 清晰的自我认识	-1	0	1	2
15. 明确的发展规划	-1	0	1	2
16. 好奇心	-1	0	1	2
17. 自信心	-1	0	1	2
18. 进取精神	-1	0	1	2
19. 自我控制与时间管理能力	-1	0	1	2
20. 抗压与心理调节能力	-1	0	1	2
21. 包容心和同理心	-1	0	1	2
22. 合作精神与团队意识	-1	0	1	2
23. 诚信与社会规范意识	-1	0	1	2
24. 社会责任感与服务意识	-1	0	1	2
25. 身体素质和运动习惯	-1	0	1	2

C 部分　总体评价

14. 总体而言，您如何评价北大的本科教育和自己这四年在北大的本科经历？

	很不满意	不太满意	比较满意	非常满意
北大的本科教育	1	2	3	4
我的本科经历	1	2	3	4

15. 请您对本科期间的以下事项进行总体评价：

	很不满意	不太满意	比较满意	非常满意
大一的新生教育	1	2	3	4
本科生培养方案	1	2	3	4
学业考评制度（GPA）	1	2	3	4
学生素质综合测评制度（综测）	1	2	3	4
主修专业课程设置	1	2	3	4
主修专业教学内容	1	2	3	4
主修专业师资力量	1	2	3	4
学业指导与支持	1	2	3	4
学校的硬件设施	1	2	3	4
学校的教务工作	1	2	3	4
本科期间的师生关系	1	2	3	4
本科期间的同伴关系	1	2	3	4
对所在院系的总体评价	1	2	3	4

16. 总体而言，您本科期间在各类课程学习中的收获如何？

	没有收获	一些收获	较大收获	很大收获	不适用
专业必修课程	0	1	2	3	-9
专业选修课程	0	1	2	3	-9
双学位／辅修课程	0	1	2	3	-9
大类平台课程（外院系开设）	0	1	2	3	-9

通识核心课程	0	1	2	3	-9
通选课程	0	1	2	3	-9
公选课程	0	1	2	3	-9
（公共必修）英语类	0	1	2	3	-9
（公共必修）政治军事类	0	1	2	3	-9
（公共必修）体育类	0	1	2	3	-9
（公共必修）计算机类	0	1	2	3	-9

17. 课内学习之外，您本科期间在以下经历中的收获如何？（无此经历请选
　　"不适用"）。

	没有收获	一些收获	较大收获	很大收获	不适用
学术科研	0	1	2	3	-9
海外学习	0	1	2	3	-9
实习实践	0	1	2	3	-9
学生组织、社团活动、社会服务	0	1	2	3	-9

18. 请您对面向本科生的下列国际化活动进行评价：

	很不满意	不太满意	比较满意	非常满意	不了解
外教课程	1	2	3	4	-9
海外学者、政要交流活动	1	2	3	4	-9
校际交流交换项目	1	2	3	4	-9
暑期学校项目	1	2	3	4	-9
海外科研机会	1	2	3	4	-9
海外实习机会	1	2	3	4	-9
国际会议等学术交流活动	1	2	3	4	-9
非学术主题的国际赛事活动	1	2	3	4	-9
中国学生与留学生的沟通交流	1	2	3	4	-9

D 部分 学业学习

19. 以下因素在您选课时是否重要？（选择选修课或设有多个班的必修课）

	不重要	不太重要	比较重要	非常重要
对课程内容或主题感兴趣	1	2	3	4
课程符合个人发展规划	1	2	3	4
课程具有挑战性	1	2	3	4
授课教师有吸引力	1	2	3	4
预期能学到很多东西	1	2	3	4
平时投入少	1	2	3	4
容易拿高分	1	2	3	4
上课时间合适	1	2	3	4
有同伴一起选课	1	2	3	4

20. 回顾您本科期间的课程学习经历，您在以下各方面的表现如何？

	从不	有时	经常	总是
记住了某些具体的事实、概念或者术语				
理解了某个方法、观点或者理论				
学会批判分析某个信息、理论或者方法				
应用课程所学解决问题、指导生活				
课前主动阅读材料、预习准备				
课上认真听讲、积极参与提问和讨论				
课后主动与老师、助教或同学讨论课程相关问题				
在课程规定任务外，自主拓展相关内容				
开展研究性学习				
没有按时完成作业或草率完成作业				
翘课				

21. 一个常规教学周内，您课后的时间投入：（x 小时／周，一周 7 天）

	0	0＜x＜2	2≤x＜5	5≤x＜10	10≤x＜15	15≤x＜20	20≤x＜30	30≤x
与课程相关的学习（预习、作业等）								
自主学习与阅读（与课程要求无关）								
学术科研活动（实验室、本研项目等）								
学生组织、社团活动、志愿服务等								
运动锻炼时间								
娱乐休闲时间								

22. 以下各类课程，您课后每周大约学习多长时间？（x 小时／周，一周 7 天，常规教学周）

	0	0＜x＜2	2≤x＜5	5≤x＜10	10≤x＜15	20≤x＜30	30≤x
专业课							
通识课							
公共必修							

23. 以下关于个人学习方式与偏好的表述，您在多大程度上认同？

	很不同意	较不同意	比较同意	非常同意
我更喜欢老师为我系统地规划好学习课程的内容、次序（而非让我任意选择）				
我更喜欢老师明确地讲解课程的意义、必要性（而非让我自己去发现、定义）				
我更喜欢老师在课上把重要的知识全部系统讲授清楚（而非只把课堂作为入门、激发兴趣的场所，让我课后自学）				
我更喜欢接触通俗易懂的内容（而非学高难度、挑战自我的内容）				
我更愿意广泛地涉猎不同领域的课程（而非精深地学好少数课程）				
我希望大学教育使我得到专业上精深的训练、获得一技之长（而非全面的能力和素养）				

24. 就您本科期间所修课程的全部授课教师而言，有多大比例的教师教学行为符合以下表述？

我所接触的课程教师	极少数教师	较少数教师	约半数	大多数	几乎全部
制定了合适的教学大纲与课程计划					
对教学内容中的重点、难点做了恰当的处理					
教学时能考虑学生的知识背景、学业水平、学习需求，根据课堂反馈灵活调整教学内容与教学策略					
能够科学、准确且公正地对学生进行考核					
布置了有针对性的课前阅读／预习或课后作业					
提供了及时且有价值的作业、考试或问题反馈					
课堂讲授能吸引、调动和启发我					
课堂中加入了提问、讨论等互动环节					
课下和我有更多的交流					
激发了我的学习热情和学习兴趣					

25. 本科期间，您的跨学科学习情况：（多选）

  （1）有跨学科专业（PPE、整合科学等） （2）有辅修／双学位

  （3）有跨学科项目（如古典语文学、思想与社会等）

  （4）有跨学科科研 （5）有跨专业选课（非培养计划要求的）

  （6）只有培养计划内的课程（通选课、大类平台等）

26. 您为什么进行跨学科学习？（多选，最多三项）

  （1）为了辅助主修专业的学习 （2）基于学术研究的需要

  （3）基于个人的兴趣 （4）基于升学或就业的考虑

  （5）被优秀的师资力量所吸引 （6）不喜欢主修专业

  （7）学不好主修专业 （8）从众心理

  （9）尊重培养计划／项目计划的制度安排 （10）其他：＿＿＿＿＿＿＿＿

27. 关于跨学科学习，您在多大程度上同意以下说法？

	很不同意	较不同意	比较同意	非常同意
跨学科前，我对所跨学科有充分的兴趣和了解				
我有计划、系统地进行跨学科学习				
学习过程中，我获得了充分的指导				
学习过程中，我投入了大量时间和精力				
我认为并不存在明确的学科边界				
跨学科学习整合优化了我的知识体系				
跨学科学习拓展了我的视野				
跨学科学习提升了我的思维能力				

28. 本科期间，对你帮助最大（你收获最大）的课程是：　（最多列举三个）

课程 1_____，开课教师：_____

课程 2_____，开课教师：_____

课程 3_____，开课教师：_____

29. 它有哪些特征？

	很不符合	较不符合	比较符合	非常符合
教师精心备课、投入教学				
教师因材施教、根据学生情况调整教学				
课程体系清晰明朗				
课程内容具有前沿性				
小班教学（或班级规模较小）				
学生在课堂内外大量的参与和投入				
拓展了我的知识				
激活了我的兴趣				
教会了我如何分析思考问题				
给分好				

E 部分　考核评价

30. 关于本科期间的课程考评，您在多大程度上认同以下说法：

	很不同意	较不同意	比较同意	非常同意
我非常重视我的课程成绩				
我在考试考核中力争上游				
学好就能考好，我不会刻意针对考试做过多的准备				
大多数课程只有期中期末一两次考核（而非多次、过程性的考察）				
大多数课程采用了提交报告、论文等多样化的考核方式（而非只有考试）				
大多数课程注重考察知识的记忆和理解（而非知识的应用与拓展）				
课程考核极大促进了我的学习投入				
课程考核让我真正学到了很多东西				
我的成绩能如实反映我的学业水平				

31. 您在多大程度上认同以下说法？

本科期间	很不同意	较不同意	比较同意	完全同意
我获得过来自重要他人的肯定				
我的优点和特长在各类学生评价制度中得到过肯定				
我的努力和进步在各类学生评价制度中得到过肯定				
我的 GPA 不高意味着基本告别了各种奖励奖学金				
每年的素质综合测评制度促进了我的全面健康发展				

F 部分　人际交往

32. 本科期间，教师、同伴分别在以下方面给了您多大帮助？（1-5 颗星代表：极少帮助-帮助极大）

	教 师					同 伴				
学识增长	1	2	3	4	5	1	2	3	4	5
心智成长	1	2	3	4	5	1	2	3	4	5
情感支持	1	2	3	4	5	1	2	3	4	5
社会关系积累	1	2	3	4	5	1	2	3	4	5
个人发展与生涯规划	1	2	3	4	5	1	2	3	4	5

33. 本科期间，哪类教师对您有帮助？

	不适用	没有帮助	一些帮助	较大帮助	极大帮助
课程教师		0	1	2	3
新生导师		0	1	2	3
专业导师		0	1	2	3
科研或论文导师		0	1	2	3
班主任、辅导员、学工老师		0	1	2	3
学校职能部门老师		0	1	2	3

34. 课堂学习之外，您与导师通过见面、office hours、邮件、微信等方式个别交流的频率是？

	没有该类导师	几乎 0 交流	每学期 1-2 次	每月 1 次	半月 1 次	每周都有
新生导师						
专业导师						
科研导师						
校外导师						
毕业论文 / 毕业设计导师						

35. 关于本科期间的人际关系，您在多大程度上认同以下说法？

本科期间	很不同意	较不同意	比较同意	完全同意
我建立了广泛的人际关系	1	2	3	4
我有志同道合的朋友	1	2	3	4
我有可信可敬的师长	1	2	3	4
我有温暖可靠的集体	1	2	3	4
我在快乐时无人分享	1	2	3	4
我在痛苦时无人分担	1	2	3	4
我在遇到困难时无人帮助	1	2	3	4

G 部分　成长反思

36. 面对学业、生活等方面的选择，您的状态和习惯是？

	消极被动接受安排	比较偏被动	比较偏主动	积极主动规划争取
上大学前				
本科期间				

37. 专业学习方面，您大概在什么时候有了比较显著的突破、觉得自己真正迈入了专业的门槛？

　　（1）入学前　　（2）大一上　　（3）大一下　　（4）大二上　　（5）大二下

　　（6）大三上　　（7）大三下　　（8）大四上　　（9）大四下　　（10）一直没有

38. 与您专业学习方面的突破关系最密切的一项事件是什么？

　　（1）高质量的课程　　（2）本科生科研项目　　（3）其他科研经历

　　（4）学术类赛事　　（5）学术讲座／交流活动　　（6）学年论文

　　（7）毕业论文／设计　　（8）其他：＿＿＿＿＿＿

39. 对于以下事项，您大概在什么时候有了比较显著的转变？

	入学前	大一上	大一下	大二上	大二下	大三上	大三下	大四上	大四下	一直没有
知道本科期间我要做什么										
知道本科毕业后我要去哪里										
找到了自己长远的目标和方向										
清晰地感觉到自己成长了蜕变了										

40. 与您上述转变关系最为密切的人是谁？

　　（1）老师　　（2）学长　　（3）本科同学　　（4）朋友　　（5）父母家人

　　（6）亲密恋人　　（7）其他：＿＿＿＿＿＿

41. 回顾本科期间对您影响最大的一位老师，他（她）是一个什么样的人？（多选，最多选择3项目）

　　（1）专业杰出　　（2）学识渊博　　（3）教学卓越　　（4）认真负责

　　（5）关爱学生　　（6）品德高尚　　（7）有创造性　　（8）其他：＿＿＿＿＿＿

42. 他（她）给您最重要的影响是在什么方面？

（1）专业知识　（2）科研能力　（3）行为习惯　（4）精神品格

（5）人生态度　（6）审美趣味　（7）其他：＿＿＿＿＿

H 部分　开放性问题

43. 怀特海说，教育是忘掉学校所学知识后剩下的东西。您本科期间接受的专业教育，除了专业知识和技能以外，还培养了您什么样的性格和品质？（请用三个形容词 / 词组，概括一下您所在专业培养出来的人最显著的特点）

＿＿＿＿＿＿＿＿　＿＿＿＿＿＿＿＿　＿＿＿＿＿＿＿＿

44. 就您自己的未来发展和人生目标而言，您认为下列因素的重要程度如何？

	不重要	不太重要	比较重要	非常重要
1. 有稳定的经济来源和生活保障	1	2	3	4
2. 有高收入和优越的生活	1	2	3	4
3. 有幸福美满的家庭	1	2	3	4
4. 有志同道合的朋友	1	2	3	4
5. 从事自己热爱的工作	1	2	3	4
6. 有独立自主的人生态度 / 价值观 / 处事原则	1	2	3	4
7. 不断进步和提升自己	1	2	3	4
8. 成为某领域的专家或行业的领袖	1	2	3	4
9. 帮助他人	1	2	3	4
10. 做对国家和社会发展有重要意义的事情	1	2	3	4

45. 回顾北大的本科教育，它给您留下您最重要的东西是什么？）（最多选择三个）

（1）名校的光环　（2）一个更高更好的发展平台　（3）丰富的学识

（4）开阔的视野　（5）包容的心态　（6）独立的思想

（7）自由的精神　（8）自主学习的能力　（9）清晰的自我认识

（10）明确的目标方向　（11）优秀的同伴群体

（12）受教终身的师长或榜样　（13）其他：＿＿＿＿＿＿＿

46. 回顾北大四年的本科教育，您最大的遗憾是什么？

47. 您觉得北大的本科教育教学工作最应该改进的地方什么？请简要说明理由。

48. 最后，请以学长学姐的身份，留下一句你最想对即将入学的大一新生说的话：

结尾部分　后续调查

非常感谢您参与我们的调查！如果您愿意为北京大学本科教育的完善贡献更多的力量，我们诚挚地邀请您留下联系方式，以便参与后续的访谈和研究工作。我们会严格遵守科学研究的伦理及中国法律的规定，为您提供的所有信息保密。除了本研究目的之外，不向任何单位和个人泄漏，并愿意为此承担法律责任。感谢您的支持与理解！

您的学号是：

您的邮箱是：

您的电话是：

=========== ☆ 调查结束，谢谢您的合作 ☆ ==========

北京大学教务部

北京大学教育学院

二零一九年五月

附录 E：北京大学学生综合素质测评实施细则（两院系节选）

《北京大学信息科学技术学院学生素质综合测评实施细则》节选

第十一条 创新成果（I）的计算方法

创新成果（I）是指学生在每学年通过利用特长、发挥创造精神而在学术科研、社会工作、文体活动等方面所取得的一定成果。在测评学年以学生身份参加并且署名单位为北京大学的创新成果方可视为有效。创新成果采取加分制，基础分为 0，加分因素包含学术科研、社会工作和文体活动三项。

（一）学术科研的加分原则

1. 学术论文类

学术期刊论文、会议论文，综合考虑发表载体的影响力，集体作品作者工作所占的份额，由班级学生素质综合测评工作小组决定每篇加 1-6 分。

对于非毕业班学生，只计入已发表的文章；对于毕业班学生，有已接收录用的正式证明即可。

2. 学术赛事类

本部分可获加分的赛事仅包括由北京大学举办，或由北京大学选拔代表参赛。以下列表没有列出的赛事，需各班统计提交信息科学技术学院学生素质综合测评领导小组统一进行认定。同一类型不同级别赛事按最高分一项计算，不累计加分。

（1）参加北京大学"挑战杯"——五四青年科学奖竞赛，获得特等奖，第一作者加 5 分，第二作者加 4.5 分，第三作者加 4 分；获得一等奖，第一作者加 4 分，第二作者加 3.5 分，第三作者加 3 分；获得二等奖，第一作者加 3 分，第二作者加 2.5 分，第三作者加 2 分；获得三等奖，第一作者加 2 分，第二作者加 1.5 分，第三作者加 1 分。参加北京大学"挑战杯"——跨学科学生课外学术科技作品竞赛或者特别贡献奖，获得特等奖，第一作者加 3 分，第二作者加 2.5 分，第三作者加 2 分；获得一等奖，第一作者加 2.5 分，第二作者加 2 分，第三作者加 1.5 分；获得二等奖，第一作者加 2 分，第二作者加 1.5 分，第三作者加 1 分；获得三等奖，第一作者加 1.5 分，第二作者加 1 分，第三作者加 0.5 分；获得鼓励奖，所有作者各加 0.5 分。

（2）获得北京大学计算机应用设计大赛一等奖，第一作者加 3 分，第二作者加 2.5 分，第三作者加 2 分；获得二等奖，第一作者加 2.5 分，第二作者加 2 分，第三作者加 1.5 分；获得三等奖，第一作者加 2 分，第二作者加 1.5 分，第三作者加 1 分。

（3）获得北京大学 ACM 程序设计大赛、全国大学生电子设计竞赛、"江泽涵杯"数学建模大赛一等奖，所有参赛者加 3 分；获得二等奖，所有参赛者加 2 分；获得三等奖，所有参赛者加 1 分。

3. 专利成果类

科研成果申请专利已受理的，综合考虑申请者在全部申请人中工作所占的份额，由班级学生素质综合测评工作小组决定每项加 1-3 分。

（二）社会工作的加分原则

担任多项社会工作职务的学生，按最高一项计算，不累计加分。

1. 担任信息科学技术学院团委副书记，学生会、研究生会主席，校团委各部（科室）副部长（副主任），满一年者，加 4 分；满半年者，加 2 分。

2. 担任信息科学技术学院团委各部部长，学生会、研究生会副主席，学生科学技术协会主席，青年志愿者协会秘书长，百度俱乐部、腾讯俱乐部主席，满一年者，加 3 分；满半年者，加 1.5 分。

3. 担任信息科学技术学院团委各部副部长，学生会、研究生会各部（副）部长，学生科学技术协会副主席，青年志愿者协会副秘书长，各班级班长、团支书，各支部党支书，满一年者，加 2 分；满半年者，加 1 分。

4. 担任班级班委、团支部委员、党支部委员满一年者，加 1 分；满半年者，加 0.5 分。

5. 担任北京大学学生社团会长、理事长、团支部书记，满一年者，加 1.5 分；满半年者，加 0.8 分。

6. 担任北京大学学生社团副会长、副理事长，满一年者，加 1 分；满半年者加 0.5 分。

7. 担任北京大学学生会、研究生会主席满一年者，加 5 分；担任校学生会、研究生会副主席满一年者，加 4 分；担任校学生会、研究生会各部部长满一年者，加 3 分；担任校学生会、研究生会各部副部长满一年者，加 2 分。

（三）文体活动的加分原则

本部分可获加分的赛事仅包括由北京大学举办，或由北京大学选拔代表参赛。以下列表没有列出的赛事，需各班统计提交信息科学技术学院学生素质综合测评领导小组统一进行认定。集体获奖项目每名学生的加分数为该奖项对应加分数。文艺大类、体育大类不同赛事各按最高分一项计算，不累计加分。

1. 北京大学新生杯、北大杯、硕博杯、校运动会四项赛事，获得第一名，每人加 2 分；获得第二名，每人加 1.5 分；获得第三名，每人加 1 分。

2. 北京大学北大之锋、北京大学校园十佳歌手大赛、北大剧星、演讲十佳四项赛事，获得第一名，每人加 2 分；获得第二名，每人加 1.5 分；获得第三名，每人加 1 分。

第十二条　关于创新能力（I）的说明

（一）本部分得分总和，本科生不超过 10 分，研究生一年级学生不超过 20 分，研究生非一年级学生无限制。

（二）所有加分项的时间有效范围为测评学年（自学年开始的 9 月 1 日至次年的 8 月 31 日）。

（三）学术科研成果应提供论文全文、已接收发表的正式证明、获奖证书等材料的复印件；社会工作方面的成果，班级内部的任职由班主任出具证明，学院机构的任职由学院团委出具证明，其他机构和组织的任职须由相应任职单位出具证明；文体活动方面的成果，须由学生本人出具相关获奖证书复印件。其他突出成果，须由学生本人提交书面申请，学院学生素质综合测评领导小组审核后认定。

《北京大学法学院学生创新能力测评加分规则》

（以下所称学生素质综合测评学年时间和获得成果时间范围均为上一年度 9 月 1 日至本年度 8 月 31 日之间）

一、法学院学术成果加分规则

（一）可列入加分范围的学术成果及具体加分

（1）法学论文

①在《中国社会科学》、《中国法学》、《法学研究》中发表独立撰写的法学学术论文的，每篇加 1.5 分；在以上期刊中发表合作撰写的法学学术论文的，每篇加分为：1.5 分 / 合作人数；

②在当年《CSSCI 来源期刊》和《CSSCI 扩展版来源期刊》所列的除第①条三大期刊外的核心期刊中发表独立撰写的法学学术论文，每篇加 1 分；发表合作撰写的法学学术论文的，每篇加分为：1 分 / 合作人数；

③在国家正式出版的核心期刊之外的其它报刊上发表独立撰写的法学学术论文，每篇加 0.2 分；发表合作撰写的法学学术论文的，每篇加分为：0.2 分 / 合作人数；

④发表参与翻译的法学学术论文不加分。

（2）法学著作

①出版独立撰写的法学著作，字数在 20 万字以上的，每本加 5 分；字数在 20 万字以下的，每本加 3 分；

②出版合作撰写的法学著作，字数在 20 万字以上的，每本加分为：5 分 / 合作人数；字数在 20 万字以下的，每本加分为：3 分 / 合作人数；

③出版参与编写的法学著作，本人负责编写部分的字数在 8 万字以上的，加 1 分；本人负责编写部分的字数在 5 万字以上 8 万字以下的，加 0.7 分；本人负责编写部分的字数在 2 万字以上、5 万字以下的，加 0.5 分；本人负责编写部分的字数在 5000 字以上、2 万字以下的，加 0.3 分；本人负责编写部分的字数在 5000 字以下的，不加分；

④出版参与翻译的法学著作不加分。

（3）获奖文章

①参加国家级学术类征文比赛获奖者，按照一、二、三等奖，分别加 1 分、0.7 分、0.5 分；

②参加省（部）级学术类征文比赛获奖者，按照一、二、三等奖，分别加 0.7 分、0.5 分、0.3 分；

③参加校级学术类征文比赛获奖者，按照一、二、三等奖，分别加 0.5 分、0.3 分、0.2 分；

④参加院级学术类征文比赛获奖者，按照一、二、三等奖，分别加 0.3 分、0.2 分、0.1 分；

⑤以上学术类征文比赛如设有特等奖，比照国家级、省（部）级、校级、院级学术类征文竞赛一等奖进行加分。

⑥参加"挑战杯"科技竞赛获奖者，比照国家级、省（部）级、校级、院级获奖情况进行加分；

⑦凡获奖文章为合作作品的，个人加分为：相应奖项加分 / 合作人数。

（4）课题研究

①在课题研究过程中出版法学著作、发表法学论文的，比照本规则（1）（2）中的标准进行加分；

②在课题研究过程中没有出版法学著作、发表法学论文，但课题已结项的：

A 本人主持的国家级课题结项的，加 0.5 分；

B 本人主持的省级课题结项的，加 0.3 分；

C 本人主持的校级课题结项的，加 0.2 分；

D 本人主持的院级课题结项的，加 0.1 分。

（二）加分规则

1. 同一成果被多次发表、转载或荣获多个奖项的，只以最高分计算一次，不可累加；

2. 用稿通知不作为加分依据，但毕业年级学生除外；

3. 与本人导师合作的符合上述条件的学术成果，在计算合作人数时不含导师；

4. 在期刊增刊上发表学术论文，可酌情降低一档次加分；

5. 申请加分的学术成果，均须有相应的证明材料予以佐证；

6. 法学院学生综合素质测评领导小组对本规则保有最终解释权。

二、法学院社会工作加分规则

（一）可列入社会工作岗位加分范围的职务及加分

1. 担任校学生会（研究生会）执委会主席、常代会会长的，加 0-1.5 分，如有酌情加分理由的，最高不超过 3 分；

2. 担任校学生会（研究生会）执委会副主席（主席助理）、常代会副会长、校团委各部副部长的，加 0-0.75 分，如有酌情加分理由的，最高不超过 1.5 分；

3. 担任校学生会（研究会）执委会、常代会各部长的，加 0-0.5 分，如有酌情加分理由的，最高不超过 1 分；

4. 担任各登记注册社团的社（会）长、团支书、理事长的，加 0-0.25 分，如有酌情加分理由的，最高不超过 0.5 分；

5. 担任院团委副书记的，加 0-1.5 分，如有酌情加分理由的，最高不超过 3 分；

6. 担任院学生会主席、院研究生会主席、法律硕士联合会主席的，加 0-1 分，如有酌情加分理由的，最高不超过 2 分；

7. 担任院团委各部部长、院学生会副主席、院研究生会副主席、法律硕士联合会副主席的，加 0-0.5 分，如有酌情加分理由的，最高不超过 1 分；

8. 担任院团委各部副部长的，加 0-0.25 分，如有酌情加分理由的最高不超过 0.5 分；

9. 担任年级党支部书记的，加 0-0.5 分，如有酌情加分理由的最高不超过 1 分；

10. 担任班级党支部书记、团支部书记、班长的，加 0-0.5 分，如有酌情加分理由的，最高不超过 1 分；

11. 担任班级党支部委员、团支部委员、班委的，加 0-0.25 分，如有酌情加分理由的，最高不超过 0.5 分。

（二）加分规则

1. 第一项所列各项社会工作职务担任时间应在学生素质综合测评学年

内，且在任时长须在一个学期（含）以上；如未能积极履行工作职责，并经撤职或解聘的，不得计入加分范围。

2. 每人每学年申报创新能力测评社会工作加分的岗位最多为 2 个，未进行申报的岗位不得计入加分范围。

3. 申报人填写创新能力社会工作加分申报表，向学院学生工作办公室提交申报，由学院学生工作办公室根据本人工作业绩审核确定最终加分数值。

4. 进行申报加分的项目必须提交相关证明材料。

5. 上述列入加分岗位的学院基层班级学生干部如在任期间，所在班级、团支部、党支部经学院推荐获得校级以上集体奖励的，可酌情按加分幅度上限进行加分。

6. 法学院学生综合素质测评领导小组对本规则保有最终解释权。

三、法学院文体活动加分规则

（一）可列入文体活动加分范围的项目及加分

1. 参加国际性文艺体育赛事表现优异，团体性项目获得前三名的，加 3 分，获得第四至八名的，加 1.5 分；个人项目获得前五名的，加 3 分，获得第六至八名的，加 1.5 分；

2. 参加国家级文艺体育赛事表现优异，团体性项目获得前三名的，加 1.5 分，获得第四至八名的，加 0.7 分；个人项目获得前五名的，加 1.5 分，获得第六至八名的，加 0.7 分；

3. 参加省部级文艺体育赛事表现优异，团体性项目获得第一名的，加 1 分，获得第二至三名的，加 0.5 分；个人项目获得第一名的，加 1 分，获得第二至五名的，加 0.5 分；

4. 参加校级文艺体育赛事表现优异，团体性项目获得第一名的，加 0.5 分，获得第二至三名的，加 0.25 分；个人项目获得第一名的，加 0.5 分，获得第二至五名的，加 0.25 分。

（二）加分规则

1. 第一项所列各项文艺体育赛事获奖时间应在学生素质综合测评学年内，如因违纪或其他原因被取消奖励的，不得计入加分范围。

2. 每人每学年申报创新能力测评文体活动加分的项目最多为 5 个，其中同一届运动会或赛事中参加多个项目并获奖的，仅计算一项加分，未进行申报的项目不得计入加分范围。

3. 进行申报加分的项目必须提交获奖证书复印件，没有获奖证书的，须提交主办单位的相关证明材料。

4. 申报加分项目的级别认定以活动举办面向的人群范围为准，其中校内文艺体育赛事申报加分的，一般只限官方正式举办的、面向全校同学的活动，能够体现代表"法学院"的身份，并为学院争得荣誉。其获奖证书签章还须为"北京大学"或由学校部门委托承办并授权代章的单位签章，否则不予计入加分范围。

5. 申报加分项目如无具体名次，只区分等级的，一等奖视为第一名，二、三等奖视其上一等级奖项获得人数，顺延一位为其具体名次。

6. 法学院学生综合素质测评领导小组对本规则保有最终解释权。

注明：以上规则为创新能力测评加分参考规则，如实践操作中出现争议，由法学院学生综合素质测评领导小组议定加分，法学院学生综合素质测评领导小组对加分结果保有最终解释权。

后记：作为番外的我的故事

> "未经反思的生活是不值得过的，过度反思的生活是过不下去的。"
>
> ——来自杨立华教授"四书精读"课程语录。

两年前向明老师的质性研究课上，我隐约地感受到了自己想做的这个题目的困难，期末作业关于研究设计的未来展望部分我认真写道，"或许我应该先给自己写一篇自我民族志，先好好理一理自己的故事"。之后，进入到从综合考试、开题到预答辩的紧张培养环节，我忙着收集整理资料、听别人的故事、写别人的故事、讲学校的故事……最后，我准备写写自己的故事。也许还算不上是一篇合格自我民族志，姑且当做作者的"自白"吧，作为整篇论文的番外放在这里，一个单独的叙事，希望能对读者理解作者所关心的议题、周全前文表达的未尽之处有所助益。

一

我是一个生于上世纪 90 年代标准的独生子女，在外婆和母亲的双代养育中成长。

我的父母都有好几个兄弟姐妹，我加起来有 6 个堂／表哥，6 个堂／表姐，我在哪边都排行第 7，以至于我一度坚持 7 是我的幸运数字，虽然它从未帮我抽中任何彩票或奖品。

我的爸爸是一名军人，在部队服役了 20 多年，在我高中前绝大部分时间，他存在于信里、电话里、视频里。高中后，我就一直住校了。在我的成长过程中，老爹并不参与关键性的部分，但他从未缺席，并坚持刷出了存在感，从每周一封信、到每天一通电话、每天一次视屏，尽管我们聊天的话题可能非常单一，固定围绕在天气、睡眠、饭菜等生活领域，但稳定的交流确实给我提供了来自父亲的安全感。

老爹从不过问我的学习，学习默认是我妈在照管的，虽然我一度怀疑她从二、三年级之后是不是还用心照管过。小学的作业经常要求家长检查签字，她从来只管签字的部分，从来不帮我检查对错，也从来不帮我背书，我得自负盈亏，觉得搞定了就拿给她签。更可怕的是，我居然没有偷懒过，一直以高标准严要求对待自己。当然我妈说刚开始我也不这样，恨不得写一道题就问她一句写对吗？被她狠揍了一顿，后来她再也不陪我写作业，我在书房学习，她在客厅看剧，写完我也可以出来一起看剧，所以我的效率一贯很高。

我妈否认她的"敷衍"，并坚持将之归于一种教育策略，我改学教育学之后，怀着极大地兴趣和她复盘过这段，反复琢磨，也许还真有点意思，我妈说那当然，当年进修幼师的时候"幼儿心理"可是她学得最好的一门课，考过满分那种，可能也是个狠人。很遗憾，我并没有学过教育心理学。

我一直认为我妈是一个很神奇的女人，她直到我高三那年才学会做菜，与传统家里家外一把抓、任劳任怨的"军嫂"形象相去甚远。我妈是家里五个孩子中最小的一个，最受外公疼爱，她出生的时候家里已经度过困难的时候了，到她记事时，外公已经在镇上当了点小官，她的大哥大姐都要结婚了。在我爹还在一天三顿吃红薯、上学要自己带干粮的时候，她有糖有鸡腿吃，每周还有零花钱。

在我的成长中，我妈牺牲了很多，首先是她的事业。91年的时候她办了我们县里第一所民办幼儿园，不到一年的时间里赚了1万块，后来，她的爸爸、我的外公几次中风身体越来越不好，家里其它人都不支持她继续办下去，极力劝她去政府单位有个稳定的饭碗、多顾顾家，连我爹也这么觉得。于是，在怀上我不久后，她就转手了幼儿园，告别了每天上学给她带好吃的、下学吵着要跟她回家睡的小朋友们，去乡政府当了一名会计，从很多小朋友的李老师，变成了我一个人的妈。我长很大后才得知这一段历史，深表遗憾，我的到来或者说和我爹的婚姻也许阻断了一个改革开放初期民营企业家的腾飞之路。人生的机遇和选择，也许就是这样吧。

1992年我妈和我爹在自由恋爱（还是异地恋）、持续两年的通信后终于结了婚，她坚持地选择了我爹这朵"牛粪"，嫁给了家在穷山沟沟里、人常年在部队、那时候还没发福、穿着军装也许有点帅的，我爹。我觉得很重要的一个原因可能是我奶奶做菜好吃，因为据媒人我姑（她是我妈高中宿舍睡一个床的同学）说，我妈在认识我爸之前已经把我奶家其他所有人都混熟了，因为我奶做菜特别好吃（是真的相当好吃那种），还是不放猪油不吃猪肉的回族特色，一到放假，我妈时不时地就跟她回家蹭饭……

说到这里，这就不得不提一嘴我外婆的厨艺，日常真就是小王同学歌里唱得那样"一荤一素"，且水平稳定保持在"熟了就好"的层次。小时候我不是没有抗议过，不论是言语上还是行动上，每次抗议都被我妈镇压，她教育我，爱吃不吃，不吃这个还能吃啥？想吃味道更好的就自己去煮！她懒，所以她选择忍受，我懒，所以我也选择继续吃。同一个屋檐下住的我二姨，就选择了自力更生，以至于我很是羡慕楼下比我大七岁的表哥，至少他只要中午吃一顿外婆做的。

我妈能认全我的小学同学，绝大部分初中同学，少数的高中同学，至今她在老家街上逛的时候，时不时还有我的各种同学及同学家长跟她打招呼聊天，不得不说是很让人叹服的一件事情。从小学到初中，我妈坚持接送我上下学，除了有时候太冷她实在不想早起床的时候，几乎风雨无阻，其实我也不太感动，反正她也要上下班顺路啊！不过她每次来接我都会给我顺点吃的，很好地继承了外公去接她放学时的优良传统，我很开心就是了。学校里家里不太远，用腿儿走的上下学路上我一般都会被要求汇报一下今天老师讲了啥、和小伙伴们相处得如何之类的日常。我妈也会投桃报李讲一讲她今天下乡的工作、村里遇见的张大妈王大姊家的趣事，氛围一直是亲切友好的，我们好像也没怎么吵过架。

二

在学业还不是很忙的儿童期，外婆占据了我生命中重要的角色，在我童年绝大部分记忆中，外婆在三楼窗口的凝视和守护，"眼珠都望长了"——是我对"家"最为直接的想象，有人在等我回家吃饭，即便她做的饭并不好吃，但那种被注视被守护的感觉，是非常温暖的。

我的外婆是一个庞大九口之家的长媳，一个有着中华民族勤劳善良的传统美德、没上过学、并不识字、一生中最远去过省会长沙的老人。外婆的人生经历是个相当励志的故事，八个月没有娘，爹还抽鸦片，在亲戚和村里人的照拂下自己争气挣扎着长大的。我从小就热衷于听外婆讲那过去的事，从躲鬼子到毛主席，从困难时期挖野菜到生产大队赚工分，那些新中国筚路蓝缕艰苦创业的历史，虽然我没有经历过，但也是鲜活的。

外婆很喜欢看着我写字，虽然她也不认识，但她很享受这个过程，关于学习上的事，外婆最常对我说的就是"崽啊，要好好读书，想着自己的前程啊。"小小的我并不知道自己的前程在哪里，但我隐约知道，如果不好好读，可能以后也没机会考虑这个问题了。外婆常常在我耳边念这句话，可用于每次讲故事的结束语、每次电话和视频的核心思想，从我小学一直念到了大学、研究生。我好好读书，一直读到了博士，我好像还是不知道自己的前程在哪里，而我的外婆已经不在了。

我能清楚想起的最早的一个记忆片段，应该是 98 年洪水的时候，外公带着我在老家二楼的楼梯窗前看外面瓢泼一样、下得雾蒙蒙都看不见对面的大雨，教我唱着童谣："落大雨，涨大水，江边姐姐没有米煮，磨快刀子宰老鼠，老鼠饿得叽叽叫，江边姐姐有米粜"……再往下，就是外公的过世了。是大姨来学校接的我，她把灰色的外套脱了挂在手臂上，穿着一件深绿色的毛衣，紧紧牵着我的手，一路没有说话，在刚刚转弯能够看到家门口的白色时，人就从我手边软了下去。许多人涌过来扶、把我拉到我妈身边，我妈和二姨已经在大厅里哭成了两滩完全站不起来的泥，我的外公安安静静地躺在地上，盖着一床红面白边的被子。那一年我四岁，我已经全然忘记了那一年其他的所有事情，但至今仍能回忆起几段大姨二姨反复哭丧的内容。人终究是会死的，不能再吃好吃的，也不会回应亲人的呼唤，那为什么还要活着呢？还要努力地读书活地更好呢？这大概是我对这个问题最早的思考。

好像从很小的时候开始，我就觉得我的世界可以分成两个部分，一个是正常人的热闹的世界，分布着我应该去做的事情，比如上学、吃饭、写作业。另一个是我自己的安静世界，只有我一个人，可以无边际地想我自己的问题。

我的小朋友阶段应该是没有啥到处疯跑、招猫逗狗、上山爬树下河摸鱼的需求的，我比较喜欢蹲在池塘边看蝌蚪变成青蛙，蹲在家里看电视剧，甚至窝在书桌上看奥数，是的，是奥数！我觉得自己是一个活得非常没有"沉浸感的人"，在童年很长一段时间，因为没有共同话语的探讨者，一度陷入"尔等皆凡人"，只有我是独醒"小仙女"的中二幻觉，沉迷阅读人生智慧 100 则、世界奥秘三千问之类的书。在那个没有补习班，也没有竞赛风气的镇上小学岁月，我周末最热衷的娱乐活动除了看电视就是看课外书。从很小开始我妈就让我自己挑书了，自己选喜欢看的买，买了就得看完，看完还得给她讲讲这书讲了啥。那时候的我已经成长为了一个能在少儿漫画书架里精准扒拉出彩绘版《老子你在说什么》、《庄子你在说什么》、还会给自己选奥数教材的"奇葩"，逢假期每天自觉做一章奥数题，只因觉得几只兔子几只脚这些东西还挺好玩……委实可能也有点不太正常。

曾经有次和导聊天说起过这段，导评价说我"早慧"而"晚熟"，这真是很有意思的两个词，值得仔细琢磨。

三

我没有上六年级，因为老妈觉得当初多上了一年学前班亏得慌总想找补回来，见我基础知识和学习习惯差不多了，应当可以承受转学的压力，就希望我能早点小学毕业、随军去海南上中学，结束她和我老爸两地分居的生活。于是给我买了教材和辅导 CD 让我自学六年级的课，我欣然应允，反正就是多学一点。

初中开始，我妈就拒绝给我扎头发了，于是我开始剪短发，尤其是发现短头发不用扎、甚至不用梳、每天可以多睡十分钟之后，我直到上大学前都再没有留过长发。高中剪的是有刘海的短碎发，其造型完美契合我校"前不过眉、后不过领、左右不过耳"的男生发型标准。

我就读的高中叫海南中学，全国为数不多地以省级行政区的名字命名、堪称全省最好没有之一的中学，它集中整个海南省最雄厚的师资力量，也只招收全省各市县各个初中最优秀的生源。我中考的时候，刚赶上海南搞新一轮素质教育改革，中考以分数计 ABCD 等级，A 以上按照不同分数段记一颗或两颗星。没有任何意外的，我以所有学科全 A 忘记多少颗星的成绩进入了海南中学。满星应该是没有满的，我记得全省唯一一个满星的是个胖乎乎的男孩子，他去了理科实验班，我们大学成为了同学。

高一没有分科，我的班主任是数学老师，一个眼神锐利、长相美艳、持续到 10 点的晚修辅导都坚持带妆出席的东北女人。刚刚开始的住校生活是非常可怕的，八人间的老宿舍，洗澡的热水需要自己去打、生锈的摇头电风扇吱吱嘎嘎、还有室友各种打呼磨牙说梦话……头一次离开家过集体生活，很长一段时间的晚上我都无法入睡，白天总是很困。同学之间的相处也是有些麻烦的，班上绝大多数同学都是本校初中部直升的生源，而我家附近那个初中，一年拢共就没考上几个，还不在一个班。分宿舍的时候我被"剩下"了，和班上另一个女生凑整一起住进了隔壁班的宿舍，有更多需要磨合的问题。

然而这一切的问题，在我第一次段考考了年级第一之后，仿佛突然就不是问题了。上午的第一二节课我还是习惯性地打瞌睡，但班主任点名叫醒的语气好像都温柔了许多。班级和室友之间的关系也不再需要我主动出击、加深了解，大家纷纷释放善意、怀着极大地热情想要来了解我，甚至还有同级其他班的同学课间过来围观年级第一长啥样。有意思的是，这确实是我高一高二阶段考过的唯一一次年级第一，恰当的时机、狗屎般的运道，极大缓解了我对新环境的焦虑和适应问题。

随后关于高中生活的回忆，大部分就是美好的了，食堂的饭菜尤其令我惊喜，二楼的伊面汤，我和同桌几乎吃了整一年才腻味，直接导致我从高一刚入学时的80斤胖到了暑假时候的98斤，长势应当说是非常"喜人"了。

我高一的同桌君君，是一个脑袋大大、人前齐刘海、高马尾永远清爽飘逸的女生，应该是第一个和我在许多奇奇怪怪的问题上有共同"脑洞"的朋友。晚饭后、晚修前的时间，我们经常一起在走廊上看夕阳、谈天说地，对死亡的恐惧，对当下的迷惘，对未来的想象……她说她可能真的不喜欢学习，我说我不知道自己到底喜不喜欢学习；她说她以后想当一个快乐的家庭主妇，养几个可爱的宝宝，我说我以后应该不会结婚生宝宝；她说她希望闲暇能从事时尚行业，跑各种时装周当专业买手，我说我还不知道我想干嘛，但我早晚要想清楚这个问题，上大学以后就会有自由有更多的时间去想，也可以见到更多更厉害的老师，问问他们我适合干啥，到底人这辈子要做点什么才有意义。

四

关于意义感的问题，我有一段非常像"段子"的经历，但的确是发生在我身上的真实故事。

我们高中会定期邀请一些知名的校友、学者来讲座，大部分是关于理科的，我并不经常去听，有一次邀请了一个哈佛毕业生，拿了不止一个研究生学位的、经营着一家上市公司、身家多少个亿总归很牛逼那种，我欣然去凑了个热闹。主讲人并不是我们高中毕业的，自嘲说当年考我们高中没考上，收到讲座邀请，特别想来感受一下我们高中的氛围。讲座的内容大概是详细回溯了一下他从一所不太好的高中考到复旦然后去了哈佛再然后创业的故事，经典款"读书改变命运"的成功学叙事，后半程主要讲怎么面对考试、怎么面对挫折、怎么刻苦自律之类的人生经验。

我听得非常认真，好像还做了不少笔记，讨论环节我积极举手提了一个困扰我很久的问题："我觉得学习好像没有什么内在动力，好像只是凭着习惯在学，而不是我真的觉得这事多么有意义我非得学得多么好，这种情况我该怎么办？"他反问我，"学习没有动力那你怎么考上海中的？"我答，"就是一直学着学着就自然而然地考上了"，他迫不及待地接话，"那这个问题等你哪天自然而然地考上北大了再问我吧"。全场哄笑，我"哦"了一声，结束了提问，其实我觉得他说得有道理，反正还要高考，这不是我想不想的问题，是必须要考的问题。

两年后，我在北大碰到了他，他又来北大办讲座，当年一起听过那场讲座、又一起来了北大的高中同学闻讯特意告诉了我，我又一次欣然前往。讲座的内容我已经不记得了，说实话他讲的内容我当时根本不在意，我就是去继续问当年那个问题的，"现在我自然而然地来到北大了，我学习还是没有什么动力怎么办？"他并没有让我去哈佛读研究生之后再问他，他沉默了很久，说"你挺奇怪的，不应该啊"，给了我联系方式让我私下联系他具体聊。

后来我并没有再联系他，直觉上这位大佬并不能提供给我关于这个问题的答案，因为他并不理解我的困惑，我们并不是一样的人。这么多年过去了，我甚至忘记了这位大佬的名字，但这两段颇有戏剧感的对话我一直记得很清楚。

五

考上北大这件事情，确实是"自然而然"的。

高中三年我的综合成绩一直非常稳定，尤其是在高二分科告别怎么都学不懂的有机化学之后，更是稳定在第一梯队。分到文科班之后，我有了更多聊得来的小伙伴，有和我一样一路平顺乖巧的"别人家的孩子"，也有个性张扬的伙伴。我们一起听课、做题、讲题、考试，迎接高考这个"终极 boss"，我们一起吃饭、运动、洗衣、夜聊、看帅哥，度过这段心无旁骛的纯粹时光。

我们有一个特别棒的班主任，她姓汪，是我们的语文老师，一个个子不高、眉目和善、声音轻柔动听的山东女人。阿汪是上一届状元班的班主任，在接手我们这级之前刚带出了我们高中史上最好成绩的文科班。我们开玩笑问她要是我们最好考得不如上届好您会不会失望？她笑得云淡风轻：老师不会失望，你们不要让自己失望就行。阿汪是一个善于发现每个学生闪光点的老师，比起学习上的事，她更关心我们每个人心态上的健康。她看到"好学生"门门课要追求极致的偏激，告诉他们要悦纳自己，看到自己的长处和短处，改变可以改变的，接受无法改变的，用智慧分辨和协调两者。她看到"差学生"的善良与闪光，邀请他们分享学习之外自己熟悉和擅长领域的见闻、收获，鼓励他们相信并不断超越自己。她尊重每个学生的个性与选择，并温柔地用自己的经验和阅历去启发、指导我们变得更好。

高考前放假的那天下午，我们全班同学都没有走，在教室里痛痛快快完了一个下午的傻瓜游戏，然后收拾书本回家，一周后，坚定地奔赴考场。

其实我们的高考考场就在自己学校，大部分人就分在我们"隔廊相望"的对面理科楼，甚至同一个考场内还有不少自己班的同学，也许是重点班的"福利"。班主任和各科老师穿着清一色的红色旗袍在考场楼下和我们逐个拥抱，监考老师是陌生的，巡考的是我们熟悉的副校长，开考前时不时来教室转悠一趟，对我们几个"种子选手"投来亲切安抚的目光，会心一笑。

发卷前是紧张的，拿到卷子后是平静的，写完最后一科落笔的时候我甚至有点怅然若失。或许是因为准备得太久、无数次在脑海中想象这次考试的样子、强调它的重要意义，真实经历了，再回头看，也，不过如此，一场考试，而已。

查分的时候，爸妈特别紧张，老爸握鼠标的手都在抖，我相对要平静许多，自然而然，没有意外，从交卷的那个时候其实心里就有数了。值得一提的是，被学校视为"撞状元小分队"的我们班几个最后都没能撞上，这一年我们高中失守了文科状元，大家一边遗憾有点对不起阿汪对不起海中，另一边又庆幸能远离媒体聚光灯稳稳地上名校。

全省第四名的分数，让我在学校和专业的选择上拥有了很高的自由度。然而那时的我对于未来的专业、职业并没有什么概念。好像学啥都行，没有非如此不可的选项。母亲建议我去北大学经济、争取光华，这是我的名次能选到的最热门好就业的专业，父亲甚至怂恿我抓住最后的机会弃"文"从"工"，去清华学建筑（这个专业居然真的可以招文科生！），以后女承父业，也当一个工程师。我自己其实有点想去学中文，感觉文言文读起来比较亲和，也有点想去学心理，专业琢磨人到底是咋想的。当然那个时候，我对哲学这个学科还比较陌生，我省投放的北大专业目录上甚至都没有哲学这一选项。

在学校上我毫不动摇地选择了北大，一个对文科生显然更友好、更有吸引力的地方。而选专业的过程是千头万绪、一地鸡毛的。学中文的表哥极力反对我再入中文这个专业门槛比较低学得好又很难的"坑"，招生老师介绍北大清华两校的心理学专业都偏认知科学、脑科学方向，学经管的高中直系学长掏心窝子说要学好多好难的数学课……最后，我在各方面折中的基础上选择了法学，一个历年录取分数线仅次于经管的、热门好就业且相对更偏文、本科只有一门高等数学课、高专业门槛的"技术类"工种。既不太亏我的高考分数，又综合就业前景的考量，以及我不希望再学很多数学课的排除因素。

六

收到北大录取通知书后，爸妈特意带我回了一趟老家，办了一场升学宴。走之前我去探望儿时的两位书法老师，教行书的水先生已经退休了，闲得慌最近正在练习左手字，即兴写了两个送给我，写的是"淡定"，说是他觉得很符合我气质的两个字，希望我能一直保持。另一位是启蒙时教颜体的胡先生，他挑了了一张以前写的、比较满意的作品送我，写的是"天道酬勤"。我欣然致谢然后收下了，妈妈很喜欢后一幅字，一度想裱起来挂在家里，而我带走了前一幅。本科四年"淡定"这两个字一直贴在我宿舍墙上。就在我睡的上铺床头那个位置，夏天挂了白色蚊帐的时候会被挡住，白纱黑字，隐隐绰绰，很有些意趣。在那些心绪纷乱且没空去博物馆的日子，这两个字起了很好的"安神镇眠"作用。

大一整一年的时间里，我经常不开心，一不开心我就去国博，青铜器的那个馆去得尤其多，最喜欢那些鼎啊、盂啊之类的大件，啥也不干，就站在面前看，几千年的时光悠悠，它就在那里，不过多绿了一点而已。就这样看着，仿佛就能获得一种内心的安宁，告诉自己，白驹过隙，都是浮云。然后深吸一口气，轻松地走出博物馆，回到喧扰的人群中，开启下一周的吃饭、学习……

刚来北大的那年，我陷入了对未来和人生意义的深度迷茫，尤其是大一上学期的时候，基于各种妥协下的专业选择使我在第一次班会上就受到了心灵冲击。

平均一年见两次的班主任当时组织大家自我介绍，"为什选择来到法学院"是供参考的提示性问题之一，很多人发言时都谈到了这个内容，其中，有三个人的介绍我印象很深。一个男生（我们暂且叫他小 A 吧）是数学竞赛保送的，他没有去数学学院，说选择来法学院是希望未来能更多地和人而不是和数字打交道、了解社会的规则。小 B（顺延下来就叫小 B）也是一个理科生，是个女生，中学毕业于某中部省份省会城市顶级中学的理科实验班，她说他们班大部分同学都去清华学核能、学精密仪器、学航空航天之类的了，但她选择了北大，选择了法学院，因为"当二十年三十年后他们在神舟 N 号的发射控制室里送飞船上天的时候，我希望我能够把握的，是这个国家的未来航向"。小 C 是村里第一个考上重点大学的人，是父老乡亲口中"鸡窝里飞出的金凤凰"，她带着全村的祝福和期望来到北大，她相信公平正义，希望能通过不断努力，让自己变得更好，也让更多的人过得更好。

还有一个对我触动非常大的人是月姐（化名），我的女神，灵感的缪斯，我深夜仰望的月亮，皎洁的、高高地挂在天上。和月姐的结识源于社团组织的一次博物馆参观活动，她是我同级的考古文博学院的学生，担当这次活动的随行讲解员，那是我印象最深刻的一次博物馆之旅，从文物的历史背景到意义用途、制作工艺步骤到考古挖掘修复……月姐信手拈来、滔滔不绝，在自己的专业领域游刃有余、光芒万丈。展览柜前的这一幕深深地震撼了我，后来的接触中我了解到，月姐是山西人，家里有亲戚在当地的博物馆工作，她从初中就开始在当地的博物馆当做志愿讲解，高二参加了北大考古学院组织的夏令营，获得了 20 分的降分资格。她们那当时还是出分前报志愿，她一批二批三批第一志愿全部填的是考古专业，北大甚至只填了考古文博这一个志愿，爸妈和老师都不同意她这样孤注一掷的选择，但终究是犟不过她的渴望。月姐说她当时想的是一批录不了北大就去当地的大学学考古也行，反正这辈子就和考古杠上了。

我至今还能回忆起她说这话时眼睛闪闪发亮的样子，让我想到尼采笔下的两条路：走其中的一条，你们会受到时代的欢迎，它对你们不吝花环和勋章……另一条路则注定旅伴稀少，艰难、崎岖，看你们在那里疲惫跋涉，走在第一条路上的人们会讥笑你们，还会试图引诱你投奔他们……

月姐一直在考古学院读书，本科毕业后直接保送直博，去国外交换了一年回来，为了能把论文做得更完美她选择了延期毕业。小 A 本科毕业后去哈佛读数理统计相关的 PhD 去了，不知道是不是了解后发现和人打交道太可怕、还是和数字打交道比较快乐，我与他接触不多，据说他本科期间的数学双学位修得就比本专业好了。小 B 小 C 都修了经济学双学位，保研了本院的研究生，毕业后，小 C 如愿进了地方司法系统，而要把握"国家航向"的小 B 硕士毕业后并没有像当初计划的那样选择从政，而是去了一家薪资颇丰的国有银行，从事金融类业务，准备"曲线救国"也未可知。

七

我无比欣羡地望着这些目光坚定、脑子清醒、知道自己要什么的人，同时，我也清楚地知道，他们并不是大多数，大多数人和我一样混混沌沌地进入了自己的专业，按部就班地接受了这看似主动选择下的必然、实则充满了偶然的命运。而我，还想再挣扎一下。挣扎的后果是我迅速被淹没在了无数的可能性当中，各种各样的课程、多样的发展路径、丰富的资源和平台，如何选择？我无法判断。"先立乎其大者，则其小者弗能夺也"，而当你无法立乎其大的时候，又该如何取舍其小？我陷入了深深的焦虑、看不到边际的探索试错中。

我找中国法律思想史的老师聊天，那是一个操着浓重南方口音的中年男人，北方同学听课相当艰难，两周后一般都退课了。我听着完全没有障碍，这是我大一上学期听得最认真的一门专业课了，觉得远比坎坷的宪法司法化与繁复的民法解释权体系要有趣得多。我说不知道自己以后想干嘛，老师说这个问题你可以大学在这里慢慢想，我继续问：那您为啥选择在大学当老师而不是去做法律实务呢？老师说，这是我觉得最能够把握住自我的一条路，能做自己喜欢的事。

然而他人的答案并不能替代我的回答，并不能直接缓解我的焦虑，我仍然需要给出自己关于人生意义的答案。非常有意思的是，这样焦虑随着期中和期末考试的来临呈现了规律性的消长状态。必须要读的材料、必须要写的案例分析、必须要完成的考试——周期性地把我从无限的可能性中解脱。仿佛有人在我耳边咆哮：再整天想东想西晃来荡去还怎么考试！怎么毕业！难道要挂科？不！挂科，那怎么可以！这辈子都不可以！……多年作为好学生的荣誉感与羞耻心总在关键时刻把我愤然拉回专业课紧锣密鼓的复习中。必须要承认的是，严格有序的专业教育——法学院不太灵活、按部就班的课程结构和知识体系，极大地缓解了我的焦虑，尤其在期末阶段，当你从头到尾啃一本本教材，能够或多或少地答出考卷上的问题，熟悉的确定感、力量感仿佛又回到了自己身上。然后随着下一次开学选课又开启新一轮的纠结、面向不确定性的探索和想象。

我经常有计划无计划地旁听各种课程，大多集中在社科专业，"四书精读"是我在大一下学期的时候无意中遇到的一门哲学系的课，也是我来北大之后第一次听哲学系的课。我惊喜地发现，原来真的有一些问题，可以不止于我长久的胡思乱想，而可以在专门的领域，被一些人认真有序地讨论着。我怀着极大的热情投入到这门通选课的学习中，先哲的精神气象给予了我纷乱心灵莫大的慰藉，大一快结束的时候，我甚至迫切地想转去学中国古典语文项目。然而这个项目并不面向社科院系学生招生，我特地写了邮件向负责该项目招生的老师表达我诉求，他表示出于总体的培养计划、管理等问题不能接受来自社科学部的我，建议我慎重考虑跨学部的转系事宜，因为人文和社科专业差别很大，建议我先报名一个哲学双学位学学看，不要轻易地改变主修专业，给自己留下余地。

于是我修了哲双，哲双的学习无疑是快乐的，虽然它其实和法学一样有着严格的知识体系，但它探讨的问题天然是吸引我的。在我的室友们抱团修经双，刷数学题的时候，我在吭哧吭哧地啃书、笨拙地探索怎么写一篇更好的读书报告和小论文。读文献、写论文的工夫我在哲学系学到了许多，其实老师们好像也没有刻意去教，就是在不断地阅读、模仿和训练中，仿佛自然而然地就有了品味和鉴赏力。

我的研究生导师对"本科阶段不同专业学习到底教会了学生什么"这个问题怀有极大的兴趣，教育社会学的课上，她经常课上课下提问我。一开始我是诧异的，哲学学习对人的训练我有模糊的感知，但我从没想过法学。也是后来来到教育学院之后，在不同学科范式的对比中，我才真切地认识到了这个问题。尽管本科四年来我一直以相对冷淡、被动而非主动热情的态度对待法学学习，但四年的法学教育仍然在我身上留下了很多东西。在那么多或实体或程序的法条、或古老或新鲜的案例之后，对所谓"法的精神"，其实我是有感受的，那是一种比公平和正义更为复杂的东西，而一个法学毕业生的思维和行为惯习也真真实实地"具身化"在我身上：快速提炼和处理有效信息的习惯，是在把 30 页案卷或判决浓缩成一两页的无数次 case brief 作业中练就的，环环相扣的思维方式是在连贯的因果推断与归责要求中养成的……诸如此类。

写到这里，想到一个趣事，我们法学院曾有一位"猛士"学长在同一个学期同时选了"民法案例研习"、"刑法案例研习"和"法理学"三门课，每周要交读书报告、每两周要交案例分析大作业，在 DDL 的压迫下他成功实现了周产两万字的"伟业"，期末结束时累计上交作业超过 20 万字，大家纷纷建议他结集出版，上书《一个法学生的血泪史》。

类似这样的训练其实不仅仅在法学院，而是当下精英大学里许多本科生的常态。包括我自己能在生死时速中码出这篇博士论文的初稿，也必须归功于本科期间训练。记得大三最疯狂的那学期，期中考试那三个星期主修加双学位我总共有 5 篇小论文，2 场考试和 1 个 pre，而这个 list 在我经院修数学双学位的室友那里是 4 个小组 pre、2 篇报告和 4 场考试。期末考试周的疯狂是更甚的，直接影响大四保研资格的最后三门专业必修课集中在相连的三天内考完。我深刻地记得那两个晚上，37 楼四层属于法学院的女生宿舍灯火通明，几乎没有人睡过 6 小时以上的整觉，即便平时作息再规律的朋友也是如此。我是通宵后直接上的考场，一个室友是背到 3 点去睡的，另一个室友是 12 点睡到 2 点闹钟起来的。经院的室友抚床大笑，终于整个宿舍都跟我平时一样的作息了！三门考完，大家一起走出考场的时候，我清楚地望见一位男同学摸着自己的胸口，情亢奋地说"感觉心脏要从里面跳出来了……"，他的另几位室友睁着同样布满红血丝的眼睛哈哈大笑。高竞争环境、多线程任务、DDL 重压之下的暴力输出，这估计是北大"严酷"的本科教育训练出共同的"童子功"吧。

怀特海说教育是忘掉学校所学后剩下的东西，惯习的养成，这是教育真实而深刻的发生，尽管受教育的个体可能怀揣各自不同的动机和目的历经这个过程。

八

保研到教育学院，其实是非常"灵机一动"的选择。

大三下学期结束拿到保研资格后，我认真考虑过要不要去就业，我拿着成绩单很是研究了一番。单从成绩上看，我的哲学显然要比法学学得好许多，这当然和我的时间投入密切相关。而在我所有的法学专业课中，绩点在 3.9 以上的几门不是偏法史就是偏法理……我觉得局势非常显然了，我绝对不是一个适合做法律实务的人。

纵观我能拿到优秀的专业课基本都是往法史、法理这些方向靠、需要写论文的课，其他诸如民法三座大山（总论、债权、物权）均以 7 字头近乎等差数列的三个分数收尾，我坚持认为这不能反应我在民法方面的真实理论水平，但我绝对赞同它如实呈现了我的法律实务水平。我从来没有写完过葛大爷出的考卷，虽然一般只有四五道题，但我每次必剩一道大题空空白白来不及写，因为太纠结了，我会合理脑补无数种不同的情况然后得分别讨论，无法在短时间内最快地做出判断和取舍——只写上最可能的，我做不到，我得都写上才甘心，所以总写不完，我觉得这非常说明性情倾向上的问题。

从保研成功的目的导向来看，本院的法理和法史方向都是相当靠谱的。法理学是 2 个名额，我们院传统修哲学双学位的同学惯例保研都会选择法理，我们级法学院 6 人的哲双小分队到大四还确认存活的只有我和另一个男生了，并没有其想要竞争的种子选手。而法律史、法律思想史专业往上数几年 2 个名额都没报满过。抛开成绩、保研招生名额这些外在限制因素，单以兴趣论，所有法学专业课里当时我唯一还想继续学的其实是知识产权法，这真是一门充满智慧的法律啊！完美地承载了法哲学精神，又恰到好处地平衡了"洋气"和"地气"，进可做有趣的理论研究，退可去打官司，这是一种多么迷人的气质啊！虽然最后没有选择知产，但在保研结果出来以后，我仍然坚持选了这个方向做了本科毕业论文，写的是时下大热的网络字幕组侵权问题，而抛弃了和教育学相关的大学宪章、教师惩戒权等。

是的没错，我最后选择了教育学，可以说是相当"任性"的一个决定。我发现来了北大之后自己好像变得越来越"任性"，或者说越来越难"委屈"或者"勉强"自己去学不感兴趣、或者不那么感兴趣的东西了。然而我悲催地认识到直到大四自己仍然没有特别执着的"兴趣"。我喜欢中国哲学，是作为一种世界观、一种生活方式的喜欢，并不是热衷斟字酌句反反复复钻研文本、在不同思想家之间细致比较论辩的那种喜欢。我欣赏知产、法理，那是对精妙事物的惊叹和赞美，但又没有欣赏到那种心甘情愿以之为业、耐心地钻透那块木板的程度。为什么我没有浓烈的喜爱和"非如此不可"的志向呢？我觉得一定是我的成长和受教育过程中哪里出了问题，为什么这个问题困扰我本科四年都没能得到解决呢？这一定是北大的本科教育哪里出了问题！我猛然发现，相比起我到底感兴趣什么专业和职业这个问题，我对自己为什么没有培养出浓厚的兴趣这个问题更感兴趣！

这是我成长的困顿，是我对自身本科教育经历的反思，也是我来到教育学领域原初的问题意识。

九

在教育学院的五年，可以说是相当幸运了。研一的时候，正好赶上林建华校长要在北大推新一轮的本科教改，于是有了关于本科教改理念的讨论，有了教务部找到教育学院想做关于北大本科教育质量的调查，我的导师接下了这个课题，自恋地揣测也许可能有一丢丢的原因是为了我吧，我有特别明确的研究兴趣，更迫切需要这方面的研究资源，所以这几年我的科研重心都是放在这个课题上。诚然，学校职能部门作为"甲方"的研究项目与研究者独立进行的调研当然有许多不同，但依托教务系统强大的资源支持，我得以更为全面地去了解整个学校整体的本科人才培养制度、接触来自各个专业院系的师生。

然而，无论是繁琐的资料收集、还是规整的课题报告，都远不及最后一年真正开始这篇博士论文的构思和写作时的艰难，我迟迟无法下笔。我以极大的热情和精力投入到前期的素材搜集，但就是不敢下笔让它们正式成文，我害怕，因为我清楚地知道，一旦我开始写作，开始下结论，必然和这个东西产生莫大的关联。这是一个完完全全我自己的东西，我不再是为了完成课题的任务、完成导师布置的练笔作业而写作，我是完完全全在为我自己在写作，我的问题、我的选材、我的表达。多年真切的情感投入背后是对能否客观、准确表达的巨大恐慌，我极度消极且纠结。

诚如上文所述，对许多问题的思考其实从我本科的时候就已经开始了，我自己的亲身经历、我周围亲密的同学朋友们的经历……从一种"局内人"自然的关切和观察，逐渐切换为研究者作为"局外人"有意识的追问和反思。从研一开始的本科生访谈中，我又遇到了无数的"他们"，有和我自己、和我熟悉的朋友很像的，当然也有很不一样。我尽力叠合、聚拢了他们的样子，血肉拆分重组，我希望能描其骨、绘其神，然而我本质上仍然是"他们"中的一份子，是一个从未脱离过北大教育培养体系的局内人，我自己从某种程度上来说从未脱离过这篇论文的研究对象身份。

自我群像的书写，真真是一件非常困难的事情，对研究者而言不光是学术能力的挑战，还有心理和伦理上的双重考验。这篇论文的正文部分最终呈现的是"成长"和"培养"的双线交杂叙事，实则谈培养的制度线索因为它的客观和距离的属性是好写的，困难的是自我成长的部分——如何从自我的书写上升到群像的书写？培养制度的归纳总结是谁都方便来写的，需要的只不过是明确的问题线索下大量的时间投入和精细的水磨工夫，而我作为局内人书写自我群像所能贡献独特之处或许就在于落地入微的学生视角。只做中层的类型区分容易流于俗套，而贴近真实贴近人物的写作其实就是拿着放大镜、拿着解剖不断地去剖析自己、剖析你的朋友、剖析你的同龄人，一片一片、一层一层往下割开，向内反省、不断解剖，不仅要往里层层追问行为的内在动机、符号外的真实情感，深度反省、割完之后，还要一层层往上缝、往外跳，向外反省，像神一样站在时空流变的更大视角俯视这个群体……每一个环节都给我的学术水平和精神韧性带来极大的挑战。

他们不只是案例、是我的访谈对象，是见了几次面就不用打交道的人，他们是真真实实和我生活在同一个园子里、和我有日常交往、可能低头不见抬头见的同伴、是活生生的我自己。我太明白他们说的每一句话、每一个行为背后的心理动机，甚至从小到大相同或相异的成长轨迹，室友间的冲突、合理利用规则但可能不太光彩的小动作、家庭巨变导致人生轨迹的戏剧性转折、贫困家庭孩子到大学之后如何堕落退学……或许有更多可能更尖锐揭示矛盾冲突的故事，然而我时刻提醒自己保持克制，以合成照片的方式做尽量混杂和模糊的处理，我真切地担忧如果完全以论证效果至上的"放纵"写作之后，我也许就没朋友了……

十

整个博士阶段，围绕这个主题的研究是一个不断认识自己、认识他人、认识这个时代的过程，而在博士生涯的最后阶段，围绕这篇文章的写作，则不折不扣地是一个与自我和解的过程。

真的是一个非常痛苦的毕业季啊，研究的艰难和生活的困顿齐发，研究的意义与生命的意义交织，我一度丧失了继续写下去的信念感。文章主体部分的集中写作，在疫情隔离期间的寒假，回老家一周、过完年就返校的规划被无限延长。我被限制在石山脚下的村落里、四楼卧室的书桌前，从冬到春。一场场春雨落了，氤氲的水汽中，油菜开出了金黄的花朵，方方正正的一点金黄、一块金黄、一片金黄。关起来的麻鸭和白鹅开始嘎嘎嘎鹅鹅鹅地在门前的池塘里放飞，夜晚的虫鸣里蛙声渐隆……

书房的光线不太好，我把写作地点搬到了卧室，从冬天粉底白花、加绒加厚珊瑚绒睡衣穿到了夏天的短袖，原木清漆的方桌、13.3 寸的电脑、随身的寥寥几本书，便是我全部的生产工具。想起学院 301 办公室那斥"巨资"购置的人体工学椅、机械键盘，以及师妹们友情赠与的 27 寸曲面显示屏，伸手可取的满满书架、心中常常有无尽的怅惘。然而想想理工科博士们还在实验室的斑马鱼和小白鼠，内心又获得了一些平衡，不禁想起默顿关于学术生产者与其生产工具分离的论述，可以说是非常扎心了。

破釜沉舟，终究还是写出来了，我都不敢说真的写完了，或许只能算是一个形式完整的阶段性成果，写作的过程虽然纠结痛苦，但直面自我的喜悦也随之而生，我尽己所能、认真去给了自己这么多年所思所想的一个"交代"。然而我也清楚地知道，我并没有解决我的问题，我只是阶段性地理解、并提出了它。或许正如我的导师所言，论文的真正写就，需要我更长的生命历程、更艰苦的精神探索——"他们的人生还未真正开始，他们必须走出去，在时代的潮汐中，大浪淘沙。"

洁琼 2020 年 5 月于石山脚下

致　谢

　　感谢我的父母、导师、男友，他们怀着极大的爱与善意在我人生的每个阶段积极推进我的社会角色，告诉我"什么样的生活是必须过的"。

　　感谢我的男神杨立华老师、李猛老师、强世功老师和渠敬东老师，他们的课程陪伴我从本科走到现在，一直启发、提醒我去反思和践行"什么样的生活是值得过的"。

　　这篇论文的选题和构思贯穿了我在教育学院整个五年的学习生活，感谢在它诞生过程中给予我极大帮助的小英老师、春萍老师、向明老师、文老师、文钦老师、洪捷老师、蔡老师、利平老师、蒋凯老师和展立新老师，他们在课程作业、转博面试、综合考试、开题、预答辩等不同环节见证了并指导着我对问题的思考。

　　重点感谢我的导师刘云杉教授！作为学者，她以敏锐的问题意识、澎湃的学术热情和严谨的学术态度指引和激励着我；作为师者，她展现了应有的责任和当担，在我论文难产的关键时刻，是她劈头盖脸地一顿怼，把我彻底从"矫情"和"磨唧"中骂醒，她是真正的"助产士"！她见过这篇论文和我最难堪的样子，并严格地、坚定地鞭策着它一点点变好。

　　特别感谢师门的兄弟姐妹们！已经毕业的亚琼师姐、毛君师姐、娄雨师姐都亲身参与了论文的讨论；学军师兄、利利姐、熊熊师兄在写作过程中多次给予我远程鼓励；莘莘、卓玛、明东、裕挺、阳阳，我们是课题一起战斗过的伙伴；儒楠师姐，我们是共享研究对象、互通研究资料的亲密搭档；文杰师兄，感谢你勇敢地接过了课题报告的撰写大旗，让我从繁琐的数据分析和图表绘制中解放；尤其感谢雨央和心怡，你俩密切关注并呵护着我的身心健康，陪伴支撑我度过了博士生涯最后一年的艰难岁月。

感谢我的女神月姐，感谢我的好友温妮、嘉珣、英楠、嘉玲、小鑫、静静、婧嘉、梦晨、静妈等，从中学到大学，我们一起成长、一起思考，这篇论文写给我自己，也写给你们！

最最最需要感谢的，是我的访谈对象们，人数太多我无法逐一列举你们的名字，你们真诚的表达与深切的关注，给了我莫大的勇气去推进这个问题。这是你们的故事，这是我们的故事！